国家出版基金项目
NATIONAL PUBLICATION FOUNDATION

中国网络安全战略法治保障丛书
马民虎 ◎ 总主编

LEGAL RISK PREVENTION AND CONTROL ON CYBER CROWDFUNDING

网络众筹法律风险防控

刘永斌 ◎ 著

中国民主法制出版社
全国百佳图书出版单位

图书在版编目（CIP）数据

网络众筹法律风险防控/刘永斌著.—北京：中国民主法制出版社，2018.12

（中国网络安全战略法治保障丛书）

ISBN 978-7-5162-1936-2

Ⅰ.①网… Ⅱ.①刘… Ⅲ.①互联网络—应用—企业融资—法律—研究—中国 Ⅳ.①D922.291.914-39

中国版本图书馆CIP数据核字（2018）第287249号

图书出品人：刘海涛
出版统筹：乔先彪
责任编辑：逯卫光　许泽荣

书名/网络众筹法律风险防控
WANGLUOZHONGCHOUFALÜFENGXIANFANGKONG
作者/刘永斌　著

出版·发行/中国民主法制出版社
地址/北京市丰台区右安门外玉林里7号（100069）
电话/（010）63055259（总编室）　63057714（发行部）
传真/（010）63056975　63056983
http：// www.npcpub.com
E-mail：mzfz@npcpub.com
经销/新华书店
开本/16开　787毫米×960毫米
印张/16　**字数/**234千字
版本/2019年5月第1版　2019年5月第1次印刷
印刷/北京中兴印刷有限公司

书号/ISBN 978-7-5162-1936-2
定价/58.00元
出版声明/版权所有，侵权必究

（如有缺页或倒装，本社负责退换）

总　　序

网络社会治理创新属于国家治理能力的战略议题。网络虚假信息和网络勒索已经发展为当前人类社会的公害，“泄密”攻击已经从一般事件逐步演变成为影响国家安全的重大事件，溯源和态势感知的需求已经远远超出舆情分析的传统议题。我国新时代网络社会治理应当在国际观察的基础上进一步思考“中国方案”，要重视以大数据、自媒体为代表的数据处理方式或信息传播模式对个人信息保护和网络信息监管所带来的新挑战，进一步剖析由个人信息保护引发的“被遗忘权”争论，关注未成年人网络保护这一事关国家未来和文化传承的问题，等等。

党和国家高度重视网络安全和网络社会治理。2014 年，习近平总书记在中央国家安全委员会第一次会议上提出总体国家安全观，强调要构建集政治安全、国土安全、军事安全、经济安全、文化安全、社会安全、科技安全、信息安全、生态安全、资源安全、核安全等于一体的国家安全体系。2015 年，习近平总书记在第二届世界互联网大会开幕式上的讲话提出推进全球互联网治理体系变革的“四项原则”和“五点主张”。2016 年，习近平总书记在网络安全和信息化工作座谈会上的讲话中提出要加快网络立法进程，完善依法监管措施，化解网络风险。

中国要实现从网络大国向网络强国的转变，网络空间法治化建设至关重要，近年来中国网络治理政策法律体系不断完善。2016 年和 2017 年相继发布《国家网络空间安全战略》和《网络空间国际合作战略》。在《全国人民代表大会常务委员会关于维护互联网安全的决定》《全国人民代表大会常务委员会关于加强网络信息保护的决定》的基础上，不断完善网络治理法律体系：一是修改完善刑法、消费者权益保护法等关于个人信息保护的相关规定；二是制定网络安全法、电子商务法等法律，加强对网络安全和个人信息的保护力度。目前，个人信息保护法、数据安全法已经列入十三届全国人大常委会立法规划，这些法律的制定将进一步完善我国网络安全法律体系。

技术进步和社会发展不断对网络社会治理带来新问题和新挑战，网络社会治理已经成为各领域理论界和实务界关注的热点，这对网络社会治理法治体系的完善具有积极意义。中国民主法制出版社推出的国家出版基金项目《中国网络安全战略法治保障丛书》，体现了对加强和创新网络社会治理的使命感和责任感。应中国民主法制出版社的邀请，我担任本系列作品的总主编，本系列作品包括《网络安全法适用指南》《网络法典型案例评析》《网络安全法律一本通》《网络众筹法律风险防控》《网络犯罪识别与防控》，希望能够对促进网络社会治理的学习和研究有所裨益。

马民虎

（中国法学会网络与信息法学研究会副会长

中国网络空间安全协会副会长

西安交通大学苏州信息安全法律研究中心主任）

序　言

撰写本书的初衷，是希望让更多的人了解众筹，揭开“众筹”神秘的面纱。

传统上，大企业和富人拥有更多的机会去创造财富，享受财富，在资本市场的角逐中拥有强大的优势，占据更多的资源。大众想要跻身资本市场难上加难，资金缺乏、技术不足常使他们望而却步。

但是，随着移动互联网科技革命浪潮带来的系列重大技术转变，社交网络媒体快速发展，社会组织结构和行为都随之发生深刻变化，这给创新型的金融手段提供了历史性的发展机遇，其中就包括众筹。众筹源于英文“Crowdfunding”一词，即大众筹资或群众筹资，我国香港地区译作“群众集资”，我国台湾地区译作“群众募资”。

众筹，将“普惠理念”贯穿到互联网金融，其作为一种筹资方式，拥有最广泛的客户群，不论是白领、中小微企业甚至是平民百姓都有接触到投融资的机会。李克强总理在接见世界互联网大会中外代表时指出“互联网是人类最伟大的发明之一，改变了人类世界的时间轴、空间轴和思想维度”。中国已经发展成为互联网世界大国，互联网更是大众创业，万众创新的工具。众筹通过“互联网+”，将创造出巨大的经济和财富。

在众筹的各类形式中，尤其是股权众筹和回报类众筹，由于其门槛低，方式灵活，越来越受到创业者的青睐。作为回报类众筹代表的电影《西游记之大圣归来》一经上映，反响强烈。截至2015年7月底，7亿多元的票房已经超越2011年美国动画电影《功夫熊猫2》6.17亿元中国市场票房纪录，成为中国市场最卖座的动画电影。与之同样吸引眼球的是，标注在电影片尾的89位众筹投资人，他们以少则一两万元，多则数十万元出资，合计投入780万元，兑付时预计可获得本息约3000万元，相当于人均净赚25万元。这无疑是众筹的成功典范。

但就目前来说，众筹模式要在中国落地生根并取得长足发展，还有很多工作要做。除了练好内功打造好平台服务能力之外，还需要国家在法律监管及社会信用体系建设上多下功夫。通过相关法律政策的制定和实施，允许和鼓励新建小额筹资平台的发展，为众筹模式的发展提供必要的政策环境；同时，加强社会信用体系建设，推动全民诚信意识建设，为众筹模式的发展打造优质的社会环境。

本书从众筹模式入手，详细介绍了当前众筹的基本模式，又根据中国各行业众筹发展情况介绍了房地产众筹、农业众筹、旅游众筹、电影众筹、出版众筹等。在介绍模式的同时，本书也分析了这些模式可能产生的法律风险及如何规避这些风险的措施，旨在为新入众筹的创业者提供更多的帮助。

本书收录了大量的国内外经典众筹案例，包括3W咖啡、Realty Mogul 、淘宝农业众筹、《西游记之大圣归来》电影等。读者可以从他们的众筹模式中了解众筹的运作方法，取其精华，为己所用。希望通过本书，让更多的人去认识众筹，了解众筹，学会众筹，防范众筹法律风险。

众筹，正在改变你我，改变世界；

众筹，你准备好了吗?

刘永斌

2019 年 1 月

目 录

Contents

第一章　众筹概述 001

第一节　众筹的本质特征 001

第二节　众筹的发展进程现状 003

第三节　众筹的基本分类 006

第四节　众筹创业的规范化发展 011

第二章　众筹的参与主体 015

第一节　众筹主体所面临的法律风险 015

第二节　众筹平台的增信措施 017

第三节　众筹平台的运作机制 019

第三章　众筹的基本模式 021

第一节　公益众筹 021

第二节　回报众筹 031

第三节　股权众筹 047

第四章　国内各行业众筹模式 087

第一节　房地产众筹 087

第二节　农业众筹 112

第三节　影视众筹 132

第四节　众筹出版 140

第五节　旅游众筹 153

第五章　国内外众筹案例与平台评析 165

第一节　京东众筹——“大可乐 3 壕配蓝宝石屏手机” 165

第二节　美国房地产众筹平台：Realty Mogul 169

第三节　美国房地产众筹平台：Fundrise 171

第六章　众筹监管 173
第一节　概述 173
第二节　我国众筹发展现状 173
第三节　国外众筹规制措施 174
第四节　众筹国际监管经验对我国众筹监管的启发 191

附录： 194
中华人民共和国网络安全法 194
中华人民共和国电子商务法 205
最高人民法院关于审理非法集资刑事案件具体应用法律若干问题的解释 216
最高人民法院、最高人民检察院、公安部关于办理非法集资刑事案件适用法律若干问题的意见 219
互联网信息服务管理办法 222
非金融机构支付服务管理办法 226
非金融机构支付服务管理办法实施细则 234
支付机构预付卡业务管理办法 240

第一章

众筹概述

第一节　众筹的本质特征

一、众筹的定义

众筹是源于英文“Crowdfunding”一词，即大众筹资或群众筹资。本书对众筹定义有狭义与广义之分，狭义的众筹是指筹资人通过众筹平台向不特定群体发布募集信息，从而获得众人投资的集资活动；广义的众筹是指筹资人通过借助众筹平台、社交网络等多种途径募集资金的集资活动。

众筹本质是一种直接融资方式，众筹融资主要包括三个主体，分别是：项目发起人（筹资人）、投资人以及众筹平台。其中，项目发起人一般是具有创造能力但缺乏研发资金，主要以其发明、制造的创意产品吸引投资人的注意，投资人若对其的想法和创意感兴趣，则可以出资的方式支持筹资人，为其提供研发资金，而众筹平台是作为连接双方的互联网线上桥梁，为筹资人提供展示产品的空间并筹集资金，为投资人提供选择心仪产品的平台。投资人绝大多数为草根投资者，具有人数众多、抗风险能力差的特点。

众筹融资各方参与主体的权利与义务关系如图 1－1 所示。

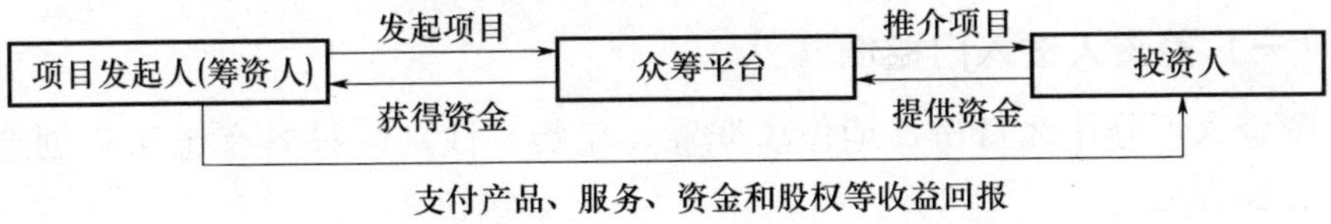

图 1－1　众筹融资参与主体及权利与义务关系

二、众筹的融资流程

从项目筹划到成功融资、收益分配，可将融资流程归纳为三个阶段：准备阶段、融资阶段和经营阶段。准备阶段是指项目发起人向众筹平台发起项目融资需求，通过平台审核后项目进入融资阶段。在融资阶段，众筹平台负责策划项目融资方案，包括项目展示、投资者推介等；投资者进行项目分析评估后决定是否进行投资；当资金筹集达到预定规模后融资成功，项目发起人获得资金，众筹平台获得项目佣金。在项目经营阶段，发起人负责项目运营，将获得的收益按照约定支付给投资人，在此阶段，投资人拥有对所投资项目进行监督、获得收益的权利。众筹融资的基本流程如图1－2所示。①

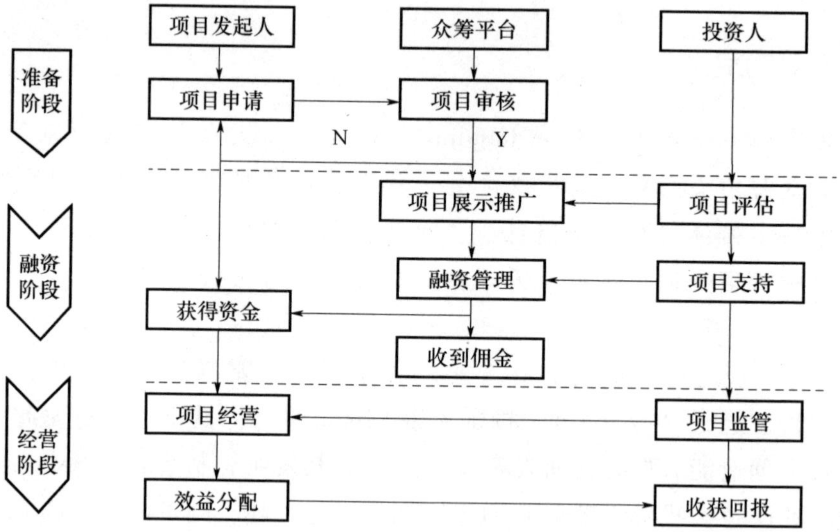

图1－2　众筹融资基本流程

三、众筹的特征

综上所述，可见众筹具有如下特征：

（一）筹资人进入门槛低

筹资人不分什么身份、地位、职业、年龄、性别，只要有想法有创造能

① 参见陈秀梅、程晗：《众筹融资信用风险分析及管理体系构建》，载《财经问题研究》2014年第12期。

力，都可以通过众筹平台或其他平台发起项目，募集资金。

（二）众筹项目的广泛性

各个行业的项目都可以众筹，无论音乐、影视还是漫画、出版、游戏、摄影甚至房地产等都可以通过众筹来筹资，且筹资人也可选择项目的不同阶段进行筹资。

（三）筹资金额的自主性

筹资人根据项目情况及自身需求可自主选择筹资金额，没有最低额、最高额的限制。

（四）投资人的大众性

在众筹项目中的投资者，通常是以普通的草根民众为主，鲜有公司、企业或是专业的投资人。

（五）众筹目的多样性

不同模式的众筹其目的是不一样的，有的是出于公益目的，有的是出于投资目的，更有甚者既不是为了公益也不是为了投资而是为了进入一下圈子，接触一些资源。

（六）众筹融资的直接性

融资的过程之中虽然有众筹平台的参与，但是众筹平台只是作为融资的居间商而不是金融中介。在整个众筹的过程中，众筹平台只是作为众筹项目的发起人与出资人之间沟通的桥梁和众筹所得资金的临时保管者，而平台本身并不以自己或他人的名义从事融资协议的订立活动，众筹本质上是一种直接的融资方式。

第二节 众筹的发展进程现状

众筹的文化根源是通过社区为项目进行募资，已有数百年的历史。互联网的发展使得这种基于社区的融资模式迁移到线上，降低交易成本并拓展了潜在的受众。早在 2000 年年初，众筹就成为一种新型的项目融资方式。受益于这种融资方式的低成本及快捷性，中小企业以及在金融业中缺乏背景的企业家们利用众筹方式融资的活动逐渐增多，尤其是 2008 年全球金融危机之后，各国的经济普遍陷入低迷，企业融资更加困难，众筹以快速、低廉的特性成为一种日益流行的融资方式。

众筹的兴起源于美国网站 Kickstarter，该网站通过搭建网络平台面对公众筹资，让有创造力的人有机会获得他们所需要的资金，以便使他们的梦想有可能实现。众筹发展经历过三个阶段：第一阶段是用个人力量就能完成，支持者成本比较低，在最初更容易获得支持的产品；第二阶段是技术门槛稍微高的产品；第三阶段则是需要小公司或者多方合作才能实现的产品，这个阶段的项目规模比较大、团队更专业、制作更精良，因此也能吸引到更多的资金。从全球范围来看，近年来众筹融资发展迅速。根据市场调查公司 Massolution 的研究报告，2009 年全球众筹融资额仅 5.3 亿美元，2012 年快速上升至 27 亿美元，2013 年达到 51 亿美元。2007 年全球有不足 100 个众筹融资平台，到 2012 年年底已超过 460 个，成功为 100 多万个项目募资，覆盖社会公益、创业、艺术、影视、音乐、互动数字媒体等多个类别。从地区分布来看，北美和欧洲是众筹最活跃的地区，其在 2012 年的众筹融资额占全球众筹融资总额的 95%。从募资形式来看，2012 年众筹融资募得的 27 亿美元中，52% 通过公益模式，44% 通过借贷模式，4% 通过股权模式。欧洲是股权模式使用最广泛、增长最快的地区。回报众筹融资占众筹融资平台的数量最大，并且保持较快的复合增长率，复合增速达 79%；而债务众筹融资在众筹融资平台的占比最小，复合增速为 50%；股权众筹融资则保持最快的复合增速，达到 114%，主要在欧洲呈现高速增长。在筹资效率上，股权众筹融资和债务众筹融资在诸如应用软件和电子游戏开发、电影、音乐和艺术领域表现得非常高效。其中债务众筹平台的融资效率最高，该类平台上的项目从发起到完成募集的时间只有股权众筹和公益众筹的一半。而股权众筹则在筹资规模上突出，超过 21% 的项目融资额都超过 25 万美元，只有 6% 的项目所筹集的资金规模小于 1 万美元。股权众筹也因此成为中小企业融资的一种可行的替代方式。在盈利模式上，众筹平台主要通过向筹资者收取一定的交易费用（佣金）来获取收益，佣金的数额按支付给筹资者资金的比例来确定，支付比例从最低的筹资规模的 2% 到最高的 25% 不等。其中北美和欧洲由于众筹平台之间的竞争程度较高，平均佣金比例为 7%，低于世界其他国家 8% 的平均水平。此外，众筹平台还有一部分收入来源于向投资者收取的固定费用，大约是每个项目 15 美元的平均水平。

2009 年 Kick starter 的运营盛况使众筹走入大众和媒体的视野，同时 2012 年美国颁布的《工商初创企业推动法》（以下简称《 JOBS 法案》）促使美国众筹合法化。2011 年 5 月国内众筹第一家众筹网站——“点名时间”成立，中国本土众筹揭开序幕。随着互联网的普及，人们对互联网金融理财的关注热度和接受程度逐年上升，互联网金融发展势头迅猛，越来越多的企业瞄准了国内众筹这片蓝海市场，纷纷投资进军众筹领域。同时国内的互联网巨头腾讯、京东、阿里巴巴、百度也纷纷涉足众筹市场。

这些众筹网站的定位各有侧重，如“点名时间”定位于中国最大的智能新品限时预购网站；“众筹网”定位于中国最具影响力的综合型众筹平台；“追梦网”专注于打造年轻人的新生活众筹平台；“淘梦网”致力于电影项目的众筹。众筹网站正在颠覆原始的融资形态，逐步渗透于文化、互联网、制造业、公益、娱乐、旅游等行业，众筹的项目包含科技、影视、出版、农业、动漫游戏、公益等类型，吸引了众多网络用户。以国内知名度较大的“众筹网”为例，从 2013 年 2 月上线至今，发布的项目总数达 8109 个，支持人数达 288 万元，累积筹资金额达 9200 万元。众筹模式虽然在国内被认为是互联网金融中最火爆的模式，众筹网站从 2011 年到 2014 年在数量上和规模上也得到了一定的发展，但是用户规模、项目数量和筹资金额上都与国外相差甚远。2014 年上半年，美国众筹募资项目达 5600 项，募资金额达到 21508.61 万美元，而我国募集总额仅有 3228 万元。另外，由于国内缺乏相应的机制和体制，众筹行业在国内尚处于培育期，影响力大多限于小众群体。最先开设的一批众筹网正经历“萌芽—火爆—平稳—沉寂”的洗牌过程，在此过程中，国内第一家建立的众筹网站——“点名时间”抛弃众筹模式积极转型成为限时预购网站，众多网站也陷入筹不到资金的困境中，众筹网站的发展还有很长的一段路要走。

众筹在国外按照“众筹”的融资者承诺提供的回报来划分为四种模式：一是公益众筹模式；二是奖励和预购买的众筹模式；三是债权众筹模式（类似于“人人贷”）；四是股权众筹模式。在公益模式下，出资人没有期望得到任何实质性回报，公益者更倾向于资助慈善机构或者非营利性组织。奖励和预购买的模式中的预购买的模式是最普遍的。出资人可以获得由用资人生产的产品或者相关的产品权利，典型例子如 Kickstarter 和 IndieGoGo。第三种债权模式下，投资者可以获得本金回报，一般还可以获得承诺的利息。第四种股权众筹的模式，投资者会获得所资助公司的股权回报。在 2012 年 4 月之前，这种方式也受到监管的限制，但是在 2012 年 4 月 5 日美国总统奥巴马签署《JOBS 法案》之后，股权众筹的模式在美国取得了合法的地位。

国外众筹模式与国内众筹模式比较，主要不同在于：在对国内众筹和国外众筹发展进行比较时，首先从模式上进行对比，从模式的选择来看，美国由于《JOBS 法案》的颁布，众筹中股权模式的限制大大降低，为小企业通过平台进行股权融资提供了合法性。而在债权模式下，美国的平台主要引入交易的第三方，避开非法吸收存款和发放贷款的风险。而中国的众筹网站却从对项目发起人的审核到后期的筹款、退款及投资者与发起人之间的纠纷解决，众筹平台都要包揽，有的平台甚至还提供担保。当然随着国内对众筹的监管的加强，债权式的众筹平台也逐渐与国外平台相接近，国内的债权众筹平台正向纯信息提供者的身份转变。

第三节　众筹的基本分类

根据目前的融资模式，众筹可以分为债权众筹、股权众筹、回报众筹和公益众筹等。

一、债权众筹

债权众筹即投资者对于项目或者公司进行投资，获取一定比例的债权，未来获取利息收益并收回本金，目前中国市场上的 P2P 即是一种债权众筹。该模式与预售模式有许多相同之处，根本上的不同是回报方式，报酬是现金。借贷模式的众筹主要是指企业（或个人）通过众筹平台向若干出资者借款。这一过程中，平台的作用是多样的。一些平台起到中间人的作用；一些平台还承担还款的责任。同时，企业（或个人）融资可能是为自身发展，也可能是为某社会公益项目进行无利息的借贷融资。因此，借贷的众筹平台可能为出资者提供利息，也可能不提供利息。

可以看出，该模式适用于需要小额资金的任何企业，这类资本市场不能解决的问题通过债权众筹能够很快实现目标。基于投资人逐利性较强的特点，一般融资利率要高于银行利率和理财产品，达到 5.8% 至 14% 不等。在债权众筹模式下，对投资人资格几乎没有任何限制，无论你是白领丽人还是田间农妇都可以参与其中。对投资额度方面，各个平台的底线不一，多数以 100 元为基数，投资人可以根据自身能力选择投资额度，通过小额定点定期投资获取利息收益。目前国内债权众筹平台纷杂，既有“拍拍贷”“人人贷”这类专业平台，也有“宜信”“信和”这种多元化平台。平台主要以收取融资人一定比例的佣金作为收益，佣金一般不超过5%。收益的另一端就是风险，目前在这种模式下，只要前期对融资人审核方面控制得当，违约的实际比例远低于银行坏账，也远低于人们的想象。有公司总结原因是，人们不愿意为了小额资金的不偿还而影响自己的信用评级。

二、股权众筹

股权众筹是指筹资者面向投资者出让融资项目一定比例的股份（或份额），投资者通过受让股权（或份额）获得股份，享有相应权益，以此达到投资目的，这种以出让股权（或份额）而进行融资的模式被称作股权众筹。简单地讲就是企业通过众筹平台或其他平台出让股份（或份额）从而获得资金的行为。目前国内股权众筹有股东式众筹、合伙式众筹、权益式众筹三类。股权众筹作为"VC""天使投资"的一种补充，是新兴的企业的融资方式。典型代表为"京东众筹""大家投""人人投""众筹网"等。

（一）股东式众筹

股东式众筹采用一种直接股权投资的方式，由筹资人在众筹平台上展示融资项目，投资人根据自己的商业判断，认可筹资人的项目后，通过众筹平台投入相应资金，与其他投资者共同出资成立一个新的商事主体，每位投资人可直接以其出资份额享有股份，成为股东。

（二）合伙式众筹

合伙式众筹的运营模式更加接近"天使投资"或"VC"，目标融资企业大多是小型初创企业，缺乏必要的启动或发展资金。在国内"大家投"网站的模式属于较为典型的"天使"式众筹，筹资人通过平台发布包括创业管理团队、企业历史情况、未来发展计划以及商业计划书等来展示欲筹资的项目，由平台筛选出符合要求的领投人对项目进行分析、尽职调查、估值议价及投后管理等事宜，并向项目跟投人提供项目分析与尽职调查结论，从而帮助筹资人尽快实现项目融资。在线上交易过程中，领投人主要在跟投人与筹资人之间起到桥梁的作用，维护协调双方关系。在项目融资额度达到预定数额时，即为融资成功，交易将由线上转为线下。"大家投"将协助所有投资人组建有限合伙企业，负责代办工商手续，领投人代表有限合伙企业与目标融资企业全体股东签订投资协议，并办理工商变更手续从而完成全部融资手续。目前我国股权众筹平台大多采用"线上+线下"相结合的方式进行操作，即线上展示融资项目，预期数额届满时，转入线下进行后续操作。另外，很多不满足投资限额的零散资金投资人则会以股权代持的方式汇聚在投资人名下，以实现“微小投资，高额回报”的目的。

（三）权益式众筹

权益式众筹是指筹资人通过互联网销售筹资项目的股权（或份额）权益凭证，投资人付出资金从而取得相应凭证，并依凭证取得相应权益，但投资人并不成为股东（或合伙人），也不享有股东（合伙人）权利的众筹模式。

2012 年 10 月 5 日，一家名为“美微会员卡在线直营店”的店铺在淘宝上正式开业，店主是“美微传媒”的创始人朱江，曾担任过多家互联网企业的高管。在该网店中，消费者可以通过拍下相应金额的会员卡，获得“订阅电子杂志”的权益并同时拥有“美微传媒”的原始股份 100 股。自 2012 年 10 月 5 日至 2013 年 2 月 3 日中午 12：00 时，“美微传媒”共进行了两轮募集，参与购买的会员人数为 1191 人，认购总数为 68 万股，两次募集资金共计 120.37 万元。该模式的兴起，一度在业内引起了轩然大波，而按照我国证券法的相关规定，向不特定对象发行证券或者向特定对象发行证券累计超过 200 人，均属于公开发行证券行为，必须经过证券监督管理部门批准。因此，“美微传媒”的众筹之路，最终因行为不合规而被证监会断然叫停，众筹试水以失败告终。

随后，在 2013 年 3 月，一植物护肤品牌“花草事”同样在淘宝上高调销售自己公司原始股：“花草事”品牌对公司未来 1 年的销售收入和品牌知名度进行估值并拆分为 2000 万股，每股作价 1.8 元，100 股起开始认购，计划通过网络私募 200 万股。股份以会员卡形式出售，每张会员卡面值人民币 180 元，每购买 1 张会员卡赠送股份 100 股，自然人每人最多认购 100 张。[①] 这也就意味着，投资人只需要支付人民币 180 元，便可拥有 100 份股份，继而成为股东。很显然，其与美微传媒存在异曲同工之处，其法律后果可想而知。

不过，需要说明的是，由于凭证式众筹多番试水均无疾而终，目前我国尚没有专门做凭证式众筹的平台，上述两个案例在筹资过程当中，都不同程

① 参见刘龙飞：《股权众筹运营模式及法律风险解读》，http：//www. pelawyers. cn/newshow. asp？ id = 34750。

度地被相关部门叫停。

由于股权众筹涉及的金额一般偏大，一方面需要众筹平台通过尽职调查严格把关，另一方面也需要投资人的专业判断。无论是哪种模式，目前一般采用的是“领投 + 跟投”的投资方式，以规避投资风险。跟投者通常没有任何投资经验。当然，这种模式对于融资方的要求也相对较高，如果没有好的创意、可实施的路径和可预见的前景，很难让投资人向其伸出橄榄枝。由于股权众筹既容易触及法律红线，又需要专业团队进行运营，在风险和投入方面都是四种众筹模式中最高的。但在另一方面，收益率也相对而言最高，一般收取投资方和融资方各 5% 作为佣金。

三、回报类众筹

回报类众筹即奖励或是预售众筹，简单来说，是项目发起人在筹集款项时，投资人可能获得非货币性奖励或产品作为回报，如 VIP 资格、印有标志的产品或实物等。

该模式中只要投资人对这个项目产生的产品和服务充满信心和热情，都可以投入其中，而且通常投资资金的基数也不高，可以说对于投资人来说基本没有任何门槛，这种模式没有直接的经济回报，更多的是投资人为产品或服务的倾心度买单。产品或服务在筹资前期，就已经发布在网站上吸引投资者，投资者选择投资后，会在规定期限内收到该产品或服务。筹资流程由筹资人开始。销售者通过在线发布新产品或服务信息，把筹资项目的内容发布到网站上。每个项目必须在发起人预设的时间内获得超过目标金额的投资，否则会被下架并且不能获得任何资金。投资者选择自己感兴趣的项目，并投资小额的现金。对该产品或服务有兴趣的投资者可以事先订购或支付，项目成功后，网站将监督项目发起人执行项目，并确保项目完成后筹资人发放实物报酬。报酬必须是非现金或者非股权式的，大多为实物回报或者服务承诺。奖励或预售的众筹通常应用于创新项目的产品融资，尤其是对电影、音乐以及技术产品的融资。该模式在一定程度上可以替代传统的市场调研和进行有效的市场需求分析。同时，投资者参与事前销售的动机除了希望产品或服务被生产出来外，在产品真实销售时获得折扣也是其中原因之一。典型代表为“点名时间”、“追梦网”、Kickstarter 和 Indiegogo 等。

四、公益式众筹

公益式众筹是整个过程中形成了没有任何回馈形式的公益合约。公众可以通过网站直接选择公益或者赞助现金。很多公益机构都采用这种模式吸引募捐。公益机构的管理者或组织公益活动的个人也利用自身在网络社区和社交网站中的影响力，发起资金赞助。公益式众筹模式通常是为某一特定项目募捐，公益众筹的公益者的主要动机是公益性的，并希望长期保持这种公益关系。通常，公益的众筹所涉及的项目主要是金额相对较小的募集，包括教育科研、宗教、环境、健康等方面。中国的红十字会就是该类众筹的雏形。当然公益众筹不止面向公益事业，还可以通过平台实现或帮助别人实现美好的愿望。

公益式众筹模式虽然在融资人方面要求不尽相同，但是对投资人几乎没有任何要求，人人都可以成为公益投资者；投资的金额也几乎没有限制，可以捐1元也可以捐项目的上限要求。平台有公益型的不收取佣金，也有非公益型的提取投资额少量比例作为运营收益。①

除了上述基本类型外，众筹融资在运作过程中还衍生出一些其他模式。如收益共享、实物融资、混合模式等。其中，收益共享是指出资者通过对公司未来收入共享作为回报方式；实物融资是指出资者以产品或服务替代现金为融资者进行融资。②

关于上述各类众筹模式存在的风险规避方式，如下表所示。

表1－1　各类众筹模式的法律风险

众筹模式	潜在刑事或行政法律风险	法律风险规避方式	风险程度
债权众筹	非法集资罪（重） 金融行政违法（轻）	1. 回归平台本质，提供点对点服务，不经手资金； 2. 不为融资方担保； 3. 不以平台承诺回报； 4. 严审融资方信息，谨防虚假信息发布； 5. 不为平台自身募资。	中

---

① 参见张利国、杨子皎：《中国式众筹的4大模式与N种可能》，载《经理人》2014年第11期。

② 参见贺欢：《众筹商业模式探析》，载《财经界（学术版）》2014年第20期。

续表

众筹模式	潜在刑事或行政法律风险	法律风险规避方式	风险程度
股权众筹	非法吸收公众存款罪 集资诈骗罪 擅自发行股票、公司、企业债券罪	1. 不向非特定对象发行股份； 2. 不向超过 200 个特定对象发行股份； 3. 不采用广告等形式公开诱导； 4. 严审融资方信息，谨防虚假信息发布； 5. 审核投资方资格，告知投资风险； 6. 不为平台公开募股。	高
回报众筹	集资诈骗罪	1. 严审融资方信息，谨防虚假信息发布； 2. 严格监管募集资金的使用，保证回报产品履约； 3. 不为项目发起人担保。	低
公益式众筹	集资诈骗罪 （仅针对公益类项目）	1. 严审项目发布人资格和公益项目情况； 2. 严格监管募集资金使用，保证公益类项目专款专用。	低

第四节　众筹创业的规范化发展

众筹是一种新兴的商业模式，每个众筹网站上都充满了新奇的创意，让人应接不暇。为了不断促进众筹创业的规范化运营，以下是其具体的发展路径。

一、整合众筹产业链，向综合服务方向发展

众筹项目的筹资环节相当于路演推广，需要好的宣传文案、新颖的宣传视频、精致的产品包装设计等。但当前我国回报类众筹平台上的大部分项目发起人往往不具备这方面能力。对于众筹平台来说，整合上游第三方服务提供商进入自己的平台或者成立独立的项目孵化综合服务，是拓展单一盈利模式的未来发展方向。众筹平台应当逐步从中间平台转型为综合服务提供商，拓展众筹产业链，创造价值。

二、细分市场，向垂直性平台领域发展

当前我国回报类众筹市场良莠不齐，好的平台往往实力相当。在这样一个充满机会和风险的市场里，要想突出重围，需要细分市场，找到市场需求的空白区域。专业化与垂直化是未来回报类众筹平台发展趋势。众筹平台应当根据项目或者产品分类，立足科技、影像、音乐、人文、出版的某一方面，汇聚优秀项目资源，吸引支持者，打造垂直领域知名品牌。

三、建立项目审核的标准化评判体系

尽管众筹网站会核实发起人的身份，并调查对方是否有完成项目的能力。但是对于创意或者项目是否具有可操作性，以及是否经过官方或正规检测机构的检验，尚未有完整或者统一的评判检测标准，因此项目的科学性和可行性存在很大的风险。资金筹集完毕以后，网站并不对项目能否按时完成负责，也不会对创业者是否有能力完成该项目进行考察。尽管在法律上创业者有实现承诺的义务，但如果创业者将资金使用完毕也未能实现承诺，也没有任何退款机制。甚至于目前几乎没有具体的法律法规能判定如果项目出现诈骗，平台方是否需要承担责任。因此需要建立项目审核的标准化评判体系，明确众筹平台的责任。

四、加强对众筹平台的监管

由于信息不对等、实力不一致的现实情况，投资者处于非常不利的位置。监管方要从制度层面加强对投资者权益的保护，对众筹平台的监管可侧重于以下几个方面：加强操作和融资的透明度；加大资金管控确保支付安全；完善平台操作流程规范，确保投资人掌握更多的信息，避免欺诈发生。同时监管部门要加强对投资者的教育，提高投资者的风险意识和自我保护能力，引导其合理控制风险。引入第三方机构（如银行、券商）负责资金托管，代理众筹平台在投资者账户、平台账户与发行人账户之间进行资金划转，保证资金的安全性。

五、建立健全我国的信用体系

要防控众筹平台存在的信用风险，一套针对自然人、法人、其他组织的

健全的信用体制必不可少。完善的信用体制很大程度上能提升行业整体信用度。具体而言，一是监管机构对众筹平台要赋予一定的责任，众筹平台要加强对项目发起者的审核深度，保证出资人的利益和其平台自身的信用；二是当众筹项目成功融资后，平台要跟进该项目的后续发展，直至众筹项目发起者对全部出资者兑现了承诺的回报；三是众筹平台的自身信用应由监管部门进行监督管控，防止众筹平台出现操作风险。

六、完善我国的法律政策体系

随着中国证券业协会于2014年12月18日公布了《私募股权众筹融资管理办法（试行）（征求意见稿）》，这是我国对股权众筹融资进行规制所做的初步尝试，后继的规制体系也将继续完善，但是，对于回报类众筹的相关规定却仍没有出台。

为了解决回报类众筹活动与集资诈骗罪界限细微、容易混淆等问题，以及防范众筹项目发起人、投资人和众筹平台所面临的诸多风险，我国的管理部门应当尽快出台相关的法律法规。同时，也可借鉴《中华人民共和国证券投资基金法》中关于投资者的相关规定，对于众筹投资人的资格等进行约定和审核。

立法机构可借鉴美国等国家的已有经验，对众筹平台监管并制定相关规则。监管机构应以便利中小微企业融资和投资者权益保护两大原则，尽快研究出台规范众筹的规则，同步推进众筹平台监管和投资者保护。其规则至少应当包括如下内容：众筹融资对象主要是中小微企业和初创项目，法规规定单个项目的众筹融资上限，以降低投资人风险；确立项目发起人信息披露机制和披露范围（包括公司基本信息、股本与股东情况、财务状况、主营业务、募投项目信息等）；为降低普通投资人的风险，对股权回报类众筹推广认证投资人制度，项目得到机构投资人或专业投资人的认可后，个人投资者方可跟投，同时加大机构投资人或专业投资人的法定义务；众筹平台应在证监会注册认证和定期审核，在项目发起人和投资者间保持中立，对投资者有充分的风险提示，有义务对项目发起人（或项目所属公司董事、高管）背景尽职调查；以独立的、受监管的第三方机构负责出资人出资转账和资金划拨，这个机构可以类似于支付宝的功能，在预先拨付给融资成功的项目发起人部分资金后，项目发起人兑现诺言、得到出资人的确认后，再拨付其余金额给项目发起人。①

众筹融资突破传统的融资模式，使每位普通人都可以通过该种模式获得从事某项创作或活动的资金，使得融资来源不再局限于银行等传统金融机构，缓解了企业起步阶段和个人创业融资难的问题。由于众筹融资门槛低、规模小、比较灵活的特点，可以使融资项目迅速获得资金支持，近年来在欧美等国家和地区迅速发展。研究机构 Massolution 调查数据显示，2012 年全球众筹融资规模达到 28 亿美元，较上年增长了一倍，同期，众筹融资平台数量超过 700 个。根据美国福布斯网站预测，众筹融资模式将成为项目融资的主要方式。

无论是哪种模式，在提供“筹”的基础上，越来越多的众筹平台开始将平台与众多资源对接形成综合优势。如京东的众筹平台将与京东和营销资源紧密协作；淘宝众筹现已与天猫 C 店打通；众筹网与 30 多家猎头机构合作，与 ODM、OEM、媒体、销售渠道等资源合作，帮助创业者对接。与已经具有群体资源的电商不同，许多众筹平台目前还是小众群体。因此，有众筹平台提出众筹不是为了赚钱而是为了规模，前期为投融资双方提供免费服务，在聚集人气之后“一切皆有可能”。

在传统众筹模式的基础上，引发全民热议的“娱乐宝”，似乎也可以认为是非典型性众筹的一种模式。“娱乐宝”集债权众筹和回报众筹的特点于一身，客户只要通过手机淘宝出资 100 元，可投资热门影视剧作品，在获得投资收益的同时投资人有机会享受剧组探班、明星见面等娱乐权益。像“娱乐宝”这样多种众筹模式组合出的新型众筹，也未尝不是未来的一种发展趋势。

在移动互联网时代的背景下，未来的众筹平台，必然在不断自我完善的同时，打破传统众筹界限，通过资源整合和模式创新向综合服务商转变。而随着国家相关政策规范化程度的提高，社会整体环境的改善，众筹模式的未来发展有 N 种可能。②

---

① 参见邓建鹏：《互联网金融时代众筹模式的法律风险分析》，载《江苏行政学院学报》2014 年第 3 期。

② 参见张利国、杨子皎：《中国式众筹的 4 大模式与 N 种可能》，载《经理人》2014 年第 11 期。

第二章

众筹的参与主体

第一节　众筹主体所面临的法律风险

在众筹运营的过程中，主要参与主体包括筹资人、投资人和众筹平台以及指定的专门托管人。

一、筹资人

筹资人又称项目发起人，通常是指融资过程中需要资金的创业企业或项目，他们通过众筹平台发布企业或项目融资信息以及可出让的股权比例。项目发起人是项目创意来源，即项目拥有者，包括个人或团体。项目形式包括电影构思、手工制作、产品设计等。项目发起人对整个项目负责，属于众筹运作链的上游环节。筹资人必须是众筹平台的实名注册用户，并通过众筹平台的核实。融资者应当履行向众筹平台提供真实、准确和完整的用户信息；保证融资项目真实、合法；发布真实、准确的融资信息；按约定向投资者如实报告影响或可能影响投资者权益的重大信息以及证券业协会规定和融资协议约定的其他职责。

筹资人主要涉及的法律风险包括非法集资的法律风险、财务风险和运营风险等。不管是实物众筹项目还是股权众筹项目，项目的成立仅仅只是开始。项目的真正成功需要后期强大的运营能力和管理能力，需要一个稳定的管理团队进行运营，更重要的是有充足的资金来源的支持。

二、投资人

出资人一般是广泛大量的互联网用户，他们利用在线支付等方式对自己觉得有投资价值的创业企业或项目进行一定数额的投资，通常以小额投资为主，等筹资成功后，投资人获得所投创业企业或项目预期实物或服务回报。项目支持者居于众筹运作链的下游环节，是众筹项目成功与否的最终裁决者。一个项目只有在筹资环节筹集到目标资金才算成功。对于回报类众筹而言，支持者也是整个项目的消费者。投资者应当履行向众筹平台提供真实、准确和完整的身份信息、财产、收入证明等信息；保证投资资金来源合法；主动了解众筹项目投资风险，并确认其具有相应的风险认知和承受能力；自行承担可能产生的投资损失。

在众筹项目发起人涉及严重的法律风险、财务风险和运营风险的情况下，众筹投资人如何保护自己的合法权益就成了一个重要的课题，在相关法律制度不健全、资金链容易断裂、运营能力不足、道德风险等不利因素的作用下，众筹投资人为了维护自身的合法权益，必须要注重在损失的认定、举证、计算与追偿等方面的积极维权。

三、众筹平台

众筹平台主要发挥线上展示项目和线下撮合的功能，众筹平台在整个众筹的过程中主要扮演着居间中介的角色，是连接筹资人和投资人的媒介，其是为项目发起人和支持者提供中间服务的平台，起着核心作用。一方面，项目发起人向众筹平台发起项目，面向支持者筹集资金；另一方面，支持者通过众筹平台寻找合适的投资项目，实现投资目的。平台的主要职责是依据相关法律法规，并且依托网络技术支持，将项目发起人的融资需求和项目信息介绍发布在互联网空间中，以供投资人选择。平台在筹资前期需要对筹资人的信息进行审查，确保筹资人资质和项目的质量，等筹资成功后负有一定的监督义务。众筹平台一般会与第三方机构或专门银行合作，目的是为保证投资人的资金安全，保障投资人资金切实用于创业企业或项目以及筹资不成功时的及时返回。

从所承担的业务内容来看，众筹平台主要的职能有两个：一是信息中介职能。众筹平台是为众筹项目发起人和众筹合伙人提供的一个信息发布和获取的平台，但是，众筹平台仅对众筹发起人的资格合法性进行审查，而不对其所披露的所有信息的真实性进行核实。这就为众筹发起人或投资人随后将面临的各种风险埋下了伏笔。二是交易担保职能。因为众筹项目发起人的知名度和市场认可程度比较低，因此，通过与知名的众筹网站进行合作，可以提升众筹投资人对其的信任程度。

第二节　众筹平台的增信措施

涉及众筹项目平台的主要有信誉风险。一般来说，众筹项目发起人大多是规模较小的创业公司，在吸引公众进行投资的时候会面临诸多困难。因此，为了有效解决公众对于公共和产品的信任问题，众筹平台设置了第三方支付平台资金托管、设置保证金、风险准备金制度等增信措施。

一、第三方支付平台资金托管

在众筹平台的运作过程中，为了提高平台的经营收入，平台一般都会有或多或少的增信措施，以提高投资人的信任度。众筹平台为了规避非法集资的风险，避免资金池，最常见的增信措施就是与第三方支付机构合作。具体而言，就是通过筹资人授权平台，平台委托合作的第三方支付机构，直接从筹资人账户划扣相应数额的款项到投资人的专用账户中。

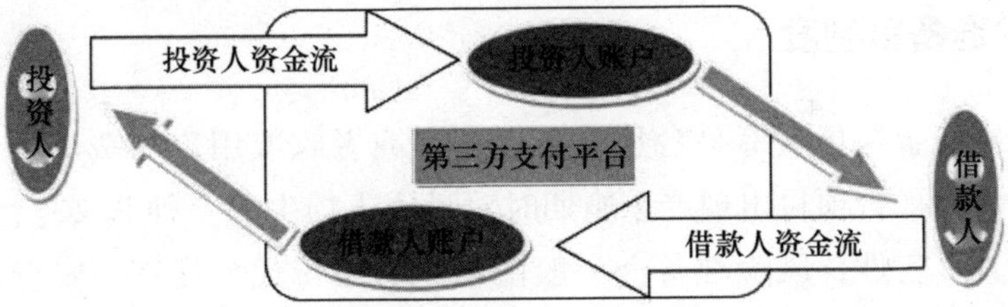

图 2－1　第三方支付平台

第三方支付平台资金托管是指由第三方支付平台为众筹平台开设资金托管账户，让平台投资人和筹资者的资金不经过平台账户而完成筹款过程，从而避免平台自设资金池的风险，防止平台卷款跑路。当投资人汇款投资时，钱先由投资人的银行账户转向了第三方支付平台的投资人账户，如果项目成功，则由第三方支付平台将借款打入借款人的银行账户，如不成功则由第三方支付平台返还给投资人。

二、设置保证金

众筹平台为了确保项目的可靠性，一般要求筹资人交纳一定数额的保证金暂时保管在平台中，保证金指项目发起人在众筹平台发起的项目众筹成功后，为保障发起人对支持者回报承诺的兑现而留存在众筹平台的项目款项。

项目筹款成功并结束后，众筹平台在扣除平台服务费后将剩余款项中的一定数额的款项向项目发起人汇出，并预留余下的一定比例的款项作为确保项目成功并保证支持者获得回报的保证金，在项目成功无纠纷且所有支持者得到承诺回报的情况下，众筹平台将把该部分款项交付给项目发起人。

若项目发起人未按约定及时兑现回报的承诺，众筹平台在核实后，将代为暂扣的履约保证金退还给支持者。

例如“京东的小金库”，其平台要求投资人应当在认购产品时按照平台的要求缴纳保证金，保证金的缴纳金额为投资人认购金额除以平台为该投资人匹配的信用倍率。投资人因参与众筹项目所缴纳的保证金，通过平台冻结在京东小金库内。当众筹成功后，京东小金库内的保证金将解冻并退回给投资人。投资人在冷静期内放弃认购产品的，保证金将退还给该投资人。

在实务操作的过程中，有些平台通过设置法律保证金的形式作为自有平台增信的方式。其实，平台增信的方式还有许多，平台可以根据自身运营模式和资源进行创新，增强平台的可信度。

三、风险准备金制度

风险准备金是指众筹平台从自有资金中或者收取用户的费用中，拿出一部分钱作为当平台项目出现严重逾期时对投资人损失的一种非义务性的垫补。为了保证其真实性，风险准备金一般由第三方银行代为托管，银行每月按时出具托管报告。风险准备金是目前众筹行业比较多见的一种平台自我增信的形式，例如“京东众筹”“追梦网”等都实行了此项保障制度。风险准备金制度极大地解除了投资人投资产品项目时最主要的担忧，为投资人提供了有效的风险共担机制，分散了投资人投资行为所带来的信用风险，为投资人营造了一个安全健康的投资环境，保障了投资人的权益，是高质量的增信手段之一。但是风险准备金制度也存在其自身无法避免的弊端，首先，风险准备金制度是平台出于自我增信的目的而自己提出的，是一种非义务性的行为，没有法律强制性，其最终解释权归平台所有，居间人即平台是没有义务承担投资人在投资过程中产生的损失，如果平台突然宣布其无效或者将其废除，投资人同样面临血本无归的风险。其次，数据不透明，按道理平台的风险准备金额度应该与平台的筹款余额等同时投资人才能获得完全的垫付保证，因此在实践中，实施风险准备金制度的平台并没有定期公布其筹款余额信息，虽然从专业的角度看，逾期率不可能是100%，虽然并不需要风险准备金

100%与筹款余额等同，但不透明的信息设置很难让人信服风险准备金制度的效力。最后，平台即使实施风险准备金制度，即使其额度等同甚至是大于筹款余额，风险准备金也由第三方银行托管，但其最终归属和使用权仍旧属于平台，垫不垫付，垫付多少还是平台说了算。当出现平台也承受不起的风险时，在利益面前，具有商业属性的平台很难做到“先人后己”。

第三节　众筹平台的运作机制

众筹的出发点是让这些好的想法能够转化成现实，但这个过程不都是一帆风顺的。众筹在法律上还没有一个明确的定位，众筹当中的三方关系也没有一个统一的规范。至于众筹当中的法律风险，最理想的状态当然是国家出台明确的法律规范来约束各方的行为，明确相互的权利义务关系，但在此之前，还需要众筹网站为出资人把好这个关，对筹资人的资质、动机以及完成众筹项目的能力进行审查，并对众筹成功后项目的进展进行全程监督。

为此，众筹网站自身应当制定一套完整的运作规则，明确与项目发起人、支持者双方关系，发挥中间人角色，在运营过程中保持自身独立性。要有明确的平台定位，努力打造一个专业、可靠、公正的众筹平台。众筹平台应当制定以下机制：

一、风险评估机制

项目平台应当建立专业的项目风险评估机制。就项目本身可能具备的风险进行预测，并与发起人沟通，降低项目风险至可接受水平。建立风险评估体系是对支持者保护机制的有力补充。

二、知识产权保护机制

众筹平台应当建立以法律为支撑的知识产权保护机制。在发起人提交项目时，提醒其申请知识产权保护，在审核环节，平台应当拒绝有抄袭、仿造嫌疑项目。另外，平台需要完善知识产权保护的相关法律制度。针对众筹项目创意易被剽窃以及申请专利时间过长的问题，可建立知识产权备案制度，拥有发明等众筹项目发起者在公布其创意之前可对其创新之处做登记备案，备案期间其创意受侵犯的，当专利获得审批通过后可对侵权行为追责。这样不仅保护了众筹项目发起者的知识产权权益、保证知识产权的审批质量，还不影响众筹项目发起人的融资行为。

三、项目后续监督机制

为了防止项目跳票，众筹平台在项目筹资成功之后，应当保持对项目完成情况的跟踪调查，要求提交项目进度表，必要时可以实地检查，提醒项目发起人及时更新项目进度信息，尽早完成项目并履行对支持者的回报承诺。

国内某众筹网站则以分期打款的方式监督筹资人的项目进展，在融资成功后先支付筹资人一部分款项，在所有出资人都收到回报以后才会支付尾款，如果筹资人不能完成项目或者不能为所有出资人提供回报，则需要退还已经收到的款项。这种方式虽然降低了出资人的风险，增强了对出资人的保护，但筹资人的压力更大了。一方面，由于不能及时获得全部筹资款，筹资人会增加目标筹资额以获得足够的资金，这样增加了项目众筹成功的难度；另一方面，一些风险较高（回报也可能较高）的项目就会选择其他平台，出现劣币驱逐良币的现象，从而埋下更大的风险隐患。

本书认为，由于出资人和筹资人之间往往缺少沟通，应当由众筹平台来承担降低众筹履行风险的责任。对于项目进程的监控，众筹平台和筹资人可以约定间隔多少时间向出资人进行反馈和反馈的主要事项，在筹资人给出了预计的回报时间后，应当给出最晚的回报时间，并约定延期回报的后果，如果出资人收到的回报与筹资人在众筹时承诺的有很大出入，出资人是否有权利要求退货或者退款来保障投资人权益。①

---

① 参见张天一：《产品众筹的法律风险初探——以伏牛堂的一次众筹经历为例》，载《金融法苑》2014 年第 2 期。

第三章

众筹的基本模式

第一节 公益众筹

一、公益众筹概念与分类

公益式众筹也称公益众筹，是指投资人通过众筹平台或其他信息平台对项目进行资助，且资助目的并不是获取相应的回报或收益，是一种具有无偿性、公益性的筹资制度。

国内比较具有代表性的平台为"新浪微公益"，该平台自2012年2月正式上线，主要面对2.5亿多微博用户进行开发，开展在线求助与公益服务，主要包括支教助学、儿童成长、医疗救助、动物保护、环境保护五个重点慈善方向①，截至2013年9月累计有1938674位爱心网友参与过捐款、转发及关注公益项目。目前，投资人可通过下列四种方式帮助求助人或者向求助人进行公益资助。

第一，品牌公益。主要针对有一定品牌影响力的公益项目进行小额或定额的捐助，例如由中华社会救助基金会发起的抗战老兵助养行动、壹基金发起的净水计划、中国红十字基金会发起的小天使基金等。

第二，个人求助公益。主要由企业代筹资人发布或个人直接发布公益项目，项目的类别可分为三种，一是为治疗疾病筹集医疗费用、为偏远地区儿童筹集助学资金等捐款项目；二是为环卫工人递上一杯水（也可是草帽、毛巾等）、为山区儿童筹集学习用品及书籍等捐物项目；三是为山区儿童义务支教、义务照顾孤寡老人等募集志愿者。项目投资人可以根据自身的实际情况选择捐款、捐物或是担当志愿者为有需要的人提供帮助。

---

① 参见《新浪微公益平台上线》，载《北京晚报》2012年3月5日。

第三，转发公益。主要是由企业或慈善组织发起的转发捐助行为，人们可以点击“爱心转发”来转发微博，成功转发后，由发起人进行捐款。例如，微公益上由“E宠商城”发起的“转发一次即可为广西玉林救下来的猫狗捐粮”行动，人们每转发一次，“E宠商城”将为该行动捐助1元钱。

第四，拍卖公益。此类公益较为特殊，主要由具有一定人气或号召力的明星、艺人等发起，大多以拍卖其使用过的用品为主，例如首饰、签名球鞋、背包、演唱会服装等，且承诺将最终成交所得的全部拍卖款援助公益项目。

另外，“腾讯公益乐捐”也是以公益为主的公益众筹平台，公益模式分为“月捐”和“乐捐”，月捐通过财付通余额、快捷支付的方式每月自动捐款10元，也可选择一起捐（双人），同样是每人每月10元；乐捐则是单笔一次性捐款。腾讯乐捐的公益项目大致分为扶贫、助学、环保、医疗救助等。

二、公益众筹的特点及与相关概念的辨析

（一）特点

公益众筹实质是一种通过互联网技术扩大化了的募捐行为，公益众筹是公益的，不是以获得利益为目的。公益众筹相比传统的公益有很多不同，这表现在以下几个方面。

第一，发起人大众化。传统公益一般对发起人的资质都进行严格审核，主要由公募资金的基金会发起或认领项目。公益众筹不同，它不局限于公益机构、公众组织或任何个人。任何人都可以通过网络发起公益项目，筹集资金。

第二，参与大众化。因其无进入壁垒，普通大众都可以参与，可以说，公益众筹就是在大众参与中发展起来的，没有大众参与，公益众筹的发展就无从谈起。

第三，公益化。公益众筹中的项目发起人不以营利为目的，主要是为公益项目募集资金；作为公益众筹的出资方，其出资也不是为了获取回报，更多的是献爱心，无偿付出，公益众筹的公益化尤其明显。

第四，发起人年轻化。有调查显示，公益众筹项目发起人中，60%为公益组织，其余40%是个人。个人发起人当中“80后”“90后”就占了70%以上，他们对社会公益事业很热心，并且擅长对互联网的利用，愿意挑战新鲜事物且愿与他人分享。

第五，正能量引导性强，破坏性也大。公益众筹形式在吸纳资金的同时能够增进社会关系，增加公益事业的吸引力，能够调动更多的力量参与到公益活动中，可以为社会带来更多正能量。但所募集资金如何使用，如何监管，如何体现透明却在现实中存在巨大问题，在这方面，法律规范是一片空白。公益众筹一旦滥用了出资者的爱心，将会产生巨大的负面效应，对这个行业的发展起到破坏作用。

（二）网络公益和公益众筹的区别

公益众筹通过互联网方式发布筹款项目并募集资金，相对于传统的公益融资方式，公益众筹更为开放。投资人对于感兴趣的项目，都可以通过公益众筹方式获得项目资金，为更多公益机构提供了无限的可能。但是公益众筹和一般的网络公益还是有一定的区别的：

首先，发起方资质不同。网络公益一般需要具备公募资质的基金会发起或者认领筹款项目，公益众筹则可以是个人、公益机构或者企业发起，对公募资质无特殊要求。

其次，平台规则不同。公益众筹的项目发起人需要设置筹资目标金额、筹款时间以及给予投资人的实物或非实物回报，对于公益者的回报大都是发电子感谢信、赠送明信片、被救助孩子的画作、颁发有关荣誉并定期报告公益项目进展等。而网络公益平台则往往是与公益组织合作，公益以不需要任何回报为主要特征。

最后，项目特点不同。网络公益多关注扶贫、救助、救灾等传统公益项目；而公益众筹以倡导快乐公益为主旋律，更强调公益项目的创新。

（三）公益众筹和商业众筹的联系和区别①

公益众筹和商业众筹两者的关系密切，公益众筹和商业众筹都是众筹的形式，商业思维应用于公益众筹之中，公益众筹产品的设计要依赖于商业思维。

然而。商业众筹与公益众筹两者有着明显的不同，可以从以下三个角度进行解读。

一是参与主体不同。商业众筹大多带有很强的利益性，无论是发起人发起项目还是投资人投入资金，出发点都在于希望获得回报，实现利益最大化，这是双方的共同追求。相较之下，公益众筹则带有很强的社会意义，发起人

---

① 参见刘佳：《浅析公益众筹对公益捐助的意义》，载《山西农经》2015 年第 2 期。

发起公益活动的初衷，并不是为了盈利，而是致力于更好地服务某一特定群体或致力于某件事，改变其原本不好的状态，使服务的群体或社会受益。因此，公益众筹旨在人本身，而商业众筹旨在金钱。

二是回报的方式不同。商业众筹带有较强的商业性，项目都具有很大的商业价值。发起人决定发起某项目，就说明其认为该项目有市场前景，它在评估中被认为有盈利的潜力，让发起人和投资人双双受益，而公益众筹则只是单纯的公益行为，商业价值不大，公众组织、公益机构等发起公益项目、活动时，并不会考虑该项目、活动的前景如何。无论是发起人还是捐献的出资人都不会有任何经济上的期待，即便是部分带有一定经济价值的公益众筹，其公益属性还是高于回报属性。就参与者对公益众筹的期待回报来说，往往并不在于金钱，而是诸如感谢信之类附有感情的事物。

三是募集资金目标存在差别。一般商业性的众筹平台，都会对每一个发起项目、公司设置一个募集金额的目标，如果没有达到所设置的目标，就会将投资人的出资金额返还到投资人的账户里，如果所设置的目标达成，该项目、公司就不会再募集。一方面，没有达到目标就无法启动项目、公司；另一方面，募集的资金太多会造成资金的浪费，不但会增加其使用成本，也会降低公司和投资人的收益。因此，商业众筹平台设置一个项目筹措资金的上限非常有必要。但也有些项目、公司是可以超额募集的，这与项目和公司运作能力的差别有关系。公益众筹的资金达成率目前往往尚未达到商业众筹的标准，而从某种意义上来说，无论是否达成资金筹集目标，对受助人来说，公益众筹都是百利而无一害。

三、公益众筹平台发展现状

对于公益与众筹的结合，国内许多从事慈善事业和金融业的专业人士都十分看好。根据《中国公益众筹研究报告》显示，2014 年中国公益众筹市场规模达到 1272 万元，投资人主要集中在北京、上海、广州、深圳等发达城市。公益众筹的渠道有两种：一种是通过综合类众筹平台发起项目，另一种是通过专业的公益众筹平台发起项目。2014 年，在 164 个成功筹款的公益项目中，有 95% 是来自综合类的众筹网站。在专业公益众筹平台上发起的公益众筹项目共 40 个，已成功项目 8 个，成功项目募集金额 7.8 万元；在综合类众筹平台上发起的公益众筹项目共 267 个，已成功公益项目共 156 个，成功项目募集金额 661 万元。

多种多样的公益众筹平台使得公益众筹事业得以快速发展。众多平台中，最为突出的是“淘宝众筹”与“众筹网”，前者占到市场总额的40.41%，后者为39%，二者地位相当，共同引导我国公益众筹事业的发展。从投资人的数量上来讲，“淘宝众筹”拥有30万的投资人，具备在短时间内抽得大量资金的能力。有网站统计，2014年我国进行了299个公益众筹项目，姑且不论该数据有效与否，仅讨论这些项目具有的特殊意义，公益众筹不仅为我国公益事业的发展贡献了新生力量，还反映出这种公益以贴合网络话语权新常态的方式开始走入普通人生活。在项目领域方面，爱心帮扶类项目占43.48%，所占比重仍然最高，之后依次是助学类项目占26.96%，创新、跨界类占13.48%，环保、动物保护类占10.43%，最后扶贫、救助类占比最小为5.65%。

公益众筹是对传统慈善机构的一种补充。例如“孩子与自然”成功的众筹项目。“孩子与自然”是公益人士邓飞发起的一个公益项目。前期项目精心策划，明星参与，网络大力宣传，是此次项目成功的最为关键的因素。反复讨论文案，设置合理的项目回报，发起人及时更新项目资金，都有利于项目的成功。该项目共8个话题，152位支持者，300626元的众筹资金。这个项目的成功，发起人和网络平台功不可没。首先，慈善的本意可以由发起人在网络平台上充分地表达；其次，发起人自身的传播资源，如明星可以扩大传播效果；最后，众筹网络平台通过项目推广做了大量扎实的工作。

尽管公益众筹渐渐获得了大众的接受和认可，也取得了一些成绩，其前景还被业内人士普遍看好，但是项目数量少、筹资份额低、概念不明确、归类模糊、运作不完善、平台知名度低和活跃度低等实际问题的存在构成了对公益众筹良性发展的严重制约。

从国外的发展来看，公益众筹其实已经发展得较为完善，国外发展较好的公益众筹平台如美国的Watsi，该平台即以公益众筹模式运营，其运营的主要理念是帮助那些无法负担医疗费用的穷人，通过众筹募集爱心捐款投资，为其提供医疗资金。该平台的特点是由生病的病人作为发起人，通过平台将其照片以及患病信息和治疗费用金额等进行展示。平台的投资者，即公益人则通过平台网站浏览项目，选择希望帮助的发起人进行捐款。此外，Watsi平台在后期管理坚持高度透明化的理念，公益资金将全数成为受救助者的医疗费用。

随着互联网的加速发展和智能手机的广泛使用，一个捐款箱和一个扩音器所代表的公益活动已经成为过去，公益众筹因为具有低门槛、高透明度、项目多样化等诸多优点必将使传统的公益活动、公益事业运行机制发生巨大变革。为了使公益众筹能够健康发展，吸引更多的社会资源投向公益事业，应该从发起方、众筹平台、出资方这三个内部要素和整个运作流程入手，集合众筹平台、有关政府部门、大众传媒、社会团体和学术界的力量，通过不断的机制创新、体制创新和理论创新，对于公益众筹目前存在的困难、问题一一寻求破解。

四、公益众筹的运营模式

要研究公益众筹的运营模式，绕不开众筹总模式的研究。在众筹运营的总体模式中，往往涵盖发起人、出资方与众筹平台三方，需要多方配合共同完成，偶见发起人与众筹平台合二为一的情况。其主要先由平台严格审查项目发布人资格、信息，公益项目的情况，达到标准的在平台通过上线，然后公益人通过了解项目选择自己愿意帮助的项目，资金打到平台合作的第三方支付机构代为存管、划扣等公益完成，平台将款项打给需要资助的项目方。

五、典型的公益众筹平台①

谈到公益众筹，我们不得不谈公益众筹平台，互联网时代飞速发展，公益众筹的时代或许也已经到来。目前公益众筹平台已经出现在各个国家，并且，这些公益众筹平台不仅仅提供公益捐助，同时还参与和更改项目，以便更快募得捐款。

（一）Watsi 平台的简介

Watsi 是一家非营利众筹医疗服务平台，2012 年创立于加利福尼亚州，主要服务对象是缺乏基本医疗服务的患者。Watsi 为保证资金运作安全，在患者信息的真实性与捐助流程的透明性两方面加强了管理。一方面，患者的资料要经过 Watsi 平台与第三方机构（Partners in Health 等）联合验证；另一方面，公益者可以随时通过 Watsi 平台 Transparency Document 了解资金运行的最新状况。截至 2015 年 8 月，该平台有 15 个医疗合作机构，13358 位公益者已为 21

① 资料来源：http：//mt. sohu. com/20160104/n433398917. shtml，最后访问时间 2016 年 2 月 23 日。

个国家的4761个病人公益捐款。

（二）Watsi 平台的运作模式

Watsi平台作为公益式众筹平台，其运作模式涉及四方，分别是Watsi平台、公益者、地方医疗合作机构与第三方支付机构。Watsi平台并不直接接触患者，而是通过地方合作医疗机构出具的患者情况决定是否为该项目募集资金，项目审核通过后，先由医疗机构垫付治疗，在患者接受治疗之后再将款项支付给相关医疗机构。其中，1500美金的众筹项目成功率最高，且其平台上几乎所有众筹项目基本在1500美金以下。其具体流程如下图所示：

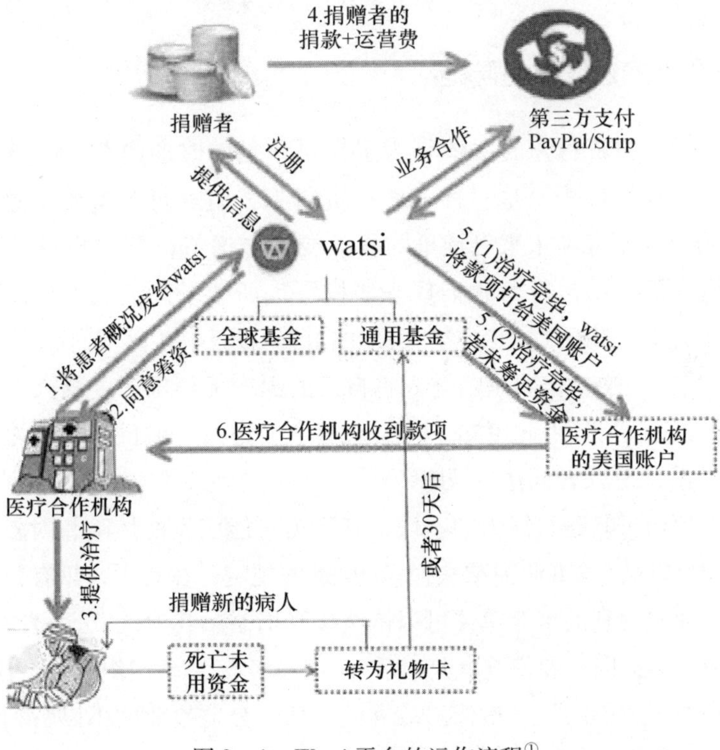

图3－1　Watsi平台的运作流程[①]

Watsi平台的盈利模式：Watsi平台不以盈利为目的，平台运营费由创建者、慈善家与公益者共同承担。

（三）Watsi 平台的优势与劣势

Watsi平台的优势和劣势分别简介如下：

① 资料来源：Watsi官网 http：//watsi.org。

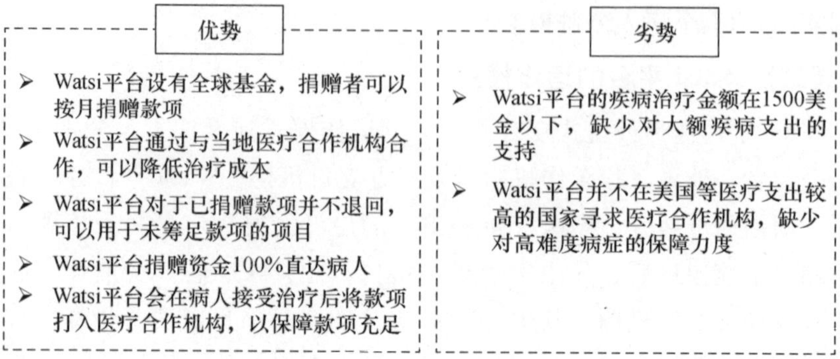

图 3－2　Watsi 平台的优势与劣势①

六、公益众筹的法律风险防范

我们知道，投资行为的主体是为了在可预见的时期内获得收益或资金增值，公益众筹虽然形式上是一种天使投资行为，但从行为本质来看，“投资者”在出资时并不存在未来可预见的收益或资金增值，且“投资者”也并不以此为投资目的，即该行为并不具备“投资”所要求的盈利性。因此，公益众筹不属于投资法律关系。《中华人民共和国合同法》（以下简称《合同法》）第 185 条规定，“赠与合同是赠与人将自己的财产无偿给予受赠人，受赠人表示接受赠与的合同。”由此可知，公益众筹中出资人与项目发起人之间应属于一种赠与关系，受《合同法》调整。②

公益众筹由于其赠与行为的本质，其行为可能引发的风险相对较小。根据《中华人民共和国公益事业捐赠法》第 10 条的规定，在我国，只有公益性社会团体和公益性非营利的事业单位可以依法接受捐赠。其中，“公益性社会团体”是指依法成立的，以发展公益事业为宗旨的基金会、慈善组织等社会团体；“公益性非营利的事业单位”是指依法成立的，从事公益事业的不以营利为目的的教育机构、科学研究机构、医疗卫生机构、社会公共文化机构、社会公共体育机构和社会福利机构等。实践中，我国公益众筹可能存在的法律问题主要是受赠主体的限定问题，根据上述的分析，由此可知只有满足了上述条件的特殊主体才能接受公益。

实践中，如果平台没有严格审查项目发布人资格、信息及公益项目的情况，

---

① 资料来源：Watsi 官网 http：//watsi. org。

② 参见李爱君：《互联网金融法律与实务》，机械工业出版社 2015 年版。

而被虚假公益项目信息发起人利用，则可能触碰集资诈骗类刑事法律红线。

此外，由于公益众筹发起门槛较低，对发起人的资格认定较宽松，项目可能存在一定的违约风险。公益众筹的基本模式是支持者把钱打到平台账户上，由平台再打给发起人，这一流程本身就存在风险漏洞，在法律上还属于灰色地带。当然，这也是整个众筹行业都面临的难题和风险。

按照《基金会管理条例》规定，全国性公募基金会须在国务院民政部门负责下登记管理，而我国在互联网上开展公募尚无明确的定义界限，要特别重视相关发起主体的资质和由此带来的风险。同时，发起人是否真的能把资金用到项目上，也是一个潜在的风险。因为投入资金少，很多人参与公益众筹，并不过问资金去向，而有些公益组织也不主动公开，如果出现风险案例，会对整个行业发展带来影响。为了避免上述法律风险存在，公益众筹平台需要严格审查项目发布人资格、信息及公益项目的情况，还要对募集资金严格监管，保证公益类项目专款专用。

毋庸置疑，我国公益众筹事业的发展还是无法令人满意，尤其表现在众筹平台没有被广泛的认识，没有号召力，吸纳资金的能力有限。这些不足之处往往是受到地域影响，各个平台仅在所在地有所收获，无法跨越地域吸纳公益资金。除了这一因素，项目发起人的综合水平也对筹集资金有一定的影响。另外，利用互联网的公益众筹毕竟还是一个相对新鲜的事物，在管理模式上，也仍在探索中进行，没有较为成熟的先例作为指导。目前，虽然对国外公益众筹方式进行借鉴，但毕竟国内外的国情和环境有所不同，很多方式不适合借用到我国国内，必须要在探索中摸着石头过河，在学习他国经验中结合实际发展我国公益事业。公益众筹还缺乏专业的人才，这和国内对于公益事业的认可度有很大关联，只有公益事业被越来越多的人接受，才会有很多的人加入进来。此外还存在公益众筹资金使用透明度的问题，它直接影响公众的信任度，为使广大热爱公益的群众积极参与进来，这是首先要解决的问题。

就公益众筹本身来说，它降低了参与公益者要求的标准，提高了公众的参与性，这是一个优于其他方式不可替代的特点。与此同时，公益众筹的低门槛也使公众缺乏对公益组织的信任，会让人产生公益活动的举办具有随意性、非正式性的误解，公众会以为有些公益活动是缺乏权威性和可信性的。另外，众筹平台无法监督对公益项目的回报结果，因为有分批拨付款项给发起人的机制以及明确的风险提示，若在发放项目回报的过程中出现争议，众筹平台有免责权。

此外，由于众筹平台存在免责条款和风险提示这种对自己的保护机制，所以在执行项目回报时会有一些争议，平台是没有办法对这些争议进行有效保证的。先期拨付70%的资金中有30%是作为风险保证金给公益机构，所以已经拨付的资金存在无法追回的风险。

七、如何做好公益众筹项目①

公益众筹筹集的不仅是钱，还有人，在众筹平台的另一端可能就有一个急需帮助的人，众筹的结果直接关联着这些人的生活。公益众筹如何在短时间汇集更多的人力财力呢？接下来就让我们一起来看看公益众筹必备的成功要素有哪些。

（一）精准的项目策划

在公益项目的方案设计上，应高度重视执行方案的设计和项目宣传方案的策划。作为公益项目，前期必须要有精准的项目策划，只有将公益项目策划好了，执行起来才更加方便快捷。而公益众筹是一个快速的过程，所以项目策划必须要精准，同时要懂得创新，千篇一律的公益项目是不可能成功的。

（二）高质量的图片或视频，真挚的文字，多从细节入手

如果单单只是将公益项目拿出来让爱心人士来捐款的话，在很大程度上是无法受到网友青睐的。我们要做的，是用真实的文字、图片，或者视频去引导，在不知不觉中完成公益众筹。用高质量的图片、视频和真挚的文字去主动引导公众对众筹项目的意义、价值进行深入了解、深度体验，使他们在不知不觉中产生参与公益众筹的强烈欲望。

（三）有趣或实惠的回报

很多时候，我们都会对回报有很大的兴趣，如果说在此次公益众筹之中，我们能够加入一些有趣或者实惠的回报的话，可能成功率会更加大一些。

（四）发起人本身的影响力和发起人本身的故事

发起人也是很重要的，比如说如果我们让明星转发一条微博，立马就会有很多人去转发去回复。网友对发起人本身的信任会让公益众筹的成功率大大增加。

（五）打动最亲近的圈子，不要脱离群众的关注点来做公益众筹

有些公益慈善项目策划是非常好的，执行力也有很好的肯定，但是不能很

---

① 资料来源：http：//mt.sohu.com/20160104/n433398917.shtml，最后访问时间：2016年2月23日。

好地抓住群众关注点，不能很好地解决社会问题，那么，这样的公益项目注定是失败的，自然众筹也会失败。想要提高成功率，就不要脱离群众的关注点。

（六）发起人与用户有充分的交流

公益众筹对于公益发起人来说，是一个贴近公众的机会，有利于增强捐款者和募款者的互动，有助于公益项目与参与者形成更加紧密的关系。

（七）众筹平台应该从多方面建立起自己的公信力，加大对于众筹项目及项目方和投资人的考察和审核工作

当下，众筹平台在当中的角色主要是项目的发布平台、资金的发放平台，对于回报发放和项目执行过程的监督，则往往以免责声明的形式减轻自己的责任。其实，对于公益项目的落实，众筹平台除了根据项目实际进度分期、分批拨付项目资金之外，还可以与项目发起方的地方公益机构、政府部门、热心人士主动联系，由他们来对项目实施情况进行监督，促进项目的落实。

第二节　回报众筹

一、回报众筹的概念

回报众筹是指投资人将资金投给筹款人用以开发某种产品（或服务），待该产品（或服务）开始对外销售或已经具备对外销售的条件的情况下，筹款人按照约定将开发的产品（或服务）无偿或低于成本的方式提供给投资人的一种众筹方式。

二、回报众筹的特点

（一）回报众筹有预售的性质

回报众筹一般是针对还未面世的产品（或服务），出资者可以参与到新产品（或服务）的设计当中去，对新产品的性能或服务提出自己的意见。

（二）回报众筹具有相应的回报

回报众筹设计中会对出资者提供相应回报，一般是相应的产品或服务。

（三）回报众筹的前期回报价格一般低于所回报产品（或服务）的价值

在回报众筹设计中，筹资一般分批次筹集。针对同一产品（或服务），越往前期，出资人出资越少。因越往前期，产品（或服务）不确定因素越多，风险越大。此时出资人对未面世的产品（或服务）进行投资，其风险是比较大的，所以相对于出资人来说，如果产品（或服务）成功面市，前期的出资人所获回报性价比还是比较高的。

（四）回报众筹法律实质是买卖关系

回报众筹在出资人出资后获得相应产品或相应的服务，从法律角度来分析，出资人相当于买方，产品（或服务）提供方则是卖方，二者之间是买卖法律关系。

三、国内回报类众筹平台的发展现状

2011 年 7 月“点名时间”的正式上线标志着我国众筹模式的开端。从 2011 年至今我国已经涌现出大批众筹网络平台，众筹模式也日趋多样化。我国众筹模式主要分为四类：回报类众筹、股权类众筹、公益（捐赠）类众筹和债权类众筹。其中，回报类众筹是出现最早、发展最快、范围最广的一种众筹模式。我国回报类众筹平台发展具备以下特点：

（一）发展速度快

2014 年是我国回报类众筹加速发展的一年。从数量上来说，截至 2014 年年底回报类众筹平台达 78 家，相比于年初增加 50 家。从项目数来看，不管是推出的总项目数还是成功项目数，总体上呈上升趋势。从筹资资金总额来看，目标金额和成功金额呈加速上升趋势。总体而言，我国回报类众筹平台发展速度加快，项目质量提高。

（二）行业竞争激烈

从当前成功项目数分布来看，“众筹网”数量最多、占比最大，接近 50%，“淘宝众筹”“点名时间”“京东众筹”“乐童音乐”“追梦网”占比在 7% 至 13% 之间，差距不大。从筹款金额分布来看，“京东众筹”占比最大，为 45.23%，“众筹网”“淘宝众筹”“点名时间”大致相当。总体而言，我国回报类众筹行业尚未出现垄断性企业，各主要众筹平台间差距不大，竞争明显。

（三）综合性平台占优势

一般来说，回报类众筹网站分为综合类网站和垂直类网站两种类型。综合类网站项目范围涵盖影音、书籍、游戏、科技等多个方面；垂直类网站则主要专注于某一领域。从目前支持人数分布来看，“京东众筹”“淘宝众筹”“众筹网”“青橘众筹”“追梦网”等综合类网站占比总和接近 90%。可见，综合性众筹平台在认可度上占据绝对优势。

四、回报众筹的类型归纳

回报众筹的类型实际上包括两方面的内容：一方面是针对产品类型的划分，另一方面是对回报众筹平台的划分。后者的划分较为简单，以其经营领域是否专一为标准，可以将众筹平台分为综合型众筹平台和垂直型众筹平台。综合性众筹平台指的是项目涵盖多个产品领域，没有特定的产品类型的站点。美国的 Kichstarter、我国的"众筹网"都是典型的综合型众筹平台。垂直型众筹平台也可称为专业型众筹平台，指那些专门从事某一特定类型产品的众筹项目的站点。如 ZIIBRA 是一家热门的音乐众筹网站，只从事和唱片相关的众筹项目，并不涉及电影、科技、图书等其他类型的项目，类似的垂直型众筹网站还有 Appstori、Zaozao、Gamebitious 等，"淘梦网"是我国第一家垂直类回报众筹网站。垂直化平台可以增强专业性，更好地满足用户的个性化需求，又可以防止与其他网站的同质化，形成自身的竞争特色。因此可以预见的是，未来垂直型将取代综合型，成为最常见的回报众筹平台形式。回报众筹是互联网金融时代新兴的商业模式，如何对不同产品进行科学的分类目前尚无定论。Kichstarter 将其项目分为 13 类，其中包括了音乐、美术、电影、戏剧、设计、食品等。国内主要的众筹网站采取了不同的类型化标准，如"众筹网"将旗下项目分为科技、公益、出版、娱乐、艺术、农业、商铺和其他七个类别；而另一家具有较大影响力的众筹网站"京东众筹"的分类则比较简单，包括智能硬件、流行文化、生活美学、公益和其他。经过观察，我们不难发现这些分类标准不一，内容比较混乱。例如，艺术和出版存在着密切的交叉关系，将二者并列的合理性值得商榷。对回报众筹进行类型化归纳，应当遵循以下两个基本原则：第一，相似性和差异性。尽量避免不同类型之间的交叉现象；第二，开放性和包容性。回报众筹毕竟是新兴的商业模式，处于快速发展阶段，新的产品项目不断涌现，因此，目前的分类在一定程度上"宜粗不宜细"，在分类时仅作大致归类，使之具有开放性，能够灵活吸收新生的产品项目。

五、回报类众筹平台运营模式分析

（一）创新点

1. 整合资源，创造价值

回报类众筹平台运营核心在于通过整合资源，形成一条以消费者为中心组织起来的供需网络。

项目发起人一般存在资金不足和资源匮乏的双重压力，借助众筹平台，项目发起人直接对产品进行市场调研、路演推广和预售等一系列环节，调查市场热度，验证市场容量以满足产品的市场化条件，推出产品；支持者则根据自身需求，在性能、外观等各方面要求发起人不断改进、完善其产品，最终获得使自身效益最大化的产品。

2. 促进创意发展，创新消费方式

从项目发起人层面来说，回报类众筹模式促进创意类产品发展。我国当前回报类众筹平台主要进行文创、智能硬件等产品的众筹。前者需要内容、形式上的创新，后者则需要技术上的革新。回报类众筹模式为二者提供资金支持，促进创意市场化，丰富文化消费市场。从公众层面来说，回报类众筹模式创造出新的消费热点和消费形式，消费者可选择个性化文化产品，享受参与感更高、满意度更高的体验式消费。①

（二）回报方式

商品众筹通常以预售的形式提供实物回报，其回报大致包括几种：

1. 项目最终产品，例如科技产品、手工制品、出版物和演出门票等。

2. 项目附属品，主要是具有特殊纪念意义的附属物品，给予投资者精神上的反馈，例如明信片、唱片制作过程的录像等。

3. 鸣谢，例如微电影项目中，列出投资者的姓名。

（三）运作流程

众筹项目一般要经历“发起项目—项目审核—项目上线—项目启动”这一运作过程。在这一过程中，资金从支持者流向筹资者；创意、信息和产品由发起人流向项目支持人。那么，回报式众筹有怎样的运作流程呢？

1. 筹资者向平台提交详细的项目资料，包括项目的内容、进展安排、对投资者的回报及必要的风险提示。

2. 众筹平台对项目信息进行审核，平台会根据实际项目的情况，要求筹资者提供相关的技能证明证书、产品原型等。当然，例如国内的“点名时间”在项目通过平台审核之后，会进行一个“预热”环节，供用户讨论和反馈，以此试探市场对项目的认可度和热度，之后再决定是否进行筹资活动。

---

① 参见乐欢、胡付照：《回报类众筹平台运营模式发展探究》，载《边疆经济与文化》2015 年第 8 期。

如果项目通过了平台的审核，即进入上线准备阶段，筹资者须对项目涉及的产品进行多种方式的宣传，包括文案、设计等。

3. 等到项目正式上线，在平台开始接受投资者的投资，如果在筹资期限内成功筹集到目标金额，项目进入正式生产阶段，直到投资者收到承诺的产品。之后，根据产品的具体情况，筹资人须提供产品后续升级的服务。但是如果在规定时间内，项目无法筹集到预期的金额，即项目流标，所有筹集到的资金会通过账户退还给投资者。

（四）众筹平台的盈利模式

项目实施成功后，将形成发起人、支持者、平台公司三方的共赢。平台公司将暂扣的保证金转化为服务费，也就更顺理成章了。但需要说明的是，平台公司收取的服务费，是明确在项目筹资成功阶段即视为完成服务，还是在项目筹资并实施成功之后才视为完成，也存在较大差异。如果是前者，如前文所述，只要到期筹集到足额的资金，平台公司即可扣除一定比例的服务费。如果平台公司的服务是涵盖项目执行成功，则对于发起人获得支持资金后如何有效地使用以及过程中如何督促发起人公开透明，平台公司仍将存在较大的责任。如果众筹这种理念在中国真能发展壮大，对于平台公司而言，是难以投入足够的人力成本去监控每一个筹资项目的进展。因此，众筹平台将自己的服务定位于前一阶段会是比较理想的盈利模式。当然，要是采用分段收取服务费的形式，即筹资成功后收取一定比例的服务费，在项目执行成功后收取另外一笔服务费，这也是一种可以选择的方式。

六、如何做好一次回报众筹

下面分别从文案、回报、推广、运营四个方面与读者进行分享。

文案是第一生产力。文案最简单和最难的地方都是在一个点上——把你的意思以用户喜欢的方式完整的传达给用户。实际上这就是众筹的精华所在，筹资者必须放低姿态，尽可能“打动”用户。

从很多众筹不成功的案例可以看出，那些企业大都直接按照传统思维，直接生硬地把文案套在模板上，都是类似的模板，为什么人家就能筹到钱呢？笔者下面谈谈众筹文案的几个要点：

首先，筹资者要知道自己是谁，这是用户对众筹项目的第一印象。让大家知道你的背景，对你肃然起敬，筹资者可能有很多标签，有各种成就，不过字字如金，选择你认为在这个项目上，最能打动用户的点写上去。

其次，筹资者要做的是什么产品？创意在哪儿？质量如何？有什么意义？可以给人们的生活带来什么样的改变？颠覆了什么或是创造了什么？换句话说，这就是筹资者线上的创业项目路演，实际操作中可以类比商业计划书的结构。

国内众筹的用户就两类，一种是极客，觉得你的想法很棒，愿意参与其中，享受从0到1的乐趣；另一种是大众消费者，参与感可能没那么强，更关注的是项目回报。筹资者需要在自己心里有清晰的认知。这两类人的需求永远无法同时兼顾到，这两类人能给你带来的价值也大相径庭。所以文案需要针对这两类人的特点做相应的优化。

最后，需要说明风险，减少投资者的顾虑，最有力的那就是平台风控增信措施的到位，比如与第三方机构的合作等。

关于回报的问题，我们观察众筹网，重创空间还有京东的一些项目，说明众筹不太适用于长尾理论。在低价区间，支持的人数是最多的，但决定项目是否成功的往往是高价区间的少数人。所以更适用于众筹的是供需理论；定价的分级制定绝对是必要的。谈到推广的问题，一方面是平台，另一方面是圈子还有渠道建设。每一个成功项目，它们几乎在申请之前已经拥有了一定的消费者和粉丝，或者有一些知名度很高的人可以为产品做推荐——这些人是最早捧场者和传播者。如果筹资者的众筹活动没有现成的受众群体，那么无论你制作的视频有多么精彩，或者筹资者的想法有多么惊人，全可能被无视。这种情况下，想要获得资金来资助自己的项目，希望很渺茫。

关于推广，获取第一批受众的方法很多，就像App上线之前的准备活动。比如朋友圈转发，亲戚朋友的口碑传播，基于产品圈子的核心人群传播，等等。除了平台、圈子，还有渠道建设。众筹并非“酒香不怕巷子深”的活动。在项目上线之前，筹资者需要组建一个智囊团，准备好一套营销方案，搞清楚如何进行宣传推广。并且早作准备，在各种能想到的渠道跟关注者谈论自己将会提供的产品，向他们汇报项目的最新进展，让他们在项目上线之前就产生兴趣。

说到成功的众筹项目案例那就是京东的众筹之星“三个爸爸”，该项目在京东众筹1个月内筹资额度高达1122万元，比同期其他项目的最高筹资额度高出数百万之多，是京东第一个千万级项目。

在预热阶段，“三个爸爸”找了7位儿科教授为产品证言，为近10位互联网界、投资界、广告界大佬，包括分众传媒江南春、创业家杂志创始人牛文文、高榕资本张震等提供内测机试用，并成功取得了他们的信任与发声，也从他们那里获得了第一笔投资。

同时，“三个爸爸”也为几位有孩子的影视明星送去了“内测机”，并请他们在微博上为“三个爸爸”证言，进一步扩大了“三个爸爸”的知名度。

除了找了多位营销界、投资界及影视界的名人为“三个爸爸”背书及在各大楼宇广告投放分众广告以外，项目上线后，2015年9月22日至10月22日，“三个爸爸”微播易平台收集了100多个母婴类、养生类、京津冀地区地域类微信订阅号投放了产品相关内容，如“健康育儿宝典”“北京微生活”“天津教育”等，覆盖2500多万的目标消费人群。

在2015年10月20日，“三个爸爸”也在优酷平台组织了一场题目为《决战优酷之巅——净化论》的视频论战，由“三个爸爸”的创始人戴赛鹰与那威在视频上辩论“空气净化器是否为精神产品”。针对此次辩论，7位投资圈与电商圈名人与大量的母婴类名人也在自己的朋友圈里进行了分享，吸引了大量潜在消费人群前往观战，进一步加大了对产品的详细曝光。

从运营的角度主要是项目上线后的用户沟通，众筹结束之后的信息反馈渠道建设，以及交付成品后的社群运营。在国内的众筹领域，大众消费者的教育成本很高，众筹平台是一方面，对于项目发起者，项目的评论直接影响了产品的口碑传播和品牌树立。运营者必须时刻关注平台的用户反馈，解决用户遇到的各种问题和疑虑，同时汇报项目进度。因为众筹的周期一般在一个月左右，而且众筹结束之后的发货也会有一段时间，对于大多数习惯网购的人，这么一等，出现的问题就会很多。为了规避可能出现的风险，持续的运营相当必要。与此同时，把支持者拉到自己建立的社群中更为重要。

七、回报众筹中参与主体的法律关系

随着回报众筹的快速发展，基本模式中主要有三方参与主体，但根据具体运作中的实务操作，众筹中的三方主体会与其他主体发生联系，比如第三方支付机构，担保公司或其他增信机构以及产品物流配送公司等。那么，在错综复杂的关系中，我们需要厘清基本的法律关系，才能更有利于众筹的商业模式设计和法律风险防范。

（一）关于筹资人与投资人的法律关系

在回报众筹中筹资人和出资人分别相当于买卖合同关系中的卖方和买方，所以在融资人和出资人之间，还存在着一种买卖合同关系，只不过此时的买卖标的并非已经存在的实物，这种买卖行为类似于商品房买卖中的预售行为。从回报类众筹的模式来看，跟传统的投资和融资是不一样的，因为投资者无法获得股权、利润分享的回报，出资者是在购买筹资者的项目成品，不是投资筹资者的项目。

通过筹资人承诺回报可以看出，大部分的回报是一种实物或者非实物，但是没有涉及资金或者股权的回报。所以，筹资人承诺的其实是一种未来的产品或者其他实物和非实物的回报，且这种承诺一般不会高于出资人的出资，所以并非投资的性质，其本质是一种买卖合同关系。

另外，团购包括在此众筹范畴内，但团购并不是回报众筹的全部，回报众筹与团购的区别如下：

第一，传统概念的团购与回报众筹的主要区别在于募集资金的产品/服务发展的阶段。回报众筹指的是仍处于研发设计或生产阶段的产品或服务的预售，团购则更多指的是已经进入销售阶段的产品或服务的销售。第二，回报众筹与团购的目的不尽相同，回报众筹主要为了募集运营资金、测试需求，而团购主要是为了提高销售业绩。

根据《合同法》第130条规定："买卖合同是出卖人转移标的物的所有权于买受人，买受人支付价款的合同。"通过目前经营回报众筹的各大平台来看，其对平台上所展示的产品是以预订的方式来获取投资者的资金支持，而筹资人则是以转移产品的所有权给投资人作为投资回报，因此，筹资人与出资人形成的应该是买卖关系，而非借贷关系。

根据《合同法》第196条规定："借款合同是借款人向贷款人借款，到期返还借款并支付利息的合同。"依据上述法律规定，借贷关系的认定应当是双方依据借款合同而产生的，由借款人向出借人借款，在借款到期后返还借款并支付利息的行为。但在回报众筹模式下，筹资人筹集资金后用以回报投资人的并非为《合同法》所规定的本金及利息，而是以筹资人在发布项目时所承诺的实物，即其产品（或服务）作为回报，所以双方不能认定为借贷关系。

（二）筹资人与众筹平台之间法律关系

1. 居间法律关系

众筹平台充当着信息中介的角色，依据筹资人的授权，为其寻求合适的投资人，履行居间人的审查核实义务，对拟上线项目进行尽职调查和严格筛选。按照筹资平台在其网站上公示的规则和信息显示，平台绝大多数都是公司化运作。平台公司作为发起人和支持者的桥梁，起到了一个牵线搭桥的中间服务商角色。支持者的支持资金是先通过网上支付的形式，支付到平台公司的账户中，但这些支持资金并不是由平台公司所有，平台公司只是起到监督和保管的作用。如果在期限届满资金汇入达到规定的金额，则意味着发起人的筹资活动成功。此时，平台公司应将筹集资金转移给发起人账户。在实践中，有的平台公司宣称是将全款转交给发起人，如“点名时间”；有的是暂扣留一定比例的保证金，待发起人确实按照宣称的计划履行后，再向发起人转交剩余的筹集资金，如“众筹网”。

2. 委托代理法律关系

筹资人与众筹平台通过签订《委托融资服务众筹协议》。筹资人委托平台协助撮合前后的资金流、对接投资人等服务。当项目提交后审核通过时，融资人和平台之间的委托合同成立。融资人委托平台对自身项目进行发布，一旦项目融资成功，则支付平台一定费用。出资人对项目感兴趣后决定出资，委托平台对资金进行暂时的保管，如果项目融资成功，委托平台一次性或分多次将款项支付给融资人；如果项目融资失败，平台将款项归还出资人。在通过第三方支付账户进行交易的时候，平台又将委托的事项进行转委托，这样资金支付的责任又转移给第三方账户，委托其对融资人进行支付。

（三）投资人与众筹平台之间法律关系

1. 居间法律关系

众筹平台的作用在于发现投资者与融资者的需求并对其进行合理的匹配，提供服务以促成交易并收取相应的费用作为盈利，属于一般的居间合同。具体来说，投资人首先注册成为平台的用户，填写真实的注册信息，完全接受平台的《服务协议》。从平台与投融资双方的《服务协议》可以看出，众筹平台除了居间功能之外还附有管理监督交易的职能，可以在服务协议中规定若用户有违反协议或法律的行为，则平台有权采取包括但不限于中断其账号、删除地址、目录或关闭服务器等行为。

2. 委托代理法律关系

投资人委托平台通过其管理的某网站提供以下服务：展示筹资人申报的项目、发布的融资需求等，并根据实际情况就交易的结构、定价，尽职调查及其他相关事情作出合理安排。

实践中，线下投资人与发起人须签订《投资协议》，但基于互联网的特殊性，众多投资人无法现实的做到与发起人签订协议，即使以邮寄授权委托书等方式也不符合众筹的高效率、节省成本等特征。所以，实务中的一般操作是投资人在线上接受平台的《服务协议》，接受其中的授权委托条款，然后由平台的指定代表人与筹资人签订相应协议，并对投资人出具单独的《告知书》以明示风险。

八、我国回报类众筹平台运营模式存在的问题①

（一）盈利模式单一，盈利水平低下

当前我国回报类众筹平台主要采用对成功项目收取一定比例佣金作为收入来源。只有项目成功才有佣金收入，反言之，一旦项目未达到目标资金众筹平台就无法实现收入。相较于美国 kickstarter 动辄百万美金的筹资规模，我国众筹项目筹资规模小，资金总额少，平台本身收入难以保证。

同时，我们也注意到，国内的线上众筹平台目前收益模式与行业密切相关，例如娱乐业可能有衍生品，很多众筹平台在尝试一些“未来权益”分成，不是赚在项目内，而是赚在项目外。比如一些股权众筹平台开始收取融资方的股权而不是现金。

（二）同质化现象严重，缺乏竞争力

目前我国综合性众筹平台在运营模式上大同小异，项目同质化现象严重。随着电商大佬们的相继涌入，市场份额越分越小，竞争越发激烈。成立较早的回报类众筹平台并未体现出明显的优势，反而轻易就被新进入者超越。可见，回报类众筹行业平台尚未形成成熟的运作模式和难以复制的竞争优势，就项目本身来说，仍旧缺乏竞争力。

（三）信任机制匮乏，难以保持独立性

作为一种特殊的委托代理关系，众筹模式本身存在信任缺陷。一方面，

---

① 参见乐欢、胡付照：《回报类众筹平台运营模式发展探究》，载《边疆经济与文化》2015 年第 8 期。

众筹平台对项目发起人并没有完备的信用防范措施，仅仅依靠两轮审核来确定发起资格，有失谨慎；另一方面，支持者对回报寄予的期望很高，给予的信任却很低。此外，众筹平台的独立性问题也饱受质疑。2015 年 4 月，京东众筹“悟空 i8”项目涉嫌虚假刷单，店家雇人假扮顾客，虚造销量和评价来吸引消费者，该行为严重损害了支持者信任，影响了平台的公正性与独立性。

（四）存在其他风险

1. 项目跳票风险

项目跳票是指项目发起人不能按期完成项目，履行承诺的行为。频繁的项目跳票会导致支持者资金受损，对平台的信任度降低。我国首批回报类众筹网站“点名时间”最终放弃众筹转型智能产品预售，一个重要原因就是“众筹保护机制失衡”，众筹平台难以保证项目发起人能够按期按质完成项目，使支持者收到期望回报。

2. 知识产权遭窃

尽管项目跳票饱受诟病，项目发起人也有自己的难处，即知识产权得不到保护。一般来说，在众筹平台上融资的项目处于初级阶段，对于某些文创产品来说甚至可能只是一个创意或者想法，这些项目在上线之初没有完备的知识产权保护措施，面临极可能被剽窃的风险。

九、回报类众筹的法律风险防范

（一）民事法律风险

1. 回报类众筹面临着不能履约的风险

正如前文所述，回报众筹虽然与普通的团购存在一定差异，但这些差异尚不足以影响回报众筹的法律定性。目前回报众筹最大的法律风险在于项目发起人不能履约或不能完全履约，这是由众筹项目本身的性质所决定的。在项目发起人和众筹投资人有明确约定的前提下，众筹投资人自行承担该等风险，但如果项目发起人就项目本身造假，项目发起人可能涉嫌集资诈骗罪。

2. 资金用途监管不力风险

众筹模式主要是通过网络平台集资，在一个虚拟环境如何保证诚信，是任何一个投资人首先需要解决的问题。虽然行业内规定众筹平台有对资金运用监管的义务，但因参与主体的分散性、空间的广泛性以及众筹平台自身条件的限制，在现实条件下难以完成对整个资金链运作的监管，即使明知筹资人未按承诺用途运用资金，也无法对其进行有效制止，因此一定要注意风险防控。

3. 侵犯知识产权的风险

知识产权是指权利人对其所创作的智力劳动成果所享有的专利权利，各种智力创造比如发明、文学和艺术作品以及在商业中使用的标志、名称、图像以及外观设计，都可被认为是某一个人或组织所拥有的知识产权。

在回报众筹中，筹资人主要通过平台展现其创意，以独特的创意作为实现融资的卖点，投资人则是以支持创意为出发点，同时能够享受到产品在市场发售前或发售同时率先试用的待遇，但大部分筹资者发布的项目属于还未申请专利的半成品，也有些项目仅处于生产筹备的阶段。而根据《中华人民共和国专利法》的相关规定，可授予专利权的产品应当是完整形态的产成品，具备产品的形状、构造等。这也就意味着，筹资人在展现创意的同时无法依据相关法律法规保护其权益，一旦创意被剽窃，将面临无法维权的风险。

另外，实物回报类众筹平台的项目从展示、融资成功到产品制造成型一般有数月时间，这段时期项目知识产权（创新、创意）因在平台公示而面临被他人侵犯的风险，[①] 同时，发起人的项目也可能涉及侵犯他人知识产权。众筹平台上的项目虽事先需要经过网站工作人员审核，但由于专业审核人员的欠缺或客观因素的制约，有时仍难以发现项目发起人造假、侵权。比如 Kickstarter 上的电影项目《同步》成功融资且所拍电影获奖后，才被发现该电影抄袭法国动画短片《重播》。[②] 如果众筹平台不能证明其已经做了尽职审核的话，则可能与项目发起人构成共同侵权。

同时，几个月的众筹项目预热期给了盗版商“充分的”剽窃时间。因此从保护知识产权利益角度出发，许多众筹项目的发起者只向公众展示其创意的部分细节。具有出资意愿的创新爱好者由于无法看到项目全貌而无法对产品形成整体、全面的印象，大大降低了其投资的兴趣和热情。所以我国知识产权相关法律法规在创新性众筹项目方面的缺失降低了创意发布者的创新积极性，也使众筹项目出资人对创新项目的支持力度大打折扣，桎梏了众筹行业的发展。

以某梦网与筹资人签订的合同为例，其中约定了众筹网站的免责条款，

---

① 参见罗明雄、唐颖、刘勇：《互联网金融》，中国财政经济出版社 2013 年版。

② 参见肖本华：《美国众筹融资模式的发展及其对我国的启示》，载《南方金融》2013 年第 1 期。

即对于筹资人和他人的知识产权纠纷，众筹网站不承担责任。然而这一免责条款是否有效有待司法实践的考验。

在知钱理财顾问有限公司诉淘宝网一案中，虽然淘宝网提供的与卖家签署的“淘宝网服务协议”中规定用户在使用淘宝网时违反法律法规的后果由用户独立承担，但二审法院仍然判决淘宝网作为网站平台的经营者，对平台上的店铺有监督义务。淘宝网上的商品交易量庞大，淘宝网没有主动删除侵权产品链接的义务，但在权利人向淘宝网投诉以后，淘宝网应当在合理时间内删除侵权产品的链接，否则淘宝网应当对其延误删除造成的损失与侵权人一起承担共同侵权责任。① 由此可见，免责条款并不能完全免除网络平台经营者的侵权责任，众筹平台与出资人之间的关系比淘宝网与卖家之间的关系更为紧密，因此在众筹项目涉嫌侵权时，众筹平台可能也面临侵权的法律风险。

4. 违约风险

虽然实物回报类众筹声称其性质实为预购加团购，但其与通常的预购或团购有重大区别。团购的标的大多已经制造成型，实物回报类众筹涉及的项目在发布时通常未生产成品，其最后是否能必然按预期生产并且及时交付给投资人，存在诸多变数。根据一般众筹平台的规定，如果筹资人不能完成项目或者不能为出资人提供回报，应当退还出资人的出资。但是，对于未成型的产品来说，从众筹成功到研发出成品往往需要几个月甚至更长的时间。而众筹网站上标明的时间一般是预计的回报时间，真正的回报时间可能要晚于预计的时间。

在当前的市场环境中，实物回报类项目发起人若无法按期完成项目，或者即使完成项目也不兑现承诺，则众筹平台预先拨付的资金难以收回。对于此种违约行为，由于项目发起人、众筹平台和投资者各处异地，诉讼成本高，因此，如“点名时间”等众筹平台只能将项目发起人列入黑名单、在网上给予公示，而其他平台目前并未见到有类似公示。

在国际上已经有这样的违约项目受到起诉。2014 年 5 月，华盛顿州的总检察长起诉 Altius 公司及其负责人，原因是该公司在 Kickstarter 网站上筹集资金成功，并在预定发货日期过去近一年仍没有向出资人发放回报，也没有回复出资人的询问邮件。华盛顿州政府认为 Altius 公司不仅违约，甚至有诈骗的

① 北京市第一中级人民法院民事判决书：（2011）一中民终字第 2223 号。

嫌疑，因此代表华盛顿州的出资人提起了诉讼。[①]

5. 众筹平台权利义务模糊

一般来说，众筹平台的作用在于发现投资者与融资者的需求并对其进行合理的匹配，提供服务以促成交易并提取相应的费用作为盈利，属于一般的居间合同。从众筹平台与投融资双方的服务协议可以看出，众筹平台除了居间功能之外还附有管理监督交易的职能，并且众筹平台要求投融资双方订立的格式合同所规定的权利义务也不对等。因此，目前众筹平台与用户之间的关系需要进一步厘清，并在双方之间设定合理的权利义务关系。

（二）刑事法律风险

1. 筹资人面临的刑事法律风险

（1）非法吸收公众存款或变相吸收公众存款

所谓非法集资，是一类犯罪的统称，包括非法吸收公众存款或变相吸收公众存款、集资诈骗等。该罪名的法律渊源是我国刑法第 176 条，具体而言是指违反国家金融管理法律规定，向社会公众（包括单位和个人）吸收资金的行为。根据《最高人民法院关于审理非法集资刑事案件具体应用法律若干问题的解释》第 2 条第（8）款规定，以投资入股的方式非法吸收资金的，符合一定条件按照非法吸收公众存款罪处罚。

为规避法律风险、吸引投资，各众筹网站均在其主要网页不约而同对自身性质作出相关说明。比如，“点名时间”声明其行为并非非法集资，理由是跟传统的投资和融资不一样，出资人在这里无法获得股权、利润分享的回报，大家是在购买项目成品，不是投资项目。[②]“淘梦网”认为众筹没有非法集资的风险，因为“淘梦网”要求项目发起人不以股权、债权或是资金作为对支持者的回报，而且不管是项目发起人还是作为平台方都不能向支持者许诺任何资金上的收益，回报必须是实物（如产品、出版物）或者媒体内容（如提供视频或者音乐的流媒体播放或者下载）。“淘梦网”是一个预付费模式的电子商务平台，支持者对一个项目的支持属于购买（预购）行为，而不是投资行为。[③]“追梦网”也指出其运营模式没有非法集资的风险，理由亦为支持者对一个项目的支持属于购买行为，而不是投资行为。

---

① 资料来源：《美国州政府对众筹骗提起诉讼》，http：//news. 163. com/14/0506/09/9RI6BR1J00014JB5. html，2014 年 8 月 24 日访问。

② 资料来源：http：//www. demohour. com/faq？chapter = site#a3，访问时间：2015 年 10 月 15 日。

③ 资料来源：http：//www. tmeng. cn/help/index. html?，访问时间：2013 年 10 月 15 日。

中国众筹网站将网友对发起人的项目注资视为购买（以预付费的方式），而非投资。但是，这种声明有偷换概念、玩弄文字游戏之嫌，并不必然抹去其非法集资的嫌疑。中国的众筹同样具有投资（对出资人而言）和融资（对项目发起人而言）本质。众筹概念源自英文“Crowdfunding”本意为集体出资，而非集体购买。包括众筹的鼻祖 Kickstarter（中国的“点名时间”等与之性质一样），其在官网上均声明付出资金的网友的行为是 fund，意即“为……提供资金”，而非“购买”之意。实物回报类众筹引入中国后，其运营模式与美国同行并无本质差异。中国的众筹均向出资人承诺有回报，回报的额度与出资金额成正比，以实物作为回报并不必然影响其分红的性质。

关于罪与非罪的起刑点，最高人民法院司法解释认定个人非法吸收或者变相吸收公众存款数额在 20 万元以上的，单位非法吸收或者变相吸收公众存款数额在 100 万元以上的，或者个人非法吸收或者变相吸收公众存款对象 30 人以上的，单位非法吸收或者变相吸收公众存款对象 150 人以上的，均应追究刑事责任。按照此标准，中国的众筹平台不仅处于一般违法状态，而且许多项目由于筹集的资金或者人数达到了司法解释的下限，因而项目发起人与众筹平台均面临刑事犯罪风险。当然是否构成刑事犯罪，还要考虑是否有社会危害性，如果众筹给社会、企业带来发展、进步且对社会没有危害性，笔者认为不宜以犯罪论处。

（2）集资诈骗的法律风险

集资诈骗是指以非法占有为目的，违反有关金融法律、法规的规定，使用欺诈手段进行非法融资，扰乱国家正常金融秩序，侵犯公私财产所有权，数额较大的行为。

对于集资诈骗的具体认定，根据 2010 年《最高人民法院关于审理非法集资刑事案件具体应用法律若干问题的解释》第 4 条规定：“以非法占有为目的，使用诈骗方法实施本解释第 2 条规定所列行为的，应当依照刑法第 192 条的规定，以集资诈骗罪定罪处罚。

使用诈骗方法非法集资，具有下列情形之一的，可以认定为‘以非法占有为目的’：

（一）集资后不用于生产经营活动或者用于生产经营活动与筹集资金规模明显不成比例，致使集资款不能返还的；（二）肆意挥霍集资款，致使集资款不能返还的；（三）携带集资款逃匿的；（四）将集资款用于违法犯罪活动的；（五）抽逃、转移资金、隐匿财产，逃避返还资金的；（六）隐匿、销毁账目，或者搞假破产、假倒闭，逃避返还资金的；（七）拒不交代资金去向，逃避返还资金的；（八）其他可以认定非法占有目的的情形。

集资诈骗罪中的非法占有目的，应当区分情形进行具体认定。行为人部分非法集资行为具有非法占有目的的，对该部分非法集资行为所涉集资款以集资诈骗罪定罪处罚；非法集资共同犯罪中部分行为人具有非法占有目的，其他行为人没有非法占有集资款的共同故意和行为的，对具有非法占有目的的行为人以集资诈骗罪定罪处罚。”

根据第5条规定，个人进行集资诈骗，数额在10万元以上的，应当认定为“数额较大”；数额在30万元以上的，应当认定为“数额巨大”；数额在100万元以上的，应当认定为“数额特别巨大”。

单位进行集资诈骗，数额在50万元以上的，应当认定为“数额较大”；数额在150万元以上的，应当认定为“数额巨大”；数额在500万元以上的，应当认定为“数额特别巨大”。

集资诈骗的数额以行为人实际骗取的数额计算，案发前已归还的数额应予扣除。行为人为实施集资诈骗活动而支付的广告费、中介费、手续费、回扣，或者用于行贿、赠与等费用，不予扣除。行为人为实施集资诈骗活动而支付的利息，除本金未归还可予折抵本金以外，应当计入诈骗数额。

2. 众筹平台经营者面临的刑事法律风险

（1）涉嫌共犯风险

根据《最高人民法院、最高人民检察院、公安部关于办理非法集资刑事案件适用法律若干问题的意见》第4条关于共同犯罪的处理问题规定：“为他人向社会公众非法吸收资金提供帮助，从中收取代理费、好处费、返点费、佣金、提成等费用，构成非法集资共同犯罪的，应当依法追究刑事责任。能够及时退缴上述费用的，可依法从轻处罚；其中情节轻微的，可以免除处罚；情节显著轻微、危害不大的，不作为犯罪处理。”可知，在众筹平台所筹资的筹资人如果涉嫌刑事犯罪，众筹平台经营者也有可能以共犯处理。

（2）涉嫌非法吸收公众存款或变相吸收公众存款、集资诈骗罪风险

如果众筹平台在无明确投资项目的情况下，事先归集投资者资金，形成资金池，然后才进行招募项目，再对项目进行投资，则存在非法吸收公众存款或变相吸收公众存款罪的嫌疑；如果众筹平台在投资人、融资人不知情的情况下，私自将资金挪作他用，更有可能构成集资诈骗罪。

（3）涉嫌洗钱罪风险

无论在我国还是国外的“众筹”融资中，网络平台的地位至关重要。从最初对筹资人项目的审核，到项目募集过程中的监督，乃至项目后期的实施，平台都起着不可缺失的作用。而平台最重要的是中立性，一旦中立性出现问题，与筹资人串通，或者为了更好地促成项目的实施而放松对项目的审查，就有可能出现一系列问题，严重的还可能构成洗钱罪。

根据《中华人民共和国刑法》第 191 条的规定，首先，从洗钱罪的主观要素来看，需要明知是几类特殊的犯罪所得及其产生的收益。我国多数的融资平台，对筹资人的限制较多，但是对出资人没有太多审查，对于出资人的资金来源是否是“毒品犯罪等收入所得”，平台一般不会知道，更不会构成“明知”。缺乏了这个关键要素，即使出资人的资金存在问题，平台也无法构成洗钱罪。如果平台抵制不住巨额资金的诱惑，和出资人进行勾结，对某些特殊犯罪所得收益通过平台进行掩饰、隐瞒或者作其他处理或“明知”或“应当知道”是犯罪所得而为之，那么很可能构成洗钱罪。其次，从洗钱罪的金额来看，洗钱犯罪的金额一般比较大，而目前多数平台的出资额度一般不大，所以从数目上看平台暂时不会成为洗钱犯罪的发生地。最后，从洗钱罪的犯罪行为来看，因为平台如果进行实物回报类众筹项目，那么目前并未涉及股权债权的融资，不会“协助将资金转换为现金、金融票据、有价证券”。

第三节　股权众筹

一、股权众筹的主要特征

股权众筹是指筹资者向投资者出让融资项目一定比例的股份（或份额），投资者通过受让股权（或份额）获得股份，享有相应权益，以此达到投资目的，这种基于互联网渠道而进行融资的模式被称作股权众筹。简单地讲就是企业通过众筹平台或其他平台出让股份（或份额）从而获得资金的行为。

如上所述，股权众筹就是融资方以出让一定比例股份的形式，面向多数投资者进行融资，而投资者通过出资入股公司，最终以股权变现或者分红的方式获得未来收益。全球第一家股权众筹平台 Angellist 诞生于美国硅谷，随后众多股权众筹平台逐渐产生。2012 年 4 月奥巴马签署通过的《JOBS 法案》，鼓励和规范了股权众筹的发展。国内于 2011 年出现了“天使汇”和“创投圈”等众筹平台，经过3年的发展，已达到30多家。股权众筹平台为创业者融资，解决了很多企业的资金问题，因此越来越受到政府的重视。

从微观层面来看，国内互联网股权众筹的出现存在以下的需求点：首先，大量互联网创业公司集中出现，创业者需要资金支持，而传统的线下投资市场存在着显著的信息不对称；其次，投资行业从业人员需要快速定位优质创业项目和优秀创业者；最后，从资本市场发展角度出发，类似的股份流通市场或将在互联网时代践行它的使命，成为多层次资本市场重要组成部分。

从宏观层面来看，我国经济迈入新的发展阶段，在传统模式难以维系的背景下，需要新的增长点来激活经济，因此以改革、创新和调整为主基调的经济发展模式开始登场。鼓励中小企业的发展壮大从而为经济注入新的活力。但是中小企业的发展面临众多困境，融资难问题是挡在企业发展路上的一座大山。第一，中小企业由于自身资质和抗风险能力较弱，银行等大的金融机构为控制风险，对其缺乏相关的金融服务方案。第二，国内资本市场上市的门槛较高，大多数中小企业无法通过这种方式解决资金急需的问题。国内企业债券市场的发展远远落后于股票市场和银行信贷市场的发展，而且中小企业往往达不到债券发行额度的要求，因此，中小企业要通过债券融资几乎没有可能。为解决中小企业融资难题，发展多种融资渠道，股权众筹等新型融资方式受到越来越广泛的关注。

股权众筹具有如下特征：

（一）程序简便

股权众筹融资模式的出现，简化了中小型企业的融资程序，减少了公司的交易成本和融资成本，同时也降低了投资机构交易的门槛，随着股权众筹成为一种便利的筹资工具，将改善我国投资环境，大大节省中小企业的融资成本，进一步开拓了投资新渠道。

（二）目标对象具体

中小企业非公开的融资渠道很少，加之监管严格，审批程序复杂，上市融资的成本很高。因此，股权众筹的出现正是迎合了这些中小企业的融资需求，所以股权众筹的目标对象主要是中小企业。

（三）融资对价灵活

股权众筹的过程省略了传统的IPO发行的复杂流程并且节省了相关成本，创业筹资者可以根据自身对资金的需求程度决定公开募资的金额，从而对股权有更大的议价权。

（四）融资方主动性强

在传统风险投资模式下，创业者的融资渠道有限，往往处于相对弱势的地位，大多只有被选择权而无选择权。而在股权众筹模式中，投融双方的地位相对平等，融资方可以根据自身对资金的需求程度适当出让股权，比例一般在5%至50%。

（五）法律风险较大

相对于其他众筹模式来讲，股权众筹所面临的法律风险更大。因股权众筹融资的成本是出让公司（企业）的股权（份额），而根据《中华人民共和国公司法》《中华人民共和国合伙企业法》《中华人民共和国证券法》等规定，融资出让的股份（份额）所对应股东（合伙人）必须符合法律规定，一旦股东（合伙人）人数超过法定上限，则会有“非法集资”的法律风险。

二、股权众筹的运作模式

目前，国内股权众筹主要有股东式众筹、合伙式众筹、权益式众筹三类。

（一）股东式众筹

股东式众筹主要是指在互联网上通过熟人介绍，出资人付出资金，直接成为被投资企业的股东，是一种直接股权投资的方式。

首先由创业企业或项目的发起人，向众筹平台提交项目策划或商业计划书，并设定拟筹资金额、可让渡的股权比例及筹款的截止日期。然后众筹平台对筹资人提交的项目策划或商业计划书进行审核，审核的范围具体，但不限于真实性、完整性、可执行性以及投资价值。众筹平台审核通过后，在网络上发布相应的项目信息和融资信息。对该创业企业或项目感兴趣的个人或团队，可以在目标期限内承诺或实际交付一定数量资金。目标期限截止，筹资成功的，出资人与筹资人签订相关协议；筹资不成功的，资金退回各出资人。

国内最著名的例子当属“3W咖啡”。“3W咖啡”是我国股权众筹软着陆的成功典范，具有一定的借鉴意义。其通过微博在互联网平台上进行原始股东招募，要求每人认购10股，每股价格6千元，很短的时间内，“3W咖啡”便汇集了众多知名投资人、企业高管等百余人，股东阵容相当华丽。“3W咖啡”的游戏规则并非简单的出资6万元即可成为股东，其主要是基于名人或熟人的交际网而形成的一种相互的吸引力，这也就意味着，想要成为股东必须具备的条件则是具有相当的知名度或者具有一定号召力的商界人士，而股东的价值回报也不仅仅是分红获益，其真正价值所在主要是“3W 咖啡”能够提供一个涵盖众多知名人士的顶级人脉圈，相比于单纯的分红，这些资源则往往是投资人更为看中的。这种会籍式的咖啡厅，很少有出资人是奔着财务盈利的目的去的，更多股东在意的是其提供的人脉价值、投资机会和交流价值等。

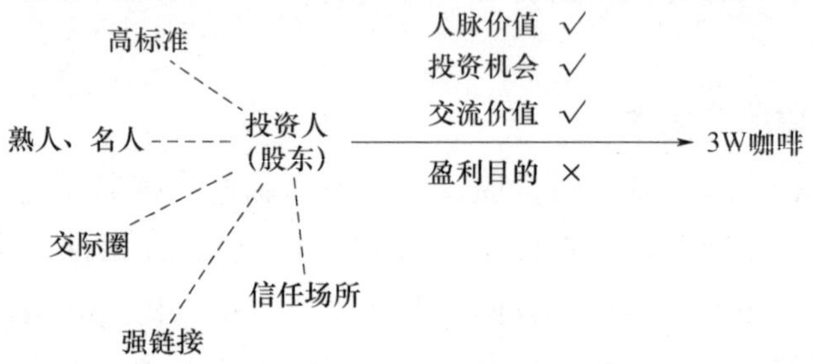

图 3－3　“3W 咖啡”（股东式众筹）

（二）合伙式众筹

合伙式众筹，其运营模式更加接近天使投资或 VC，目标融资企业大多是小型初创企业，缺乏必要的启动或发展资金。合伙式股权众筹中，主要以“领投＋跟投”的模式最为常见，下面我们来具体分析此种模式的运作流程及其典型代表平台。

“领投＋跟投”模式即在众筹过程中由一位经验丰富的专业投资人作为领投人，众多跟投人选择跟投的一种融资模式。这种模式最初发端于海外的股权众筹平台——Angelist。Angelist 把这种创新性的模式，称之为 Syndicat（辛迪加），可以翻译为“联合投资体模式”。模式的核心并非创业企业直接向众筹投资人融资，而是领投人为具体的项目向跟投人募集资金。融资的核心主体不是企业，而是领投人。

大概操作流程是：融资方在网络平台上发布融资需求、线下项目宣讲及意向投资者看项目、领投人及跟投人认领、凑满融资额度、投资人设立有限合伙企业、签订投资协议及股权转让协议并办理工商变更登记。

举例来说，某个创业者的创业项目需要融资 100 万元人民币，出让 20% 股份，通过股权众筹平台发布后，各个投资人进行认投，比如 A 投资人做领投人认投 20 万元、B 投资人做跟投人认投 10 万元、C 投资人做跟投人认投 5 万元直到凑满融资额度，投资人就按照各自出资比例占有创业公司出让的 20% 的股份。通过线下办理有限合伙企业成立、投资协议签订、工商变更等手续，该项目融资就算胜利完成。

“领投+跟投”是国内股权众筹平台采用的主流模式，在具体的实践中，较为常用的是以下三种方式：

（1）设立有限合伙企业。由领投人担任普通合伙人，其他跟投人担任有限合伙人，共同发起设立有限合伙企业，由有限合伙企业对被投企业或项目进行持股。这一模式仍然在国内占据多数，产生原因主要是为了规避相关法律、法规的限制。

（2）签订代持协议。由每一位跟投人分别与领投人签订代持协议，领投人代表所有投资人对被投企业或项目直接持股，这样省去了有限合伙企业要进行工商登记的麻烦，但领投人在参与被投企业或项目的重大决定时，往往需要征得或听取被代持方即跟投人的意见。另外，实践中也有融资企业的大股东或实际控制人，直接与投资人签订代持股权协议的情形，这类情形大股东或实际控制人往往都会变相约定提供固定回报。

（3）签订合作协议。这一类模式实践中主要用于实体店项目，如“人人投”，通常是项目发起人与不同投资人分别签订合作协议，约定投资人的股权比例和相关权利义务，并不进行相应的工商登记，公司内部承认投资人的股权份额并据此进行相应的盈利分红。因为投资者参与众筹，这类实体店项目，往往看重的是其稳定的现金流和盈利能力。

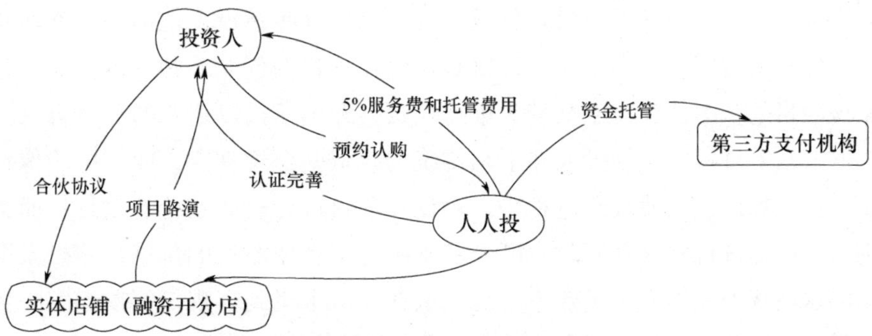

图 3-4　“人人投”众筹模式

采用此种模式主要有以下优势：

（1）背书。领头人相当于给众筹公司或项目进行了背书，说明这个项目是靠谱的。因为一般进行众筹的公司都是起步阶段，风险高，公信力低，但有知名领头人的介入，会带来其他参与者可靠的信任和很大的信心。

（2）资源。此种股权众筹模式能够减小普通投资者面临的投资风险和信息不对称，同时能帮助创业者获得除资金以外更多的行业资源、管理经验等附加值。可以使跟投人参与领投人组织的联合投资体中，充分利用领投人在挑选项目和投后管理上的优势。

（3）对于领投人来说，则可以通过这种方式撬动众多跟投人的资金，还能额外获得投资收益的分成。这使领投人得以参与投资和领投更多的项目，包括参与那些投资金额门槛较高的项目。

（4）从创业公司的角度，创业公司不需要一一面对每个跟投人，不会陷入投资人众多的纠纷中。它只需要应对一个领投的投资人，就可以获得超出领投人投资金额5倍至10倍的投资额，还能获得跟投人在社会关系上对企业的帮助。

由于我国征信体系尚不完善以及投资者的非专业性，这种模式适合国内的发展。

在相对强势的股权众筹平台上，由于主要是由平台管理者来寻找和选择上线的项目，领投人在创业项目的确定中并没有起到主导作用，只是参与了投资和承担普通合伙人。因此，领头人的实际作用是给股权众筹平台进行背书，确认平台的项目选择标准，并带头进行投资。即使是在那些仅仅做中介的股权众筹平台上，也没有发现领投人与项目方进行探讨，为创业项目做创业导师，为创业项目进行产品设计和企业设计，完善商业模式的系统记录。

即使有些股权众筹的项目是领投人推荐的，这些领投人也不一定就能够尽到一个保荐人的职责，也不能保证就是该创业项目的创业导师，领投人只是认可了该项目的基本情况，愿意带头进行投资，并担任投资企业的普通合伙人而已。股权众筹过程中的领投人并不是传统的投资基金管理人，他不可能像投资基金管理人那样在天使投资过程中，对创业项目进行全面系统的设计；而且创业项目在计划进行股权众筹时，已经基本确定了企业股权的价格，领投人即便作出的这些智力投入产生了效果，也无法在经济上得到体现，领投人实际上不愿意做创业导师的工作，因为他无法在投资入股的价格上获得更多的优惠。

实际上，根据证监会在《私募投资基金监督管理暂行办法》中的定义，领投人仅仅是投资于所管理私募基金的私募基金管理人，证监会只要求领投人具备相应风险识别能力和风险承担能力即可。

由于在股权众筹过程中，领投人并不能真正起到创业导师的作用，不能为创业项目进行新产品设计和企业设计等一系列的工作，因此，股权众筹的融资方式比较适合那些已经有了创业导师的设计之后，需要扩大经营规模的创业发展项目。在这个意义上来说，证监会通过投资金额规模限制，将股权众筹的业务范围限定在创业投资的中后期，也是有一定道理的。

我们分别以典型代表平台“大家投”和目前最热门的京东股权众筹作详细解析，以期让读者更加形象地了解股权众筹的本质。

“大家投”众筹模式是这样的，创业企业需要融资一定数额的资金，根据自身的需求出让相应的股份，通过众筹平台在网站上发布相关信息，当创业项目在平台上发布后，由一人或更多人做领投人，进行前期出资，之后由若干跟投人进行不同数额的注资，吸引到足够数量的小额投资人（天使投资人），凑满融资额度后，所有出资人就按照各自出资比例占有创业公司相应的股份，然后再转入线下成立有限合伙企业，投资人按照各自出资比例成立有限合伙企业（领投人任普通合伙人，跟投人任有限合伙人），进行投资协议签订、工商变更等手续，该项目融资计划就认为是基本完成。

之后再以该有限合伙企业法人身份入股被投项目公司，持有项目公司出让的股份。融资成功后，作为中间平台的“大家投”则从中抽取5%的融资顾问费。

如同支付宝解决电子商务消费者和商家之间的信任问题，“大家投”将推出一个中间产品叫“投付宝”。简单而言，就是投资款托管，对项目感兴趣的投资人把投资款先打到由兴业银行托管的第三方账户，在公司正式注册验资的时候再拨款进公司。“投付宝”的好处是可以分批拨款，比如投资100万元，先拨付25万元，根据企业的产品或运营进度再决定是否持续拨款。

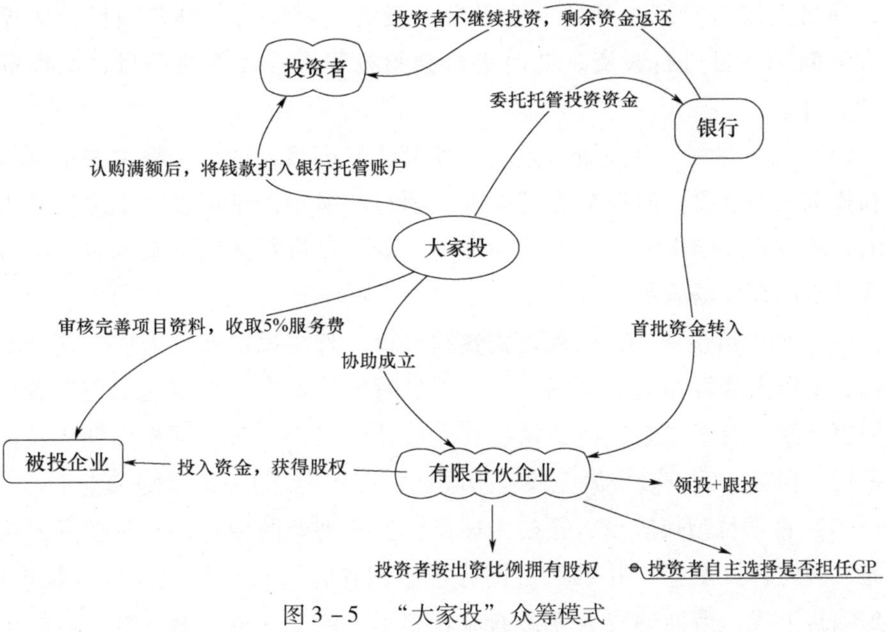

图3-5　“大家投”众筹模式

股权众筹行业最惹眼的莫过于京东金融的入局，巨头们入局后的股权众筹行业会怎么变化呢？2015 年 3 月 31 日，京东股权众筹业务上线，当天早上，“雷神笔记本”这个项目就已经筹够金额了。一周内，参加京东股权众筹的首批 11 个项目中，有 6 个超额募资，参加京东股权众筹的人数则超过 2.3 万人。京东股权众筹分为产品众筹和股权众筹，京东依靠原有的硬件产品众筹进入股权众筹领域。在具体策略上，京东股权众筹将采取“领投—跟投”模式，即在众筹过程中由一位经验丰富的专业投资人作为“领投人”，众多跟投人选择跟投。

此种股权众筹模式能够减小普通投资者面临的投资风险和信息不对称，同时能帮助创业者获得除资金以外更多的行业资源、管理经验等附加值。同时，京东的股权众筹也将在依法合规经营的基础上，进行合理的制度设计。

京东股权众筹的具体运作流程如下：

（1）筹资人需要向平台提交完整的商业计划书（公司的基本经营状况、发展计划、预期收入和盈利）和拟出让股份的数量、价格，还需要筹资人提交企业营业许可文件、公司财务报表（资产负债表、现金流量表）等相关材料。

（2）平台的专业分析师审核项目，如果符合规定，审核通过之后，项目进入上线准备阶段，筹资人在该阶段的任务是路演宣传等，准备完毕，项目上线，投资人开始入驻平台，投资人可以自己浏览项目，选择自己有意向的项目进行投资，此时平台会给投资人推荐优质项目，供投资人参考选择。

（3）线下筹资者和投资人进行约谈交流，当然，这个步骤主要根据筹资者和投资人的意愿，通过交流可以进行项目的展示，是可以让更多投资人参与的宣传方式。依据筹资人的营销能力，既可以进行线上互动问答，也可以是线下推广和现场展示。

（4）如果洽谈成功，进入正式签约阶段。若在规定期限内成功达到筹资目标，筹资人获得相应的投资；筹资不足时所筹资金原额退还给投资者。进入回报周期，投资者必须待公司盈利之后才能获得回报，回报周期较长，如果公司亏损或失败，投资者无法获得收益，发起人也不承诺退还资金。

（5）在项目预热阶段，领投人选择自己感兴趣的项目，并与融资人深入沟通，确定领投意愿，并对项目进行尽职调查并出具尽调报告或领投理由。等到项目上线，帮助融资人完善商业计划书，确定估值、融资额、最低单笔投资额、投资者席位数和投资条款，通过平台向其他跟投人推荐项目，协助项目路演，协助确定投资意向书条款，帮助项目落实跟投。融资项目在平台上线前，融资人应与领投人签订《投资意向书》。

（6）股权众筹成功后，领投人与跟投人将众筹资金转入平台委托的第三方机构的资金账户或托管账户。投资人与融资人根据项目认购结果签订投资协议。待融资人办理工商变更手续并经平台审核通过且满足交割条件后，该第三方机构根据相关方指令将相应款项转入有限合伙企业，再由该有限合伙企业转入融资项目公司。等到投资后，领投人代表投资人跟踪融资项目进展情况、参与公司重大决策，尽最大努力为项目提供有价值的帮助。到了退出阶段，领投人应代表投资人选择合适的时机以合理公允的市场价格退出，但退出前，要书面告知全体跟投人。

（7）融资项目股权众筹成功且投资人向第三方托管账户缴付认购款项后，跟投人与领投人或其指定关联方签署有限合伙协议成立有限合伙企业，由成立的有限合伙企业与融资人签订正式的《投资协议》。《投资协议》的内容应根据相应的《投资意向书》拟定。股权众筹融资完成后，融资项目公司为股份有限公司的，其股东人数累计不得超过 200 人；融资项目公司为有限责任公司的，其股东人数不得超过 50 人；融资项目公司为有限合伙企业的，其合伙人人数不得超过 50 人。

（8）投资人应当在认购融资项目股权时按照平台的要求缴纳保证金，保证金的缴纳金额为投资人认购金额除以平台为该投资人匹配的信用倍率。投资人因参与股权众筹项目所缴纳的保证金，通过平台冻结在京东小金库内。当众筹成功后，京东小金库内的保证金将解冻并退回给投资人。投资人在冷静期内放弃认购股权的，保证金将退还给该投资人。

（三）权益式众筹

权益式众筹主要是指通过互联网，筹资人以凭证和股权捆绑的形式销售筹资项目股权的权益凭证，投资人付出资金从而购买凭证，并依凭证取得相应权益，该凭证又直接与创业企业或项目的股权挂钩，但投资人并不成为股东（或合伙人），也不享有股东（合伙人）权利的众筹模式。

例如“美微传媒”的创始人朱江，通过淘宝网出售原始股，认购总数为 68 万股，1191 人，两次募集资金共计 120.37 万元。消费者可以通过拍下相应金额的会员卡，获得“订阅电子杂志”的权益并同时拥有“美微传媒”的原始股份 100 股。“美微传媒”先后共进行了两轮募集，参与购买的会员人数为1191人，认购总数为68万股，两次募集资金共计120.37万元，该模式的兴起，在业内引起了轩然大波。而按照我国证券法的相关规定，向不特定对象发行证券或者向特定对象发行证券累计超过200人，均属于公开发行证券行为，必须经过证券监督管理部门批准。因此，“美微传媒”的众筹之路，最终因行为不合规而被证监会断然叫停，众筹试水以失败告终。

三、股权众筹平台的盈利方式

股权众筹平台一般不承诺收益，不设资金池，不提供担保，所以盈利方式比较简单固定，但以多种形式表现，一般包括如下：

一是交易手续费：又称撮合费用，即只要项目在众筹平台上融资成功，平台则按成功融资额的一定比例收取交易费用，项目融资不成功则不收费。这是当下诸多股权众筹平台的主要盈利点。

二是增值服务费用：这一块主要是指股权众筹平台在为项目融资的同时，对投资人之间的股权交易服务，项目后期的投融资服务，提供合同、文书、法律、财务等方面的指导和服务工作，针对这部分付出，平台可酌情收取一定的增值服务费用。

三是产品营销费用：作为项目和产品的推广平台，对推广项目收取营销费用。

四是代管收益：这一部分主要是针对投后管理而言的。实践中，有的股权众筹平台往往代替投资人对被投项目实施投后管理，通常是投资人收益的一定比例。但这种模式目前在国内还较少。

五是直接投资：作为投资人直接投资项目，收益来源于项目退出时的增值费用。

六是作为领投人的服务费用：作为领投人，对跟投人的项目收益提取一定比例的利益分成。

【案例】

娱客众筹咖啡厅

娱客众筹咖啡厅，是“观众网”旗下的一家以影视文化创新和娱乐为主的线下实体咖啡厅，咖啡厅依托“观众网”自身已经拥有的优势资源，形成线上线下多领域的联合互动，为娱客家族的所有成员提供一个线下聚会的平台。娱客众筹咖啡厅的核心优势是：卖的不是咖啡，卖的是文化产业，成为北京影视娱乐文化圈聚点，影视文化孵化平台，影视文化众筹圈。

在这里导演、编剧、明星、制片人、经纪人可以免费喝咖啡，依托中国最大的影视娱乐文化众筹平台——“观众筹”，通过平台可以众筹资金、众筹导演、众筹明星、众筹编剧。

娱客咖啡厅面积分为三个区域：文化项目路演区，访谈区，咖啡区。同时可以为电影电视音乐艺术沙龙等活动提供免费场地。

娱客咖啡厅运营模式：以“观众网”“观众筹”500 万粉丝用户以及 3000 多名导演资源、300 多名明星经纪人资源为基础，打造影视、娱乐、投资娱客们的众创。

观众筹线上众筹 + 娱客咖啡厅线下孵化 + 大文化银行股权众筹跟投平台观众网 500 万粉丝用户提供 1000 元会员卡销售 5000 张，总计 500 万元，每周路演项目和不同主题文化聚会明星见面会，每周文化影视娱乐项目路演会。

关于娱客众筹咖啡厅的收益回报分为以下两类：

第一类：娱客咖啡厅出资 10 万元的合伙人收益

娱客合伙人拥有获得娱客咖啡厅 1% 股权；1 年免费无限次喝咖啡；共享娱客咖啡厅相应演艺、娱乐、文化项目优先投资权；优先获得项目融资计划，可以优先参与娱客基金投资；1 年到期后到可保底 12 万元回购其股份，1 年后继续持有则以其股份共担风险。合伙人不参与咖啡厅的管理和运营，合伙人年末召开联席会议，对专业团队进行管理工作的考核评估，并负责管理策略的制定。

此外，合伙人还享有咖啡厅相关影视娱乐资源，享受咖啡厅所有消费 7 折特权，赠送股东特权卡，邀请参加娱客咖啡厅高端影视沙龙，赠送相关影视节目录制和演唱会演出门票，享有娱客咖啡厅众筹资源。

第二类：娱客咖啡厅出资 40 万元的合伙人收益

获得观众筹网（已融资估值 5000 万元）1% 股权，获得娱客咖啡厅 1% 股权；1 年免费无限次喝咖啡；共享娱客咖啡厅相应演艺、娱乐、文化项目优先投资权；当“观众网”新三板上市时，按照“观众网”要求可以折算成相应的股票。

对会员开放的超级权限有：众筹项目优先推荐、优先投资，赠送“观众网”大型演出活动门票兑换券，拥有优先包场权，1 年内本人免费喝咖啡及免费在 K 歌时间点歌欢唱，免费去中央电视台、北京电视台看节目录制，符合条件享有优先报名去电视台当嘉宾的特权，等等。

四、股权众筹的法律关系

（一）筹资人与投资人之间的法律关系

1. 股东法律关系

由于众筹是大众参与的特性，那么作为股权众筹其项目参与股东数量一定不止一个。那么，股权众筹的公司的内部法律关系究竟如何？股权结构应该如何设置才能在利于经营管理的同时可以保证众多股东的股权利益呢？

首先，通过注资持股。比如先设立一个持股公司，50 个众筹股东作为这个公司的投资人，把资金投入公司，然后持股公司把这笔款再投入众筹公司，由公司作为众筹公司的一个股东。这样 50 个众筹股东在众筹公司里只体现为一个股东，即持股公司。

其次，为保障股权分配利于经营管理，最好不搞平均主义。公司创业初期分配股权，一般都不建议平均持股，最好有一个人对公司事务有绝对表决权，平均主义只会给团队今后发展带来很多障碍。

关于众筹公司创始阶段过后投资人的股权处置问题，一般而言，如果一个项目度过了初创阶段，进入了高速发展的时期，那么项目可能需要经历 B 轮至 C 轮的融资，而在这个过程中，如何处理项目开始之时众筹人的权利和利益保障是十分关键的。如果当时众筹人数较多，股权较为分散，那么对于管理者的集中管理能力会造成较大的制约。同时，为了给未来的股权设置和投资人入股留下更大的空间，可以采取回收部分股权的形式来扩增之前的股权。

对于众筹人的股权退出，按照公司法的规定，股东入股之后，不能随意退出，这是由于股权融资具有特殊性，投资人承担了股东的角色，其资金只有在特定的情况下才能退出，例如公司上市、并购等。为此，需要在股权众筹早期，融资方和投资方在协议中对后期的退股机制作出约定。

最后，众筹股东参与众筹，很多时候是看中众筹公司的盈利能力。可是，公司法并未规定公司有税后可分配利润就必须分红，利润分配方案要股东会表决通过后，才会根据这个方案向股东分配红利。如果股东会没有表决通过，或者股东会干脆就不审议这个议题，即使公司账上拥有大笔税后利润，众筹股东也不能拿到。由于法律没有规定强制分红，那么最好在公司章程中约定强制分红条款，即如果有税后可分配利润，每年必须在指定日期向众筹股东分配。

2. 合伙法律关系

在现有的股权众筹模式中，为了规避违反我国公司法第 24 条“有限责任公司由五十个以下股东出资设立”等条款规定，即使现有的股权众筹平台限定于有限责任公司股权，也面临着投资者人数众多，股东人数可能突破公司法限制的问题。对此，大部分的股权众筹选择通过投资人设立有限合伙企业，其中领投人作为普通合伙人、跟投人作为有限合伙人的方式，以有限合伙企业作为目标公司的股东享有股权，投资人之间的权利义务关系与目标公司无关，依据有限合伙协议及章程约定。

3. 代持法律关系

股权众筹中代持股模式，即委托持股。通过项目方和众筹股东签订代持股协议，代表众筹股东持有众筹公司股份。在这种模式下，众筹股东并不亲自持有股份，而是由项目方持有并负责经营管理。通过隐名股东、股份代持等方式，由领投人作为目标公司的显名股东享有股权，领投人和跟投人之间通过签订委托代持股协议等确定权利义务关系即可。在实务操作中，对于超出公司法与合伙企业法规定的法定人数以上的投资者，一般采用由其他投资人或筹资人代持的投资形式。

（二）筹资人与众筹平台之间法律关系

1. 居间法律关系

众筹平台充当着信息中介的角色，依据筹资人的授权，为其寻求合适的投资人，履行居间人的审查核实义务，对拟上线项目进行尽职调查和严格筛选。按照筹资平台在其网站上公示的规则和信息显示，平台绝大多数都是公司化运作。平台公司作为发起人和支持者的桥梁，起到了一个牵线搭桥的中间服务商角色。支持者的支持资金是先通过网上支付的形式，支付到平台公司的账户中，但这些支持资金并不是由平台公司所有，平台公司只是起到监督和保管的作用。如果在期限届满时资金汇入达到规定的金额，则意味着发起人的筹资活动成功。此时，平台公司应将筹集资金转移给发起人账户。在实践中，有的平台公司宣称是将全款转交给发起人，如“点名时间”；有的是暂扣留一定比例的保证金，待发起人确实按照宣称的计划履行后，再向发起人转交剩余的筹集资金，如“众筹网”。

2. 委托代理法律关系

筹资人与众筹平台通过签订《委托融资服务众筹协议》，筹资人委托平台协助撮合前后的资金流、对接投资人等服务。

（三）投资人与众筹平台之间的法律关系

1. 居间法律关系

股权众筹平台的作用在于发现投资者与融资者的需求并对其进行合理的匹配，提供服务以促成交易，并获得相应的费用作为盈利，属于一般的居间合同。但具体来说，从平台与投融资双方的服务协议可以看出，股权众筹平台除了居间功能之外还附有管理监督交易的职能，如《天使汇服务协议》第4条规定若用户有违反协议或法律的行为，则平台有权采取包括不限于中断其账号、删除地址、目录或关闭服务器等行为。

2. 委托代理法律关系

投资人委托平台通过其管理的某网站提供以下服务：展示筹资人申报的项目、发布的融资需求等，并根据实际情况就交易的结构、定价，尽职调查及其他相关事情作出安排。等到股权众筹项目融资成功后，平台代为办理有限合伙企业成立所需有关工商登记、税务登记、银行开户等相关设立手续。

五、股权众筹的法律风险

作为一种新兴的金融融资模式，无疑面临着多种法律风险，例如非法吸收公众存款、集资诈骗、股权代持的风险、资金用途监管不力风险、诉讼程序中电子证据的认定风险、知识产权纠纷等多方面问题。然而社会及媒体普遍担忧的股权众筹的违法风险，其实并非完全由于此种创新领域的商业模式本身存在违法的风险，其风险的产生跟整个社会的诚信体系、商业形态和市场秩序等多个方面的问题息息相关。如果从哪一种商业模式更加容易引发道德风险来判断其法律风险、来制定监管政策，那无疑会扼杀创新，所以应该理性分析和看待互联网金融领域的股权众筹。我们应当看到其中的法律风险，找出合理的法律应对措施，才是解决这种金融创新模式不断壮大的根本途径。

（一）民事法律风险

1. 存在投资合同欺诈的风险

股权众筹实际上就是投资者与融资者之间签订的投资合同，众筹平台作为第三人更多的是起居间作用。我国的股权众筹多采用“领投 + 跟投”的投资方式，由富有成熟投资经验的专业投资人作为领投人，普通投资人针对领投人所选中的项目跟进投资。但是，如果领投人与融资人之间存在某种利益关系，便很容易产生道德风险问题，领投人带领众多跟投人向融资人提供融资，若融资人获取大量融资款后便存在极大的逃匿可能或以投资失败等借口让跟投人尝下“苦果”。

2. 违约风险

在互联网金融平台进行交易撮合时，主要根据借款人提供的身份证明、财产证明、缴费记录等信息评价借款人的信用。一方面，此种证明信息极易造假，给信用评价提供错误的依据；另一方面，即使是真实的材料，也不免存在片面性，无法全面地了解借款人的信息。如果以债权形式进行融资，那么出借人面临最为突出的风险是借款人违约，即债务人不能清偿到期债务而导致的损失，若加之其所提供的身份证明等资料存在造假，出借人将面临诉讼无门的困境。

3. 股权众筹平台权利义务模糊

一般来说，股权众筹平台的作用在于发现投资者与融资者的需求并对其进行合理的匹配，提供服务以促成交易并获取相应的费用作为盈利，属于一般的居间合同。从股权众筹平台与投融资双方的服务协议可以看出，股权众筹平台除了居间功能之外还附有管理监督交易的职能，并且股权众筹平台要求投融资双方订立的格式合同所规定的权利义务也存在不对等。因此，目前股权众筹平台与用户之间的关系须进一步厘清，并在双方之间设定合理的权利义务关系。

4. 股东关系法律风险

根据我国公司法第 24 条“有限责任公司由五十个以下股东出资设立”的强制性规定，可知对此没有解释的空间。公司法之所以对有限责任公司股东人数作出严格限制，主要是考虑到公司的人合性。有限责任公司的股东大多是在彼此充分了解并相互信任的基础上，结合在一起的，其管理较为封闭，股东人数过多不利于公司的决策和经营。有限责任公司股东人数的限制，既包括参与公司设立的最初股东，也包括在公司设立后由于新增出资、转让出资、公司合并等原因新增加的股东，即有限责任公司的股东总数不能突破50人的最高限额。而融资企业通过平台发布股权众筹项目，其融资目标通常都是成百上千万的金额。目前众筹平台大多采取“领头 + 跟投”模式，跟投人需要“投资人实名认证 + 合格投资人认证”，合格投资人通常需要符合“个人金融资产超过100万元”“年收入超过30万元”等条件，但对于跟投人一般的跟投金额，根据具体项目设置有所不同，按照互联网金融的普惠理念，小额投资者居多，这样便很难降低投资者数量，导致有限责任公司50人的股东上限极易被突破。

5. 代持法律关系的法律风险

众筹股东在出资之前，必须要先弄明白给发起人的投资款到底会获得什么，是股权吗？如果是股权，代持协议或入股协议签了吗？股东投票权怎么算？分红有保障吗？这些问题都需要用法律文件明确下来，只有规范化操作，才有权益保障。在很多众筹项目中，众筹股东虽然是公司股东，但是几乎很难行使公司股东的权利，基本上都不能亲自参与股东会表决和投票；另外，从众筹公司角度来看，如果每次股东会都有几十、上百人来参加，对协调和决策都会造成很大障碍。现实操作中，很多众筹公司都经历过“一人一句”的混乱决策而面临散伙的窘境。

为了规避有限责任公司人数的限制以及解决上述窘境，可以通过某些设计有效规避，常见的做法是股权代持，股权代持是一种直接持有股权的变通方式。《最高人民法院关于适用〈中华人民共和国公司法〉若干问题的规定（三）》第24条规定：“有限责任公司的实际出资人与名义出资人订立合同，约定由实际出资人出资并享有投资权益，以名义出资人为名义股东，实际出资人与名义股东对该合同效力发生争议的，如无合同法第52条规定的情形，人民法院应当认定该合同有效。前款规定的实际出资人与名义股东因投资权益的归属发生争议，实际出资人以其实际履行了出资义务为由向名义股东主张权利的，人民法院应予支持。名义股东以公司股东名册记载、公司登记机关登记为由否认实际出资人权利的，人民法院不予支持。”由此可见，法律原则上承认了股权代持协议的效力，出资人对名义股东享有投资收益的请求权。但股权代持因其隐秘性在方便投资人作出适当出资金安排的同时，也为投资人埋下了诸多隐患。股权代持的法律风险主要来源于实际出资人与工商登记的股东不一致。隐名股东虽然向公司实际履行了出资义务，但股权却未登记在其名下，在法律上不能当然地被认定为公司股东。现实生活中，显名股东恶意侵害隐名股东权益的案例屡见不鲜，面对诱惑，显名股东很可能违反股权代持协议之约定，侵害隐名股东的利益。另外，隐名股东无法向公司主张权益。该条第三款规定“实际出资人未经公司其他股东半数以上同意，请求公司变更股东、签发出资证明书、记载于股东名册、记载于公司章程并办理公司登记机关登记的，人民法院不予支持”，换言之，即便日后隐名股东想从幕后走到台前，成为法律认可的股东，仅凭一纸代持协议也是远远不够的。由此可知，法律对隐名股东的权利保护依然微弱。

6. 股权对外转让的法律风险

有限责任公司的股权转让，有内外之分。我国公司法第 71 条规定“有限责任公司的股东之间可以相互转让其全部或者部分股权”，也就是说，股权的对内转让是自由且不受约束的。与内部转让截然相反，有限责任公司股权的对外转让是极其严格的。该条第 2 款规定，“股东向股东以外的人转让股权，应当经其他股东过半数同意。股东应就其股权转让事项书面通知其他股东征求同意，其他股东自接到书面通知之日起满三十日未答复的，视为同意转让。其他股东半数以上不同意转让的，不同意的股东应当购买该转让的股权；不购买的，视为同意转让”。该条第 3 款规定，“经股东同意转让的股权，在同等条件下，其他股东有优先购买权。两个以上股东主张行使优先购买权的，协商确定各自的购买比例；协商不成的，按照转让时各自的出资比例行使优先购买权”。由此可知，有限责任公司股权的对外转让不仅应当征得其他股东过半数同意，还可能受到股东优先购买权的限制。不仅如此，该条第 4 款还赋予了公司章程自由约定的权利，即“公司章程对股权转让另有规定的，从其规定”。因此，股权的对外转让要受到“法律强制性规定 + 公司章程”的双重限制。目前市场上就有一些平台的股权众筹项目，其融资方采取原始股东转让一部分股权给投资人的方式，毫无疑问，这属于股权的对外转让，应受到严格的程序限制。但在互联网金融的背景下，这些烦琐复杂的程序显然无法得到落实。这样一来，由于程序瑕疵导致的股权转让无效等问题如何解决，值得我们深思。

（二）刑事法律风险

1. 创业者面临的刑事法律风险

（1）非法吸收公众存款的法律风险

结合前面对众筹模式的规则和流程的分析，可以说刑法的第176条，就是一把悬在众筹发起者和运作平台之上的“达摩克利斯之剑”，稍有不慎，将会触及法律的底线，从而导致这个行业的毁灭。对于通过股权众筹模式融资的创业者，必须将其合法的众筹行为，与非法集资犯罪严格区别开来。这里首先要明确一个公开的问题，股权众筹是否属于面向社会公众。现在的互联网的宣传功能，已经完全超越传统媒体，在股权众筹平台上发布招股说明书，或者在自己平台上发布招股说明书，是否属于面向特定公众的不公开发行？对于利用新型网络平台发布招股说明书，属于面向社会公众公开，这一点没有异议。但与非法集资行为有着本质的区别。非法集资行为的本质是干扰金融管理秩序，行为人非法吸收公众资金，用于货币经营（如发放贷款）。而股权众筹募集的资金是投向一个实体项目或公司，不是进行资本的经营。判断属于股权众筹还是非法集资还有一个实质要件标准，是否承诺给予固定的回报。非法集资通常都以还本付息作诱饵，且承诺的利息往往高于银行的利息。而股权众筹，则是通过网络平台汇集一批共同理念的投资者，一起投资创业，它给予投资的回报不是固定的分红，而是股东权利。投资人在筹资的同时，享受股东的权利承担投资人的风险。

（2）集资诈骗的法律风险

创业者在发布招募信息时，往往企业尚存在于初建时或项目准备期，如果创业者在资金募集时，针对广泛投资者作出虚假的广告信息，宣传根本不存在或者明显与市场未来不符的融资项目，则有可能构成集资诈骗犯罪。如果资金融资成功后，创业者未按照承诺使用资金，挪作他用，也有可能构成此类犯罪。

（3）非法证券活动的法律风险

相对于债权众筹P2P平台面临的非法吸收公众存款罪、集资诈骗罪的刑事风险，股权众筹主要面临的法律障碍是非法证券类犯罪。刑法第179条规定：“未经国家有关主管部门批准，擅自发行股票或者公司、企业债券，数额巨大、后果严重或者有其他严重情节的，处五年以下有期徒刑或者拘役，并处或者单处非法募集资金金额百分之一以上百分之五以下罚金。单位犯前款罪的，对单位判处罚金，并对其直接负责的主管人员和其他直接责任人员，处五年以下有期徒刑或者拘役。”刑法第160条规定：“在招股说明书、认股书、公司、企业债券募集办法中隐瞒重要事实或者编造重大虚假内容，发行股票或者公司、企业债券，数额巨大、后果严重或者有其他严重情节的，处五年以下有期徒刑或者拘役，并处或者单处非法募集资金金额百分之一以上百分之五以下罚金。单位犯前款罪的，对单位判处罚金，并对其直接负责的主管人员和其他直接责任人员，处五年以下有期徒刑或者拘役。”据此可知，如果股权众筹发起人伪造夸大公司股份价值和财务状况的，还可能构成欺诈发行股票、债券罪。

2. 众筹平台经营者的法律风险

（1）刑事法律风险主要体现在非法集资类犯罪。如果众筹平台在无明确投资项目的情况下，事先归集投资者资金，形成资金池，然后才进行招募项目，再对项目进行投资，则存在非法集资的嫌疑。如果众筹平台在投资人、融资人不知情的情况下，私自将资金挪作他用，更有可能构成集资诈骗犯罪。

（2）另一个存在的法律风险，属于行政许可的法律风险。法律规定，未经中国人民银行许可，任何非金融机构和个人不得从事或变相从事支付业务。众筹平台没有取得支付业务许可证，但实际上一些平台往往充当支付者的角色。这完全有可能遭到执法部门的处罚及制裁。

3. 对于投资人的风险

股权众筹平台通过网络中介平台进行运作。而虚拟网络的筹资企业，其创业者的信用状况，资产状况，项目发起者的信用评级，众筹平台的信用情况和运营的合法合规性公众投资者并不清楚。企业资金到位后如何监管，资金流向如何监管，均无法予以全部规范。投资者收益保障成为现实问题，资金的安全性和投资者的知情权和监督权都有待考证。加之不排除一些不法分子，利用众筹平台实施诈骗，难免会出现一些新型的网络诈骗。届时，投资者的权益根本无法保障。

【全国首例股权众筹案——众筹平台胜诉】

2015年9月15日下午，全国首例股权众筹案在北京市海淀区人民法院宣判，原告飞度网络科技有限公司（人人众筹平台）胜诉。法院结合案件本诉及反诉诉求、双方履约情况，最终判决被告方诺米多餐饮管理有限公司须支付给原告飞度网络科技有限公司（人人众筹平台）委托融资费用 25200 元、违约金 15000 元；反诉被告（原告）飞度网络科技有限公司返还反诉原告（被告）诺米多餐饮管理有限公司出资款 167200 元。

案情简介：原告系经营“人人投”股权众筹平台（国内股权众筹行业市场交易量排名第一）的公司主体，被告委托原告融资 88 万元，经营一家餐馆。融资成功后，原告认为被告提供的主要交易信息即房屋权属存在权利瑕疵，信息披露不实，故依约解除了合同，并诉请法院判令：

1. 被告支付原告委托融资费 44000 元；

2. 被告支付原告违约金 44000 元；

3. 被告支付原告经济损失 19712 元；

三项合计 107712 元。

被告就此提出反诉，认为原告恶意违约，融资主体超过法律规定的 50 人上限，融资成功后也未将融资款及时支付给被告，故反诉诉求：

1. 要求被反诉人返还 17.6 万元并支付相应利息（以 17.6 万元为基数，按照同期银行贷款利率基准利率自 2015 年 1 月 22 日起计算至被反诉人全部返还之日止）；

2. 判令赔偿反诉人损失 5 万元；

3. 要求被反诉人承担本案诉讼费。

针对本案中的关键问题，《融资协议》是否有效和双方是否违约及违约责任如何认定，海淀法院作出如下认定：

第一，《融资协议》与法不悖，应为有效。

首先，依照《中华人民共和国证券法》和《关于促进互联网金融健康发展的指导意见》，海淀法院本着鼓励创新的角度，认为本案所涉众筹融资交易不属于“公开发行证券”，其交易未违反《中华人民共和国证券法》第 10 条规定。

其次，依照中国人民银行等十部委出台的《关于促进互联网金融健康发展的指导意见》（以下简称《指导意见》）、中国证券业协会发布的《场外证券业务备案管理办法》以及其他监管规范性文件，并未对本案所涉及的众筹交易行为予以禁止或给予否定性评价。

第二，认定合同主体之间主要是居间合同关系。

股权众筹交易中交易各方的法律关系定位、权利义务分配，以及交易内容的有效性之前只是理论上的探讨。本案之所以备受社会关注，因为在这起首例股权众筹民事案件中，法院认定合同主体间的关系为居间合同关系，这是首次对于平台到底是居间人还是受托人的身份进行了明确。作为判例的这一认定对其他股权众筹法律问题，包括对股权众筹行业形成的交易规则的法律评价，对投资主体人入群数、资金托管、金融消费者权益保护等问题均具有指导意义。

作为大众创业创新融资新模式，股权众筹业务是非常受重视的。首先，人们关注“人人投”诉“诺米多”案件，就是要明确在双方订立合同过程中有限合伙人数不得超过50人上限、承租无照房产而未披露等问题是否属于违约，法院如何进行司法甄别。这起首例股权众筹诉讼，对股权众筹行为的性质、平台定位、平台与投融各方关系的认定，都有深远影响。具体来说，本案中法院结合中国人民银行等十部委近期出台的《指导意见》等规范性文件精神，从鼓励创新的角度，认为案件所涉众筹融资交易不属于“公开发行证券”，其交易未违反上述《中华人民共和国证券法》第10条的规定。其次，法院确认合同主体之间主要是居间合同关系。最后，社会关注的有限合伙人人数超限问题，法院只认定双方合同关系在有限合伙企业成立前即被解除这一事实，因此“人人投”众筹平台是否会发生违约行为仍然仅是一种预测，没有给予明确回应。可以说全国首例股权众筹案，最大的赢家不是平台也不是项目方而是股权众筹。还有一些问题留给我们思考，在实践中继续探索，例如，投资人与平台方面如何保证股权众筹活动在有限合伙人数不得超过50人的上限的规定下合法运作；股东众多的小额融资如何既不增加小企业的负担又方便股东登记；股权众筹项目信息披露的要求与程度；等等。

在股权众筹专门性规定相对缺位的背景下，本案裁判结果对于股权众筹行业健康发展以及形成相对科学的裁判规则均具有重要意义。

根据《合同法》第52条第1款第（五）项以及《最高人民法院关于适用〈中华人民共和国合同法〉若干问题的解释（二）》第14条的规定，如违反法律、行政法规的强制性规定，则合同无效；上述强制性规定，是指效力性强制性规定。因此关于《委托融资服务协议》中，“人人投”此种众筹融资行为是否属于“公开发行证券”法律效力的裁判依据，应为现行法律、行政法规的效力性强制性规定，主要涉及我国证券法第10条的规定。法院认为，本案中的投资人均为经过“人人投”众筹平台实名认证的会员，且人数未超过200人上限，结合中国人民银行等十部委的《指导意见》等规范性文件精神，从鼓励创新的角度，认为案件所涉众筹融资交易不属于“公开发行证券”，其交易未违反上述证券法第10条的规定。

实际上，案中双方当事人未在《融资协议》中约定关于融资交易的具体人数问题①，诺米多餐饮管理有限公司也未在发函解除《融资协议》时将其作为理由；更重要的是，双方合同关系在有限合伙企业成立前即被解除，“人人投”众筹平台就此是否会发生违约行为仍然仅是一种预测，其是否能通过其他方法解决此问题，也未实际发生和得以检验。

故在此情况下，在该案审理范围内，对上述问题是否产生相应责任，法院没有必要过多评述，只是在本案范围内界定违约行为和违约责任的层面上加以分析。对“人人投”众筹平台上述行为是否有规避法律之嫌、是否比照适用《私募投资基金监督管理暂行办法》关于合格投资者人数的“穿透”原则等问题，不再发表意见。

但在判后答疑阶段，法院也告诫“人人投”众筹平台，经过此次诉讼后，应认真审视自身交易模式的设定，进一步自查规范经营行为，避免问题的发生，切实保护融资人和投资人的权益。

根据我国合同法有关规定，委托合同是委托人和受托人约定，由受托人处理委托人事务的合同；而居间合同是居间人向委托人报告订立合同的机会或者提供订立合同的媒介服务，委托人支付报酬的合同。

具体到本案中，双方签订的合同名为《融资协议》，但委托融资只是双方当事人整体交易的一部分，相对于项目展示、筹集资金等服务，“人人投”众筹平台还提供信息审核、风险防控以及交易结构设计、交易过程监督等服务，其核心在于促成交易。从该角度分析，双方当事人之间的法律关系主要系居间合同关系。

显然本案界定为居间合同关系是基于对本案争议的相对概括，众筹融资作为一种新型金融业态，众筹平台提供的服务以及功能仍在不断创新、变化和调整当中，其具体法律关系也会随个案案情而发生变化。

我国目前还未出台专门针对众筹融资的行政法规和部门规章，涉及文件主要是《指导意见》，其中在第（九）部分对股权众筹融资作出专门规定，明确“股权众筹融资主要是指通过互联网形式进行公开小额股权融资的活动”“必须通过股权众筹融资中介机构平台（互联网网站或其他类似的电子媒介）

① 资料来源：http：//mt. sohu. com/20150919/n421598163. shtml。

进行”“股权众筹融资方应为小微企业”“股权众筹融资中介机构可以在符合法律法规规定前提下，对业务模式进行创新探索”等内容，上述规定将股权众筹融资确定为公开小额股权融资。

但是，中国证券业协会于 2015 年 7 月 29 日发布的《场外证券业务备案管理办法》（以下简称《管理办法》）、中国证监会于 2015 年 8 月 3 日发布的《关于对通过互联网开展股权融资活动的机构进行专项检查的通知》（以下简称《通知》）、中国证券业协会在 2014 年 12 月 18 日发布的《私募股权众筹融资管理办法（试行）（征求意见稿）》等文件，明确通过互联网形式进行的非公开股权融资不属于《指导意见》规定的股权众筹融资范围，应属场外证券业务的一个种类。

从性质上来看，《指导意见》性质为中国人民银行等十部委出台的规范性文件；《管理办法》性质为中国证券业协会出台的自律性文件；《通知》性质为中国证监会下发的工作文件；而《私募股权众筹融资管理办法（试行）》只是征求意见稿，并未正式出台，且其性质仍属于自律性文件。

《指导意见》《管理办法》均未对本案所涉及的众筹交易行为予以禁止或给予否定性评价。另外，飞度公司的主体资质方面，在其取得营业执照、电信与信息服务业务经营许可证等手续的情况下开展业务，目前也无法律法规上的障碍。所以，法院最终认定案中《委托融资服务协议》有效。

我们注意到，目前的政策文件当中对股权众筹融资、互联网非公开股权融资等概念做了相应区分，但目前关于众筹融资的监管政策和法律规范仍在不断完善当中，法院在裁判时充分考虑了当前具体的政策环境，认为案中交易的分类和定性并不必须对号入座。

众筹融资交易一般应具备的要素包括：以满足初创企业或项目资金需求为主、以互联网平台为融资媒介、以面向公众筹资为表现形式和能够提供一定回报。我们认为其应属于一种众筹融资交易，但是否属于上述两种特定概念，并不做评述。因其并不属于在本案中法院必须明确加以评价的问题，所以将其排除在裁判内容之外。

《指导意见》肯定了互联网金融的重大作用，认为促进互联网金融健康发展，有利于提升金融服务质量和效率，深化金融改革，促进金融创新发展，扩大金融业对内对外开放，构建多层次金融体系。

目前看来，相比于 P2P 网贷领域内出现的问题，众筹融资领域出现的问题相对较少，但其风险却是存在的，主要是两个方面：（1）众筹融资交易模式不规范导致的违法违规风险；（2）在具体交易中融资方（也可以称为项目方、借款人）恶意违约的风险。当然，如果假借互联网金融平台实施非法集资以及其他刑事犯罪，则是另外一个问题。

下面对从事互联网金融特别是众筹融资业务的公司，提出以下建议：（1）创新有底线，靠信誉和实力成就企业品牌；（2）按照《指导意见》内容，尽快规范自身经营行为；（3）设计交易模式和制度时应尽可能保障投资人权益，尽可能公开透明。

六、股权众筹法律风险防范

为了进一步防范互联网金融股权众筹领域法律风险的发生，促进互联网金融股权众筹的规范化运行，笔者提出以下法律风险防范建议。

（一）采用两阶段式流程，即通过线上＋线下的两阶段模式规避可能的法律风险

平台首先展示项目的股权转让与融资额信息，吸引感兴趣的投资者，等项目投资金额达到预期后，所有的活动转入线下。众筹平台主要承担线上信息披露的责任，在活动转入线下以后，平台提供流程和法律等方面的一些辅助服务。股份的转让以增资扩股方式由投资人与项目发起企业直接协调，理论上不涉及股票发行。由于股权的交割不在平台上进行，平台不是承销商，亦不直接介入股份转让过程，从一定程度上避免了非法发行股票的嫌疑。虽然如严格按照"非法发行股票、债券罪"的规定，股权转让信息一旦在互联网上发布，即满足"信息公开"的要件，且部分平台亦会承担资金交割职责，但只要资金的流动在项目披露之后，平台不事先归拢资金，不存在资金池的情况，就相对减少了投资者风险和金融诈骗风险。

（二）避免非法吸收公众存款或者变相吸收公众存款

根据2010年12月《最高人民法院关于审理非法集资刑事案件具体应用法律若干问题的解释》，违反国家金融管理法律规定，向社会公众（包括单位和个人）吸收资金的行为，同时具备下列四个条件的，除刑法另有规定的以外，应当认定为刑法第176条规定的"非法吸收公众存款或者变相吸收公众存款"：

一是未经有关部门依法批准或者借用合法经营的形式吸收资金；

二是通过媒体、推介会、传单、手机短信等途径向社会公开宣传；

三是承诺在一定期限内以货币、实物、股权等方式还本付息或者给付回报；

四是向社会公众即社会不特定对象吸收资金。

由于股权众筹就是面向不特定对象的，为了规避这一法律风险，实践中有的众筹平台设立投资人认证制度，给予投资人一定的门槛和数量限制，借此把不特定对象变成特定对象，典型如“大家投”；也有的平台先为创业企业或项目建立会员圈，然后在会员圈内筹资，借以规避不特定对象的禁止性规定。

此外，应当特别注意资金流与信息流的分离，注意合同条款的设置，避免形式上和实质上平台吸收不特定多数人的钱款。

（三）建立众筹股东的有效退出机制

众筹股东的退出机制主要通过回购和转让这两种方式，如采用回购方式的，原则上公司自身不能进行回购，最好由公司的创始人或实际控制人进行回购；采用股权份额转让方式，原则上应当遵循公司法的相关规定。

依据《中华人民共和国合伙企业法》，有限合伙人可以按照合伙协议的约定向合伙人以外的人转让其在有限合伙企业中的财产份额，但应当提前 30 日通知其他合伙人，并且要在投资协议书中确定好转让价格计算依据、转让触发条件和转让限制条款等。

（四）引入第三方资金存管，规避平台信用风险

在股权众筹模式中，由于股权众筹项目具体的出让金额和股权比例由发起人单方面设定，投资者只能依赖自身的信息的收集渠道与经验作出风险与收益的判断。投资者只拥有决定是否投资的权力，缺乏足够的信息获取、风险判别和风险定价能力。正是因为决策权不对称和信息不对称，投资者处于弱势地位，风险更大。在资金投入之后，约束创业者按照事先约定合理使用资金，保证投资人的相应收益回报更是重要问题。

众筹平台的信用风险主要在于资金托管，由于众筹平台在目前属于普通的互联网线上平台，其注册为普通工商企业。根据《非金融机构支付服务管理办法》第 3 款“未经中国人民银行许可，任何非金融机构和个人不得从事或变相从事支付业务”的规定，目前只有取得《支付业务许可证》的非金融机构才能从事支付服务，而众筹平台并不具备这种资格。但在实际操作中，出资者将出资拨付到众筹平台的账户，再将资金打到成功募集的项目上，众筹平台实质上在其中担当了支付中介的角色。整个资金流转过程并没有资金托管部门，也未受到监管机构的监督。

因此，平台在资金管理方面，由于筹款、扣除管理费、向项目发起方划

款都涉及资金，平台有义务对资金安全有序地管理，这也是防范其自身法律风险的重要手段。对于众筹平台自身而言，最安全的办法莫过于不直接经手资金，而是与第三方机构合作，通过第三方机构独立运作。

（五）强化筹资人的信息披露义务

在筹资人与投资人之间，投资人处于信息弱势地位，因此，需要筹资人在固定时间段内向投资人公布资金使用情况以及对突发情况进行汇报，方便投资人及时准确地把握投资资金运转状况。如此，一方面可以增强投资人对这一模式的信任，促进互联网金融的进一步发展；另一方面也可以有效监督筹资人的资金运行，保障投资人的知情权，减少众筹平台的监管成本，加强众筹平台信用机制的构建。

（六）平台需要重视投后管理

在众筹项目的融资过程中，项目延误或失败是众筹平台上最常出现的问题，而众筹模式缺乏合适的退出机制，无形中增加了投资者的风险。国内外的一些众筹网站采取了一些措施约束项目发起人。例如 Kickstarter 会根据投资人和项目融资进度修改网站规则，以此强调项目发起人的责任承担和风险意识。国内的“点名时间”规定“当项目无法执行时，项目发起人有责任和义务通过点名时间退款给投资者，点名时间会在项目筹资成功后起到监督和督促的作用”。

此外，由于股权众筹的投资回报周期长，且回报不确定性高，投资者自担风险的宣示性较强，加之众筹平台是信息中介平台，可能会疏于资料的核实或尽职调查，项目风险提示不足或过度承诺，导致错误资料误导投资人。另外，在众筹模式下，投资者损失的认定、权益保护的举证和追偿都比较困难而且成本高昂。

鉴于此，众筹平台应该改善投后管理的现状，要求创业者在融资成功之后定期提交项目进展报告，开展线下汇报交流。健全规范信息披露制度，减少投资者与创业者的信息不对称。及时披露投资项目的进展，产品、团队、市场、财务等各个方面的信息，关注投资项目股权变化，参与投资项目的重大决策。

（七）提高创业者财务分析与决策的能力

筹资者都是以盈利为目标的组织，然而许多创业企业的信息并不透明、不对称和不集成，存在着监控不力甚至内部人控制现象，投资人不掌握真实的财务情况，难以为科学决策提供依据和帮助，也缺乏事前、事中的监督。创业企业通常使用效率低，对急需资金缺乏准备；一旦发生资金链断裂，就会引起危机。

为了预防资金断裂，提高资金的使用效率，筹资者需要建立规范的财务分析机制，及时掌握真实准确的信息来控制物流、资金流，提高决策效益，有效控制成本费用。

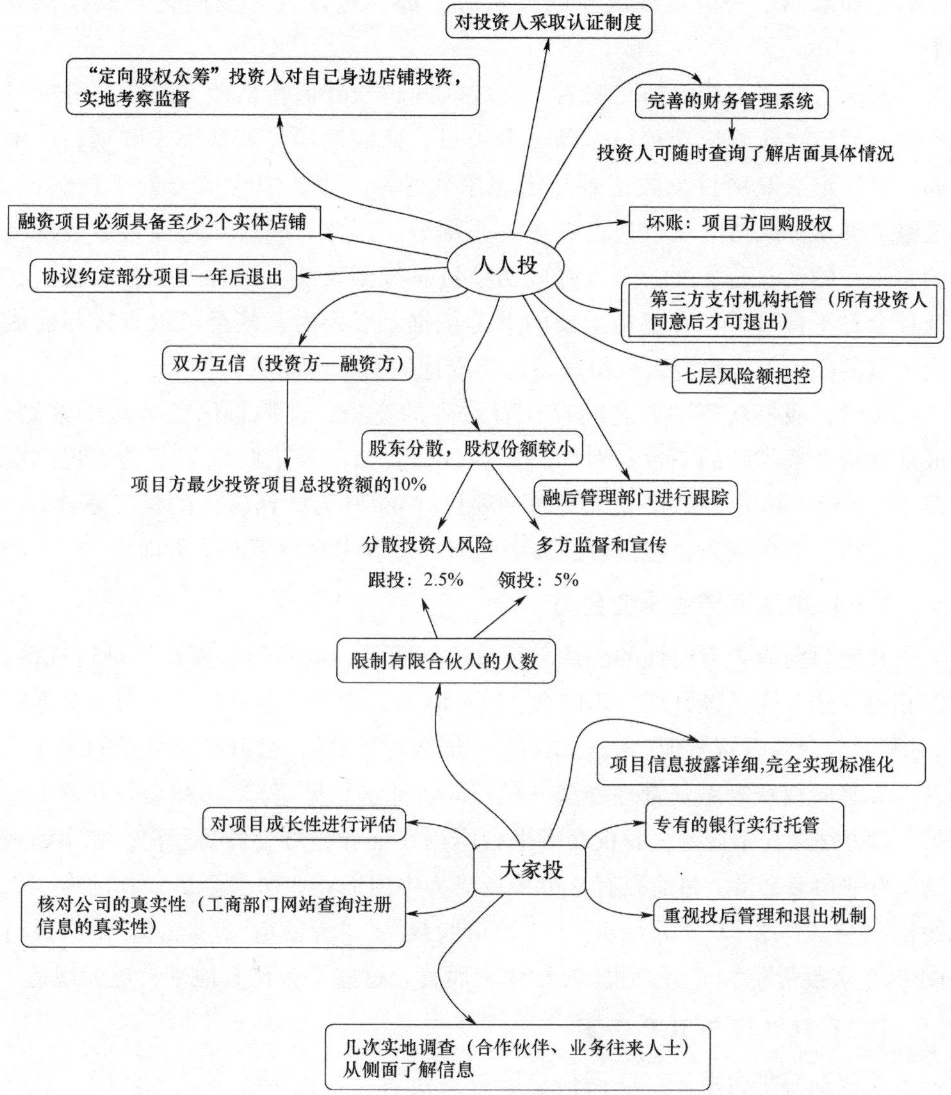

图3-6　“人人投”与“大家投”的财务分析机制

七、如何选择股权众筹平台

首先，要看平台特色，上线早、规模大的股权众筹平台在项目流程、风险防控等方面具有更成熟的经验，而深耕于垂直细分领域的股权众筹平台则在该领域内具有更多的资源。因此，在选择股权众筹平台时，应当首先明确自身需求。如果你是一名科技爱好者，那你可以多关注科技领域的股权众筹平台；如果你是一位重视风险的投资者，那你可以选择规模化的股权众筹平台。

其次，从“上线时间”来看，上线时间越长越值得信赖。股权众筹项目总数一般包含众筹成功项目、预热期项目、认购期项目和众筹失败项目。例如，天使汇众筹项目总数达到超出想象的5.1万个，但大部分处于预热期，最终能够众筹成功的项目仅占其中一小部分。因此，股权众筹项目总数反映的是平台的受欢迎程度，而众筹成功项目总数则反映了平台的综合实力。在选择众筹平台时，二者都是重要的参考依据。必要时，甚至可以直接与已成功项目的融资方或投资人取得联系，听取他们对平台的意见。

当然，股权众筹平台之间存在着激烈的竞争，遵循着优胜劣汰的准则，成功融资金额越高的平台相对而言实力较强。如“筹道股权”成功实现融资77.94亿元，其中77.142亿元为单一项目“Wi-Fi万能钥匙”的融资额。

最后，平台资质也是重要的参考因素，主要考察以下八个方面：

（一）中国证券业协会会员

我国目前尚无专门性的法律、行政法规或部门规章对股权众筹进行规范，但相关立法工作已经开展。2014年12月18日，中国证券业协会发布《关于就〈私募股权众筹融资管理办法（试行）（征求意见稿）〉公开征求意见的通知》，就《私募股权众筹融资管理办法（试行）（征求意见稿）》向社会公开征求意见。该办法第6条规定，股权众筹平台应当在证券业协会备案登记，并申请成为证券业协会会员。目前只有9个平台成为中国证券业协会会员，分别为“天使汇”、“人人投”、“原始会”、“筹道股权”、“天使街”、“云筹”、“投行圈”、“众投帮”和“开心投”。相比较而言，这些平台比其他平台更为规范。

（二）ICP证与ICP备案

股权众筹平台属于互联网信息服务提供者，根据国务院《互联网信息服务管理办法》的规定，从事经营性互联网信息服务需要取得ICP证（即电信与信息服务业务经营许可证）；从事非经营性互联网信息服务则需要进行ICP备案；未取得许可或者未履行备案手续的，不得从事互联网信息服务。按照该办法，股权众筹平台提供有偿服务的应当取得ICP证，提供无偿服务的应当进行ICP备案。

（三）投资人资格认证

《私募股权众筹融资管理办法（试行）（征求意见稿）》第 14 条规定了股权众筹合格投资者的范围，其中个人合格投资者的标准为“金融资产不低于 300 万元”或者“最近三年个人年均收入不低于 50 万元”或者“投资单个融资项目的最低金额不低于 100 万元人民币”。该标准提出后因要求过高受到了广泛的质疑，但对于股权众筹投资者应当进行限制已经成为共识。因此，相比较而言，主动要求投资人进行资格认证的平台更值得信赖。

（四）项目内容浏览限制

《中华人民共和国证券法》第 10 条规定，未经国务院证券监督管理机构或者国务院授权的部门核准，任何单位和个人不得公开发行证券。股权众筹从性质上来说属于私募，因此可以不经证监会核准，但应当严格遵守不公开的要求。目前大部分平台均在首页公布部分项目信息，如项目概要、团队成员、项目动态等供游客浏览，而将项目市场分析、竞争优势、盈利模式等商业计划书核心内容仅对会员开放。

这种做法在形式上规避了证券法“非公开发行证券，不得采用广告、公开劝诱和变相公开方式”的限制，但由于大部分平台的游客仅须提供身份证即可以成为会员并浏览项目内容，因此实际上能否规避尚未可知。

（五）投资模式

股权众筹领域的投资模式包括普通合投和“领投 + 跟投”，现有平台的投资模式均未跳出这两种模式的范畴。普通合投模式下各投资人具有相同的权利义务，而“领投 + 跟投”模式下领投人承担更多的义务并享有更多收益。“领投 + 跟投”的投资模式发源于国外股权众筹平台 AngelList，主要作用在于分散风险以及借助专业投资人的能力。目前，我国大多数股权众筹平台均已采用该模式。在“领投 + 跟投”模式下，领投人扮演的是类似于股权投资基金中基金管理人的角色，处于连接跟投人与融资方的关键位置。因此，在该模式下，投资人对于领投人的选择甚至应当比对项目本身更为谨慎。

（六）入股方式

平台一般通过成立有限合伙公司作为投资人持股平台入股目标公司，这种方式经过实践检验是具有可行性的。关于有限合伙中普通合伙人的人选，在“领投 + 跟投”模式中一般由领投人担任，领投人一般具有比较丰富的投资经验，能够更好地执行合伙事务；而在普通合投模式中，普通合伙人一般由投资额最高的人担任，可能其本身并不具有执行合伙事务的能力，投资人应当注意。

然而，“人人投”平台的入股方式比较特殊，是受其项目特点决定的。平台项目多为实体店铺众筹，很多项目方本身没有成立公司，并且通过设立公司来经营店铺也涉及双重征税问题。因此，直接成立有限合伙更适合项目运作，但在该模式下执行合伙事务的权利归属于普通合伙人即融资方，投资者应当注意可能面临的投资风险。

（七）平台保障

严格意义上来讲，股权众筹平台作为一个信息中介不应当介入投资者和融资方之间的交易，也不应当承担任何担保责任。然而，受平台盈利模式的影响，如不介入交易则平台无法避免投资者和融资方私下交易。因此，实践中平台形成资金池无法避免，“非法集资”的风险始终存在。为了解决这一难题，部分平台主动引入第三方支付资金托管，保证投资人资金安全。极少数平台如“人人投”成立了风险保障基金，承诺在因平台审核不严导致项目失败时由基金先行垫付投资人损失，对于投资者来说无疑增加了一重保障。

（八）平台盈利模式

平台盈利模式可能影响平台未来发展情况乃至影响项目质量，但平台盈利模式始终是股权众筹领域的一个难题，大部分平台只有向融资方收取一定比例服务费的单一盈利模式，只是比例多少和收取时间的区别；少数平台如“天使汇”依托项目数量优势，通过跟投获取一定的股权投资收入。对于融资方来说，在选择股权众筹平台时，应当重点关注各平台的收费标准、收费时间、众筹不成功是否收费等细节。

八、股权众筹谈判及合同签订时应当注意的事项

股权众筹谈判与传统天使轮融资谈判相比，最大的不同点在于，传统天使轮融资的投资者只有一位投资人或一个机构，股权众筹的投资者数量会是两个及以上。因此，虽然股权众筹融资谈判看上去与传统融资谈判大体相同，主要围绕融资金额、出让股份、注资方式等进行谈判，但在股权众筹模式下，创业者所需要注意的地方与传统融资谈判还是有些许不同的。

首先，需要确定领投人。股权融资模式下，创业者需要与多名投资人谈判，确定每一位投资人的占股数和投资金额，确定领投人作为有限合伙代表占据公司一个股东席位。一般出资最多且行业影响力最强的投资者将会成为

领投人。创业者在谈判过程中，应主动了解每一位投资人并主动选择领投人。

接下来确认领投人和跟投人的不同权利和义务，通过签订合伙协议成立合伙企业。确认资金注入方式，包括到账时间、周期等。在保障投资者利益的同时，保证创业企业的资金需求得到满足。如果是以非资金类资源的方式投入，还须确定投资者非资金类资源的投入方式。

其次，需要确定投资者退出机制。一般来说，投资者会在企业进行后续融资和上市之时退出，这种情况下，股东应该在上市多长时间之后才允许退出，需要在谈判时确定。如果投资者不采用如上方式退出，创业者可在谈判时提出，投资者退出前需要与创业者达成一致。有一种保障创业者利益的退出机制，即创业者拥有优先股份回购权力。为保证公司独立运营权，投资者有建议权和知情权，但一票否决权等比较重要的与管理有关的权力都需要创业者慎重决定，以保证公司管理机制流畅、健康。企业所有权和经营权是相互独立的。

最后，需要确定投资者和创业企业之间的沟通机制。投资者需要与创业者保持规律性沟通，才能及时了解创业企业经营状况和资源需求。创业者也需要与投资者保持规律性沟通，来及时获取建议、资源、资金等。此外，渠道合作、销售合作、媒体资源等都可以在谈判时确定。

九、股权众筹与商品众筹的区别

无论是商品众筹还是股权众筹，其共同特点都是投资者群体广泛、投资中介扁平、投资方式直接等。但作为两种不同的筹资方式，两者在运作模式、回报方式和运作机制上都存在着明显的区别。

（一）运作模式不同

商品众筹是根据投资协议，项目的筹资者通过承诺实物、附属品或其他作为回报来获得支持者的投资，筹集到目标数额然后投入生产实物产品中。比如，投资人投入一定金额，等到商品在生产之后，投资人就可以优先获得产品或得到一定的折扣。而股权众筹的模式一般分为股东式众筹、合伙式众筹和权益式众筹，股东式众筹中，筹资者可以直接向合规投资者出售股权以换取投资。但实务中多以合伙式的“领投＋跟投”模式操作。

（二）投资回报不同

从投资回报的角度，商品众筹通常以“预售”的形式提供实物回报。而股权众筹通过提供公司原始股份的形式，投资者享有股东权利。筹资者可以根据自身对资金的需求程度适当出让股权，比例一般在5%至50%。

（三）对投资者要求不同

就参与投资方而言，商品众筹的筹资对象是面向所有注册用户，一般没有经济背景的限制和更烦琐的要求。而股权众筹的平台只对合格投资者开放，大部分地区都对投资者有一定的财富要求。

（四）投资者权力方面

商品众筹中投资者可以与发起人在线交流，对产品的设计提出意见，但意见最终是否被接纳，取决于项目发起人，投资者只有建议权。股权众筹有所不同，投资者可以享有股东的权利，受到公司章程的约束，拥有一定比例股份的股东可以加入公司董事会，对筹资者项目的决策产生一定的影响力。

（五）投资者目的的角度

商品众筹中的投资者往往兼有支持、捐助和预购的性质，带有很强的情感因素，例如以投资者的名字命名或是以有特殊纪念意义的物品作为回报等。股权众筹中的投资人以获得经济回报为目的，基于理性分析与预期，看重项目的商业模式和未来发展。

（六）筹资金额

商品众筹中大部分筹款金额较低，而股权众筹基于其更强的融资权力和选择空间，融资金融起点相对较高，但对融资上限有硬性要求，目前我国的规定是单个项目融资额上限为300万元。

（七）回报周期不同

商品众筹的回报周期一般较短，从筹资满额到投资者最终获得实物回报或者参与活动，常在数月至一年之间，如果项目发起人不能按时提供商品，某些平台要求发起人必须退还部分资金。与商品众筹不同，股权众筹的模式是必须待公司盈利之后才能获得回报，回报的时间较长。如果公司亏损或者失败，投资者无法获得收益，发起人也不承诺退还资金。

【案例】如何众筹一家咖啡馆

1898咖啡馆众筹模式的“始作俑者”是1898咖啡馆董事长杨勇，1898咖啡馆的最初缘起就是其为联合会提供联络场所和活动平台。

作为“杨勇众筹”的第一案例和演化母本，1898咖啡馆开创了一种颠覆传统协会组织的新型社会组织范式。该范式孕育于中国文化土壤和基因之中，深刻体现了中国重视熟人圈子等文化元素和特征，其相对完整的逻辑框架、操作体系和实施效果独树一帜，与目前其他众筹模式明显不同，具有极强的标杆意义和广阔的想象空间。

中国式众筹之杨勇模式的独特逻辑与成功之道值得深思和借鉴。

1. 明确定位：简明、清晰、富有特色

1898 咖啡馆成立之初就有着明确的主题定位——“北大校友创业之家”。

作为国内首家以“校友创业”为主题的众筹咖啡馆，1898 咖啡馆成立的初衷，是为北大校友创业联合会提供活动场地和运营经费。在此基础上，通过整合优秀创业校友资源①，为企业家、创业者和投资人提供高效的交流合作平台，进而形成良性的创业生态系统。

第一，清晰的主题定位能够为筛选股东提供依据，有利于找到有共同价值观的众筹“合伙人”。与西式众筹不同，“1898 众筹模式”以先筹人再筹资的熟人圈众筹为核心特征，股东不仅要出钱，而且要出人、出力、出智慧、出资源。要达到这样的效果，就必须根据项目定位精挑细选股东，凝聚一批能够为项目发展提供资源和帮助的人。

第二，主题清晰、痛点聚焦，项目才能作出特色和亮点，才可能成为细分领域的第一，股东才有荣誉感并愿意出去炫耀。做到某方面的第一并不是一件难以想象的事，关键是要深挖特色、坚持创新。1898 咖啡馆作为全国第一家校友创业主题众筹咖啡馆，开“中国式众筹”之先河，展现了中国式众筹完整的方法论和实操体系，并源源不断地将这一模式对外输出，成为中国式众筹的策源地。

众筹项目主题定位明确之后，并不能自动生成资源网络和价值生态，这时需要基于定位盘点资源，优化股东结构，设置准入机制，严格挑选众筹“合伙人”。

2. 基本规则：等额返卡、股份均等、三年不倒闭

在筹备 1898 咖啡馆初期，并没有准备详细的众筹方案，只是确立了几条基本规则：按照出资额返还等额的消费卡；咖啡馆股东股份完全平等；承诺 3 年内咖啡馆不倒闭。

---

① 资料来源：http：//mt. sohu. com/20151022/n423891429. shtml，最后访问时间：2015 年 12 月 24 日。

“等额返卡”：第一批出资人每人出资 3 万元，返还 3 万元的储值消费卡，第二批出资 5 万元返还 5 万元消费卡。只这一条就让大家觉得参与这个咖啡馆不吃亏。在咖啡馆各方面尚不明朗的筹建早期，这一方式消除了许多人出资参与的心理顾虑。

“股份均等”：除了等额返还消费卡，还承认每位出资人具有完全平等的股东身份，这一点就让出资人感觉超值了。股份均等意味着组织中没有“老大”（大股东），这也保证了大家都是咖啡馆平等的主人，这种民主氛围充分调动了大家的主人翁精神和贡献力量的积极性。

“3 年不倒闭”“等额返卡”“股份均等”让出资人感觉参与咖啡馆是一件很值的事。然而，单体店咖啡馆是很难赚钱的，要让大家的卡能消费完，就要保证咖啡馆短期内不能倒闭。因此，杨勇以反向思维去操作，为出资人打造了一条“底线”：即使出现最糟糕的经营财务状况，仍然会保证咖啡馆“3 年不倒闭”。3 年以后，大家卡上的钱也花完了，即使那时咖啡馆关门，大家也都没有心理压力和负担。

这几个简单规则的核心价值在于：使咖啡馆股东集投资者、消费者、推广者三种身份于一身，大家平等参与并积极地为组织贡献智慧、资源和力量，实现良好的预期管理和风险管控。由于发起人手中持有大额消费卡，除了自己消费，出于主人翁的精神和强烈的自豪感，他们会主动宣传咖啡馆，实现了自动口碑传播。这种三位一体的身份特征能够将供给方和需求方统一起来，咖啡馆既筹集了运营资金，又锁定了一批最初消费群体；既带动了内部活跃，也提升了人气和营业收入，从而大大降低了初创时期的经营风险。简而言之，“入股”者既是“股东”又是“会员”，店客一家，就弥合了过往常常出现的股东与客户之间不睦的博弈局面。

3. 股东结构：盘点资源、优化结构、建立生态

1898 咖啡馆众筹模式的核心特征之一，就是打造基于项目定位的价值网和生态圈。而要实现这一点，就要根据主题定位进行资源盘点，梳理自身的优势与劣势以及未来发展所需要的资源，并按照资源需求对出资人精挑细选，优化股东结构。

1898 咖啡馆的基本定位是“北大校友创业之家”，为了打造一个高效的创业生态，1898 咖啡馆从联合创始人的年龄、院系专业、所处行业、企业发展阶段等维度上进行了结构优化。200 个名额看似很多，按照几个维度划分下来就变得稀缺了。

从专业和行业上看，联合创始人几乎覆盖了北大 1977 级以来的所有院系、专业；全面涉及金融、移动互联、新能源、新媒体、教育、法律、高科技等诸多行业和领域，新兴行业与传统行业相互搭配。联合创始人不乏知名校友，如拉卡拉创始人孙陶然、北大纵横创始人王璞、蓝色光标董事长赵文权、佳美口腔董事长刘佳等。

从年龄上看，七成左右发起人为“70 后”。“70 后”校友多处于事业上升期，虽已有所成就，但继续发展上升的动机非常强烈，愿意积极寻求合作空间，从而带动了整个圈子的活力。同时吸收一些“50 后”“60 后”大佬级的成功企业家来扛大旗、提升影响力，以及少数特别优秀的“80 后”“90 后”创业校友。

从创业阶段和资源上看，股东大多都是各个行业的代表性人物。1898 咖啡馆把他们整合在一起，实际上就储备了创业各个阶段所需要的各种资源，这样平台就能够最大限度地为创业校友服务。

从参与者特征看，股东们都有推动自身事业发展的强烈动机；需要拓展人脉圈子；乐意分享或参与校友活动，希望与校友互动合作。相反，那些事业处于非常稳定状态，缺乏进取心和合作需求、只出钱但不参与互动分享的人，并不是股东的理想人选。

基于明确的主题定位去筛选股东，参与者便具有天然的关联性和互动性，从而形成价值网络与商业生态。在中国目前缺乏契约精神的商业环境下，圈子内部的信任关系极为宝贵，通常会产生比实际合约更大的信用价值，大大提高了内部合作的便利性，降低了沟通成本和交易风险。

同样，熟人圈内部的失信成本也是极高的，大家特别在乎自己在圈内的口碑。圈子中对当事人的负面评价的扩散，不但给个人带来巨大心理压力，而且影响其在行业内的生存和发展。这种潜在机制会对参与者产生很强的心理约束，使得圈内合作变得更可靠、更容易。

4. 准入方式：内部推荐、分批发展、执委表决

在股东准入上，1898 咖啡馆采用内部推荐、分批发展、执委表决的双向选择机制，保证了股东圈子的品质。咖啡馆按照自身定位来优化股东结构，坚持宁缺毋滥的原则严格筛选，并非愿意交钱就可以成为股东。

首先，通过内部人推荐的方式发展股东，即让前面的人决定后面的人，获得现有股东的推荐背书才有资格申请加入。依据圈子定位确定一位合适的牵头人，要能够多花时间和精力推进众筹项目。然后，在牵头人的推动下确

定10位左右核心发起人，每位发起人再推荐三五名感兴趣且符合条件的朋友参与（一般每位发起人推荐的人数不宜超过10人）。确定50位发起人之后，筹资额基本能够覆盖前期场地租金、装修、人员等各项成本，项目便可考虑正式启动入资，同时可继续推荐出资人加入。

这种众筹模式并不是由牵头人一个人去找一两百个人，而是通过层层推荐来实现的。采用这种方式的原因在于：第一，层层推荐使每个发起人都成为圈子中的一个网络节点，每一个参与者都有熟人背书，从而形成较为紧密、容易互动合作的价值网络。第二，要推荐熟人加入需要向熟人说清楚这一模式，这本身就是自我思考和自我教育的过程，通过沟通使朋友更加理解、认同进而诚意参与。第三，发起人推荐的过程及其所推荐的人的层次，也在一定程度上证明了发起人的实力、影响力和号召力，客观上起到一定筛选作用，保证了圈子的品质，有利于众筹组织未来的健康发展。

其次，发起人推荐的申请人必须通过执委会表决，半数通过或一票否决。这种模式讲究“先入为主”，前面的股东之所以愿意推荐，是因为申请人会对这个圈子带来价值。同时，还要经由执委会表决，执委会代表全体股东考察申请人对圈子的价值。这种互动机制保证了进入圈子的都是优质资源，有互动价值和合作空间。

最后，采用分批溢价的方式招募股东。咖啡馆以开业为节点分前后两批招募，开业之前是第一批，出资额3万元，开业之后是第二批，出资额5万元。分批招募之所以有金额溢价，是因为考虑到前期组建有风险、有难度，参与的人投入多、贡献多。一旦咖啡馆成功开业，其口碑、影响力和圈子价值日益凸显，后期参与的价值和热情都会越来越高。明确了股东准入规则，使股东之间能够形成资源互补的生态网络之后，还必须设立有效的组织架构和激励机制，来保证股东的活跃度和组织活力。

5. 组织架构：平台型组织去中心双层架构

作为平台，1898咖啡馆需要服务双重“客户”：200位股东和咖啡馆的消费者。为此，在组织管理上设置了简单而独特的双重架构。

与传统公司制相类似的是，1898咖啡馆设置执委会、轮值主席、监事会和职业经理人团队。

执委会相当于董事会，由有威望的股东兼职组成，是整个咖啡馆组织的最高权力机构。咖啡馆的日常经营管理和重大事务都由执委会决定。执委由股东推选产生，需要付出必要的时间和精力参与相关工作，愿意为大家服务，并定期轮换。轮值主席相当于董事长，由执委会选举产生；监事会也由股东兼职组成，负责整个咖啡馆事务的监督管理。

职业经理人团队由专职人员构成，专注于咖啡馆的日常经营管理，向轮值主席和执委会负责。咖啡馆经营并不是股东关注的核心，主要由执委会的代表——轮值主席来对接职业经理人团队。

与传统公司不同的是，1898 咖啡馆单独设立了秘书处。秘书处必须有专职人员负责，同时可有兼职人员参与，其核心职能就是为股东服务，帮助股东对接资源，促进股东之间合作，协助股东开展活动，推动股东事业发展。事实上，在这样一个资源平台，股东们出资的钱很容易挣回去。

作为一种新型社会组织，这一组织结构模式与传统咖啡馆和其他众筹模式的最大不同在于：在经营管理平台之上，还有一个专门的股东服务平台。股东关注的核心是构建一个有明确定位的资源圈子，然后基于自身业务寻求合作和发展空间，而非通过筹资经营咖啡馆来赚钱。筹集资金、是咖啡馆还是茶馆或其他形式等，都只是达到这一目的的手段和条件，而非目的本身。这一模式增强了互动效果和圈子价值，认识到圈子价值的人自然有极大热情参与进来。

许多人认为，1898 咖啡馆打造了一个社交平台，股东们并不关心咖啡馆经营的好坏，所以咖啡馆很难经营好。这其实是一种误解。虽然咖啡馆经营并不是股东关注的核心，但并不意味着经营不重要。事实上，代表股东的执委会及轮值主席，对职业经理人团队的要求是非常高的，这和任何普通咖啡馆对职业运营团队的绩效要求是一样的。

1898 咖啡馆模式的核心使命是形成一个高效互动的有价值的圈子，双层的组织架构设计，既保证了对股东核心诉求的满足，又能对职业经理人团队的经营业绩提出严格要求，从而形成健康可持续的运行机制。

这样一种组织架构，加上股份完全平均的去中心化设计，实现了股东们的平等参与、民主共享、合作互利，形成了一种网络化的自组织形态，体现了互联网精神的本质。在简单的基本规则之下，组织是自由生长和演化的。去中心实际上是形成了动态的分布式的中心，即针对不同行业、不同领域、不同项目，每个股东都可以根据自己的特点、专长和意愿，去发起组织各项活动，去开展各种合作，因此大家的积极性强，圈子内部活跃度高。

6. 持续激活：高效的持续互动和自由孵化

1898 咖啡馆的股东采取值班制。1898 咖啡馆要求每位股东每年要在咖啡馆值一天班，上午当服务员端茶倒水，下午约同学、朋友或客户聚会聊天谈业务，晚上要牵头办一场主题活动。让这些老板去端盘子做服务生，他们反而觉得有意思，这一天他可以把老朋友聚到一起，增进情感交流。这不仅提高了大家的参与感和归属感，客观上也起到扩大宣传、提升消费的效果。

与此类似，1898 咖啡馆还成立创新孵化等专业委员会，调动大家资源为平台做贡献。股东投入时间越多，对项目和圈子就越有感情，组织的黏性就越强，对股东的价值也就越大。

另外，其还形成一个自组织的交易所和孵化器。1898 咖啡馆的独特魅力在于，从诞生伊始，就形成了一种与众不同的组织形态，成为一个自成长、自治理的自组织，一个高效率的孵化器和交易所。2014 年年底，1898 咖啡馆获批为“中关村创新孵化器”，不久后又获得“中关村优秀创业服务机构奖”。

在 1898 咖啡馆内部，股东之间达成合作或形成小圈子是非常普遍的。每一个股东作为一个节点，在这个一二百人的网络中可以自由组合，成为“自由人联合体”。同时，咖啡馆的发展方向和股东服务功能，都由股东们自己按规则协商决定，有着很大的想象空间。例如，股东内部自发成立了 1898 投融资俱乐部，开展了大量的投融资讲座和路演，带动了许多业务和合作机会。北京青青树动漫科技有限公司出品的《魁拔 III 战神崛起》众筹融资，仅在 1898 投融资俱乐部组织的路演中，短时间就筹了几千万元。

1898 咖啡馆股东之间本身就有着很好的信任基础，通过各类活动，对接了校友之间的融资、投资需求，促成了校友之间的深度交流合作，实现了多方共赢。在中国的文化背景下，这些活动巧妙地满足了参与者的心理需求，激发了他们的参与热情，从而保证了模式的成功效果。

7. 风险管控：内在风控机制与预期管理

1898 众筹模式是在现有法律框架下操作的，核心把握了以下几点：

第一，只面向熟人圈招募股东，不接受陌生人的钱。通过熟人的推荐和背书，既降低了交易成本，也选出了靠谱的股东，同时也规避了面向陌生人公开募集资金的法律风险。

第二，人数不超过 200 人。按照我国公司法和合伙企业法规定，设立股份有限公司，发起人不能超过 200 人。目前，200 人是现行法律框架下做股权众筹需要高度重视的法律底线。

第三，募资金额大，股东筛选严格，出资人具备风险识别和承受能力，不承诺回报。创业的失败率本来就很高，如果众筹的项目没有那么好，风险就更大。目前众筹正处于起步阶段，众筹投资人一定是有风险识别和承受能力的人，如果出现大范围的问题，对众筹行业将带来巨大的负面影响。

1898 众筹模式对股东的预期有合理定位和管理。咖啡馆经营本身很难有较大获利空间，因此在股东预期管理上，并不承诺股东能够从咖啡馆经营收益上获取回报，只承诺咖啡馆 3 年不倒闭，3 年内股东基本会把卡上的钱消费完。这样股东心里会觉得很值。有了实体咖啡馆，大大增加了股东线下互动交流的机会，因为有自己的场地，有消费卡，不来会觉得浪费。做众筹千万不能为了吸引投资，就把方案吹得天花乱坠，允诺很难实现的条件。

中国式众筹有很强的自修复、自纠错、自适应的能力。几十位乃至一两百位众筹出资人共同审查项目，大的风险基本都会消除。同时，当项目出现问题时，出资人会提供建议、帮忙解决问题。

众筹项目股东比较多，法律和财务问题要高度重视，专业人士要尽早介入评估风险和可行性。以收钱为节点，前期要通过磨合来释放风险，收钱后要快速推进。收钱和没收钱，大家的心态是不一样的，一旦收钱，发起人和项目操作团队就面临巨大心理压力。因此收钱之前要反复磨合消除风险，使这些准出资人在主要问题上都达成共识。规范透明的财务可给大家明确的信心，避免内部的分歧和不必要的摩擦。

合同签署、资金到位之后，就进入合同约定的项目落地运营时期。要按照项目持续经营的长期机制要求，定期跟进项目进展，向股东通报和反馈信息，并定期进行会议沟通，增强股东信心。1898 咖啡馆每年会给股东一个财务报告，执委可以随时查账，如果股东想查账可以委托一位执委来查。同时，项目推进过程中遇到的困难和问题，股东也要提供资源支持，形成类似外部董事会的机制，群策群力。

退出机制需要慎重考虑并明确约定。设立退出机制，需要关注退出时间和回报安排，难点在于价值评估。投资周期是固定期限还是不固定期限，不同的时间节点退出该如何计算回报，都是需要考虑和协商的重要问题。一般来说，入资后设置一个反悔期，1898 咖啡馆规定 3 个月内反悔可无条件退款。

8. 核心特征：先筹人再出资的熟人圈众筹

1898 众筹模式的核心特征之一是熟人圈众筹。在中国的文化、法律环境下，面向陌生人的众筹，法律和道德风险大、信任度低、互动合作差，这也是许多众筹项目失败的重要原因。为此，1898 咖啡馆采用独特机制保证了圈子品质。

作为中国式众筹的海外代表，温哥华 1029 咖啡馆就是以 1898 咖啡馆为模板建立的众筹咖啡馆，打造以温哥华为中心，连接中加、中美创业投资资源的平台，契合了海外华人秉承儒商文化、建立优质圈子的价值诉求。

中国式众筹的每个案例都有其自身特点，但万变不离其宗，其背后的运行逻辑是一以贯之的，只是针对不同案例的特性有不同的操作演变。作为中国式众筹的典型代表，1898 咖啡馆模式是在中国独特的文化土壤下厚积薄发的结果，这既是其诞生于中国的原因，也是其发挥巨大示范效应的原因。

第四章

国内各行业众筹模式

第一节　房地产众筹

一、房地产众筹发展的背景[①]

互联网时代，年轻一代对于居住体验的要求越来越高，而房地产众筹的思路与之相符，因此，众筹兴起将为房企带来新的机遇。

房地产众筹开发是基于“互联网＋”的背景下所诞生的一种新兴的房产开发模式，通常是由房企选择与专业的众筹平台合作完成。相比之前简单的众筹低价房源和房产权益投资等营销方式，众筹开发类的产品已经表现出定制化和服务链条化的特点，更像是开发模式的转变。但是相比于营销方式的尝试，房地产众筹开发要颠覆整个行业开发模式则还尚需时日，法律风险与投资风控等因素都是需要不断考虑和完善的，众筹开发能否得到广泛应用还有待市场的进一步验证。

第一，房企可将房地产众筹作为一种融资手段，降低资金成本。尤其对于一些缺乏特色、发展遇到瓶颈的中小型房企来说，众筹代建是差异化发展的一种方式，这部分业务甚至能够拆分上市，“花样年的物业管理”“蓝城代建”均是将服务类业务上市，在资本市场上较受欢迎。另外，房企亦可为房地产众筹提供专业建设服务，创造新盈利点，房企担当“服务商”角色，降低资金投入和风险，利润率却更高。事实上，目前已有房企在产品研发的过程中推出了类似思路的产品，比如万通的“自由筑屋”和绿地的“私人定制”等。

第二，产品力的重要性开始凸显。与传统房地产开发不同，作为众筹代

① 资料来源：http：//news. dichan. sina. com. cn 新浪地产，最后访问时间 2015 年 12 月 10 日。

建服务商，资金实力变得不重要，选材品质、质量管控、配套设计、景观营造方面的能力提升将是众筹代建服务商的重点，绿色科技、智能系统、个性化定制、商业运营等能力可成为核心竞争力。

房地产众筹可以理解为多人一起投资一处房地产项目，共同拥有并共同获取房产收益的过程。在“互联网+”浪潮的推动下，房地产众筹作为一种全新的投资和运作模式，近些年在市场上风头正劲，包括万科、万达、碧桂园等品牌开发商纷纷推出自己的众筹项目，而国内首家房地产垂直众筹开发平台“房不凡”也随即诞生，似乎一夜之间，房地产众筹便开创了这样一种颠覆式的新房开发模式。万科、万通、绿地集团、绿城集团等数十家房地产企业，共同发起并成立了国内首个房地产众筹联盟。该联盟由房地产、金融、互联网等行业龙头企业组成，旨在以众筹模式改造房地产，从零构建众筹地产模式与生态，再次树立品牌房企标杆。

在业内作为国内首家第三方房地产生态链开放平台的“房不凡”的成立，给国内更多本土中小型开发商也提供了参与的机会，这标志着“房地产+互联网”颠覆传统开发模式已从概念进入实施阶段。其实，在房地产众筹联盟成立之前，许多开发商已经开始陆续与金融平台达成合作并进行了众筹尝试，如北京远洋地产与京东金融跨界合作的房产众筹项目正式上线。在京东金融的协助下，远洋地产于北京、上海、天津、杭州等多地楼盘合计168套房产，将以6.18折的价格开启“抢房活动”。不仅是住宅产品，万达也推出了商业地产众筹项目。由万达集团、快钱公司宣布将推出商业地产众筹项目“稳赚1号”。该项目以万达广场为基础资产，募集的资金全部直接投向只租不售的国内城市商业广场，投资金额起点仅1000元，投资者可享受商铺租金和物业增值双重回报，预期合计年收益率可达12%以上。

相比于面向大众众筹的项目，“房不凡”推出的小众精品栏目所提供的项目则更像是私人定制。小众精品项目的众筹一般是由某些特定圈层的人士共同参与投资建设，其产品更加风格化、定制化，它的众筹范围更为精准，众筹份额较大，更为集中，是房地产众筹开发应用的典范，严格的开发监管与风控也将成为未来房地产众筹开发的行业标杆。

在“互联网+”的浪潮下，房地产拥抱互联网，无论是开发模式上还是营销方式上都会发生巨大变化。房地产是资金密集型行业，房产众筹平台的出现将两者天然相互联系，房地产需要互联网金融的融资渠道，如万科与民生易贷合作，众筹开发万科推出的商业楼盘项目。

开发商与众筹平台合作，一方面，在营销方式上，通过众筹活动，购房者获得众筹收益是一个非常好的营销手段，可以以这项服务招揽购房者，达到蓄客的目的。同时通过众筹融资，房地产企业也加快了融资速度，减少对传统信贷渠道的依赖程度，分散企业资金压力和企业风险。另一方面，在开发模式上，如果是广义众筹，则可以在众筹人中寻找购房者，如果是狭义众筹，则是属于合作建房型，先根据客户的购房需求拿地，并通过专业开发商代建直至最终交付使用。项目开始开发，营销也就结束了，这将是房地产开发模式发生的真正剧变。相较于传统的投融资模式，房地产众筹比以往的银行和信托等融资手段有更低的成本与更多的宣传优势，为开发商融资提供了一种新的融资模式，这也是目前许多开发商为之热衷的主要原因。

二、房地产众筹的四大优势

（一）从安全性来讲，投资者不易受到欺骗

任何一名投资者都需要了解安全的和不安全的投资之间的主要区别，安全性是房产众筹备受追捧的原因之一。与 P2P 平台倒闭甚至携款跑路等负面消息相比，对于房地产众筹的投资者们而言，由于房地产是一个客观存在的实体且能够随时得知项目的进度，因此受到欺骗的概率就被大大地降低了。

（二）从可信度来讲，房地产众筹平台都是“精品”

房地产众筹的市场虽然刚刚兴起，但却都经历过监管部门的“考核”，换言之，现在存在于市场上的房地产众筹平台都是“精品”，暂时还没有出现鱼龙混杂的情形。

（三）从沟通方面来讲，投资者能随时了解平台的动向

由于目前市场上房地产众筹的项目和平台相对规范，这就意味着投资者能够更加便捷地了解到平台的动向和项目的进度。由于房地产项目客观存在，房产众筹平台的资金用途对投资者就是公开的，投资者可以事先对项目的合法性进行调查，随时观察项目的进度并与负责人进行沟通，确保他们正在努力兑现引资时许下的承诺。

（四）投资者“滚雪球”效应能够产生共鸣的心理作用

众筹的参与者的群体性特征在房地产众筹领域体现得尤为明显。“家”对于每个人而言都是必不可少的，因此房地产项目对所有人几乎都适用，因此，房地产众筹的投资者数目只会不断增加。这种类似“滚雪球效应”的现象有

着一种奇特的心理暗示：项目投资者是在帮助别人解决民生问题，这就会淡化房地产众筹原本商业性的本质。虽然这种心理活动并不会被表露出来，但却无形中增加了行业的吸引力，在投资者的心中产生了共鸣。

三、国外房地产众筹

国外率先出现房地产众筹模式，情况与国内大有不同——首先只需要较少的资金就可以参与到房地产投资之中，并可以分享地产领域的高额投资回报率，与此同时，房地产投资的流动性和变现能力也大大提高了。

本文将以国外地产众筹领域三大最具代表性的企业为例，详细阐述国外房地产众筹平台的主要经营模式。

（一）RealtyShares：首个接受比特币进行交易的地产众筹平台

RealtyShares 成立于 2013 年 6 月，由 Nav Athwal 和 Ray Sturm 联合创立。在创立 RealtyShares 之前，Nav（现任公司 CEO）就已经对房地产投资产生了浓厚的兴趣，在地产领域积累了丰富的经验。而另一位联合创始人 Ray（现任 COO）则是投行出身，做过并购、PE 投资。两位联合创始人，一个具有产业背景，另一个熟知资本运作，可谓珠联璧合，最佳搭档。正是在 Nav Athwal 和 Ray Sturm 的带领下，RealtyShares 公司走了一条与众不同的路径。

第一，从支付手段来看，RealtyShares 的投资人可以使用比特币进行投资，但所有的收益将以美元的形式予以返还。虽说比特币早已火了一阵子，然而，在靠谱的商业活动中，真正可以用比特币交易的，还真不多。RealtyShares 算是第一个吃螃蟹的。从 2013 年 3 月开始，RealtyShares 宣布平台上的房地产众筹项目可以使用比特币进行投资。此前，其他接受比特币的交易，无非只是为了市场营销而进行的宣传。而 RealtyShares 的本次决定，远非噱头，确实是出于商业需求考虑——因为使用比特币进行交易，不仅可以简化交易流程，并且可以大大提高资金的流转效率，更重要的是，可以节省高额的交易费用。RealtyShares 平台上有 15% 至 20% 的境外投资人，他们如果通过电汇的方式进行境外投资，需要支付高额的交易成本。如果使用比特币进行交易，则可以省去大量的费用。我们来算一笔账。用比特币进行交易只支付 1% 的交易费用，而若使用西联汇款这类老牌的境外汇款方式则需要支付高达 8% 左右的各项费用。当然，从现有交易量来看，比特币交易尚未形成真正的气候。然而，用比特币进行交易的优势可见一斑。

第二，RealtyShares 为平台上列示的每一个地产投资项目专门建立了一个独立的有限责任公司，投资人直接获得的实际是这个公司的股权。这个独立的有限责任公司通过债权或股权的方式投资于不同的地产项目。投资人并不直接持有地产项目，而是通过持有这个独立的有限责任公司股权的方式间接持有地产项目。通过这种结构化设计，投资人只承担有限的风险，同时可在一定程度上享有避税的效果。

第三，在 RealtyShares 投资平台上，认证投资人可选投资种类十分丰富。既包括住宅项目，也包括商业地产项目，还包括混合用途项目。投资人的投资方式也可以灵活选择，既可以选择债权投资，也可以选择股权投资。债权投资由住宅或商业地产项目进行抵押，通常年化投资收益率为 8% 至 10%。股权投资在持有过程中有两部分收益，一部分是租金收入，另一部分是出售时获得的买卖价差。

第四，从账户安全性的角度来看，RealtyShares 上列示的项目在进行众筹前，会先经过平台进行一轮严格地筛选。整个筛选过程通常包括背景调查、信用调查，同时也包括盈利预测、过往业绩情况调查、可比公司情况等。一旦项目被 RealtyShares 列示，投资人便可以查询到关于项目的具体信息，比如财务情况，地产信息，法律文件以及管理层简历等，以便投资人作出合理的决策。另外，RealtyShares 为每一个投资人提供一个专有账户，投资人可以随时监控投资及现金流流转状况。

第五，从投资门槛来看，最低投资门槛 5000 美金，对部分特殊的投资项目，最低投资金额 1000 美金。单笔投资不设上限，原则上投资人可以包揽某一个众筹项目的全部募集资金。从平台收费模式来看，注册和浏览信息不收取任何费用。一旦投资人通过平台完成投资，平台会收取一定的费用，以覆盖日常运营成本。每个项目的费率都不尽相同，以投资协议为准。

（二）Realty Mogul

RealtyMogul 的创始人 Helman 在投资领域可谓经验丰富，她曾任美国联合银行的副总裁。谈起创建 RealtyMogul 的初衷，Helman 表示，“房地产投资目前仍是很多投资方的主要收益来源之一，但是大量现金流有限的投资者却不能够参与房地产投资”。为了使普通投资人用少量资金来撬动房地产投资，并享受地产投资领域的高额投资回报，Helman 创立了 Realty Mogul——以往投资人需要至少拥有 5 万美金至 10 万美金才可以投资房地产，如今，通过 Realty Mogul，合格投资人只需要最低投入 5000 美金即可。

作为微软的孵化器项目，Realty Mogul 自 2013 年 3 月成立以来，已经获得

50 万美金的种子期投资以及来自迦南创投（Canaan Partners）的 900 万美金的 A 轮融资。迦南创投（CanaanPartners）十分关注互联网金融领域的项目，此前，它还投资了 P2P 界大佬 lending club。

目前，Realty Mogul 正处于快速发展的阶段。最新数据显示，目前已有 12000 名活跃的合格投资人及投资机构，通过 Realty Mogul 将 3600 多万美金，投资于近百个不同的房地产项目上。截至目前，上述投资人已经收到几百万美金的投资收益。那么，投资人在 Realty Mogul 上怎么操作呢？

第一步，开设一个账户。由于房地产众筹项目对投资人的风险偏好、项目甄选能力等方面要求较高，因此，美国对房地产众筹实行“合格投资人”管理制度。根据 SEC 监管要求，只有个人投资人符合一定的条件才可以参与非上市公司的股权融资之中。根据证券法案 D 条例 501 号规定，SEC 给出了“合格投资人”的界定。自然人需要满足如下任一条件方可成为“合格投资人”。要么，自然人与伴侣的净资产需在 100 万美金以上，其中，净资产的统计口径中不含第一居所；要么，在近年中，个人年收入在 20 万美金以上或家庭收入在 30 万美金以上，并且有足够的理由相信，未来几年有能力保持同等收入水平。具体到 RealtyMogul，投资人的年收入需至少达到 20 万美金，或是拥有价值 100 万美元的净资产。

第二步，选择一个投资项目。Realty Mogul 的会员可以在线浏览地产领域的市场信息，并可以深入了解平台上列示的某一个投资项目。针对每一个投资机会，Realty Mogul 都会提供大量信息，包括预计投资期限、预计年回报率、房产的具体情况、位置，以及与该投资相关的个人及机构信息。作为平台方，Realty Mogul 还会专门就投资人关注的话题，提供一个问答专栏。

第三步，确定投资。一旦投资人明确了投资标的，可在线完成打款、签约等一系列流程，交易方式简单、便捷。

第四步，等待完成众筹。Realty Mogul 采取“零或全部”模式，只有筹集到目标金额，才宣告众筹成功。投资人可以通过电子邮箱或是平台为其提供的专属后台，了解项目的最新融资进度。

第五步，如果成功筹集到目标资金，投资人可随时通过专属后台了解到项目运行情况，定期获得投资收益，并可以作为投资人出席 Realty Mogul 组织的活动；如果未能筹集到目标资金，Realty Mogul 将全额返还投资资金，整个过程不产生任何费用。

从运作模式来看，Realty Mogul 已经较为成熟。Realty Mogul 平台为投资人提供的可选投资标的非常丰富，既有写字楼公寓也有普通住宅项目；投资收益的来源也是多样化的，投资人可以选择将地产项目用于租赁或是用于出售；为有效地控制项目风险，Realty Mogul 与房地产领域的投资公司保持了多年的合作关系，积累了丰富的产业投资经验；另外，符合条件的合格投资人最低只需要投入 5000 美金，即可参与房产众筹项目。如果无暇顾及，投资人完全无须担心琐碎的投后管理事项，RealtyMogul 会为投资人提供专业的投资人士帮忙打理。投资后，每位投资人在 Realty Mogul 平台上都会有一个专属后台，可用于定期查阅投资项目的最新信息，包括融资进度、投资收益等。

（三）Fundrise：最低只需 100 美金，已获人人网投资

美国另一家知名房地产众筹平台 Fundrise 成立于 2010 年，总部位于华盛顿，由本杰明·米勒（Benjamin Miller）和丹尼尔·米勒（Daniel Miller）兄弟联合创立。据悉，米勒家族主要在华盛顿做房地产开发。

起初，Fundrise 的项目主要在华盛顿周边一些不太繁荣的街区，投资人也多以米勒兄弟的朋友和亲属为主。随着 Fundrise 成功运作的项目越来越多，米勒兄弟决定引入物业周边的社区居民作为投资人，这些社区居民对周边环境都很熟悉，能够准确地评估出物业的价值。后来，平台的影响力日益增大，越来越多的社区居民对 Fundrise 产生了浓厚的兴趣。Fundrise 成立两年后，推出首个地产众筹项目，整个众筹过程历时几个月，有 175 名个人投资人参与，共筹集到 32.5 万美金，占到整个地产项目股权的 25%。随着 Fundrise 发布项目的不断增加，投资人对平台的信任度也不断提升，现在单个项目只需要几个小时即可完成众筹。

2014 年 5 月 17 日，Fundrise 宣布获得高达 3100 万美金的 A 轮投资，本轮投资由中国社交网站人人网和美国最负盛名的地产公司兆华斯坦地产公司（SilversteinProperties）的首席执行官 Martin Burger 和首席投资官 Tal Kerret 等领投。据媒体披露，Fundrise 是迄今为止 A 轮融资额最高的众筹类平台。

为什么短短几年的时间 Fundrise 就赢得了广泛的声誉呢？与其他地产众筹平台相比，Fundrise 有以下 5 点不同：

第一，Fundrise 专注于地产众筹，大多数项目为社区商业地产，它为社区居民提供了一个便捷的投资渠道——通过众筹投资的方式，参与到社区建设

之中，并获得相应的股权。自成立以来，Fundrise 已经遍布于全美 24 个城市，为住宅、商铺、酒店、混合地产领域的 30 多个地产项目，筹集了 1500 万美金。Fundrise 的地产投资项目的历史投资回报率在 12% 至 14% 之间。目前，公司处于加速扩张阶段。

第二，Fundrise 的投资门槛极低，投资金额可灵活安排。Fundrise 巧妙地运用美国证券交易委员会规则中的豁免条例“规则 A”，使得未经授权的投资人可以参与到众筹项目投资中，大大地降低了投资门槛。单笔最小投资额仅需 100 美金，最高上限高达 1000 万美金。

第三，Fundrise 为投资人提供多层次的投资方式，投资人既可以选择有管理权的投资方式，这类投资人有决定权和投票权，可以对项目的未来运营有决策权；也可以选择没有管理权的投资方式，这类投资人没有决定权和投票权，也不参与项目的运营决策。

第四，通过 Fundrise 平台，投资人可以绕过复杂的银行贷款程序，砍掉高额的中介费用。Fundrise 的运作模式是先以公司的名义买入一个社区物业，再将该物业的部分股权出售给社区居民，手续十分简单，运作过程透明度高。

第五，Fundrise 的运作模式很简单，合作开发商在平台上公布拟融资项目，投资人在线自主认购。它的商业模式也很清晰，对于在平台上陈列项目的开发商，平台收取一定的订阅费、服务费和陈列费等。另外，还有一部分地产项目的运作方式是由公司先将项目买下来，然后，让渡出部分产权，在 Fundrise 上通过众筹的方式寻找投资人。

四、房产众筹的几种商业模式

任何形式的房产众筹都离不开三大基础角色：开发商（执行者）、购房人（众筹支持人）、众筹平台（众筹发起者）。它们各自的诉求分别是：（1）开发商：开辟低成本融资渠道、锁定购房意向用户、降低销售费用、提升去化速度，加快资金周转。（2）购房人：优惠价购房或者取得投资收益、锁定或定制房型、择邻而居睦邻而处。（3）众筹平台：积累用户与数据、形成品牌、提升估值、收取管理费、探索其他变现模式（如家装、租房等）。

根据发起者的背景及诉求，可以将房产众筹的商业模式分为以下几类：

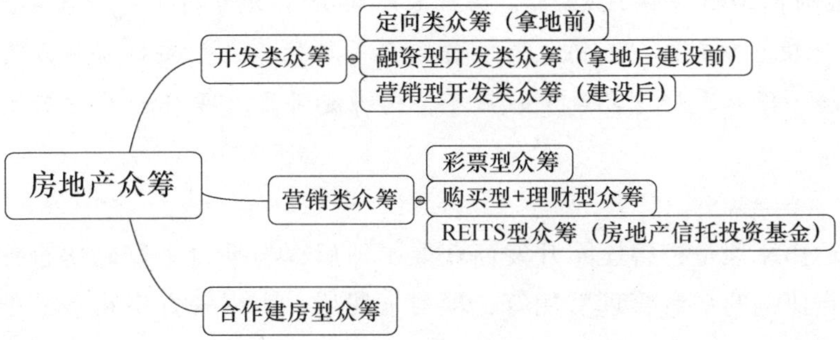

图 4－1　房地产众筹商业模式分类图

模式一："定向类" 众筹

"定向类" 众筹通常是在立项或者拿地之前进行，为减少拿地及后期销售的不确定性，开发商对合作单位一般有较为苛刻的筛选条件，要求合作单位须对定向拿地具有一定影响力，且有一定数量的员工有购房需求。

【案例】石家庄众美城 110 万平方米建筑面积中，有 33 万平方米属于定制项目，且项目总额 6.33 亿元的土地款全部来自定制项目部分。众美集团在拿地前便与多家单位确定合作关系，并约定 2300 元/m^2 的销售价格（当时周边房价为 3200 元/m^2），投资者在拿地前即缴纳全部购房款，众美集团将这笔资金用于拿地、开发建设等各个阶段。

"定向类" 众筹一般以较大的房价折扣作为投资者的收益保障，但要求投资者需要在拿地前支付全部购房款，开发商在这一过程中仅获得管理收益。由于政策、合作单位选择等风险，现阶段除众美集团外，少有开发商使用。

模式二："融资型开发类" 众筹

通常在项目拿地后、建设前进行众筹，为项目建设阶段提供低成本资金，达到降低项目负债率的目的，同时也利于提前锁定一批购房意向人群。

"融资开发类" 众筹的参与门槛一般较高，并需要投资者在预售前支付所有房款；且房价折扣一般基本保持在年化收益率 10% 左右。此种模式适用于区域房价上涨，预期与资本成本不匹配的情形，已有代表是平安好房众筹建房模式。

【案例】 2015年4月29日，碧桂园以6.08亿元竞得上海市嘉定区徐行镇02—05地块。项目以“1平方米”作为众筹单位，由平安好房将众筹项目包装为保险、债券、好房宝等金融产品，向特定对象（平安好房注册用户）进行认筹。

其运作流程是：碧桂园开发商获取土地后，与平台平安好房合作，平台收取一定比例的平台管理费用等，项目上线后，由平安好房将众筹项目包装为保险、债券、好房宝等金融产品，向特定对象（平安好房注册用户）进行认筹。通过金融产品的设计，避免投资者与开发商直接接触，规避集资建房的法律风险。

融资完成后，投资者将以微开发商的身份，参与到项目的设计、社区配套等过程，一定程度上实现产品“定制化”。

在最终收益方面，投资者可以选择众筹权利转为产权、直接拥有该套住房，或者是委托开发商卖房后转成收益权。

模式三：“营销型开发类”众筹

“营销型开发类”众筹一般在项目建设期进行，虽然众筹期处于项目预售前、募集金额也用于项目建设，但相对于整个项目建设成本及后期价值，营销型开发类众筹的募集资金额度通常不算太高。对融资环节的支持作用不明显。

但由于众筹发起时间在建设期，有利于项目的前期宣传，并能为项目提前锁定一批有购房意向的客户。因此，“营销型开发类”众筹的营销推广意义大于融资意义。典型的有搜房的天下贷、京东的凑份子钱。

运作模式为与电商合作，通过贷款便利、折扣优惠、抽奖竞拍等营销手段及实实在在的优惠力度实现房产的快速去库存化。

从盈利方式上来看，对开发商来说，既增加了卖房的途径又起到推广的作用，而购房则可以优惠购房，对投资者而言，投资风险低且可以获得溢价分成。

【案例】 2015年1月，当代北辰通过无忧我房发布COCO MOMA工银瑞信一期众筹项目以COCO MOMA384套公寓商品房为标的，共计筹得资金1340万元。

其运作流程如下：

条件：

众筹项目以COCO MOMA384套公寓商品房为标的2.88份众筹份额于

2 小时内认购完毕。

收益：

（1）最终认购的投资者将获得 5% 的工银瑞信产品现金收益；

（2）项目的优先选房权和优惠购房权（给予购房补贴，三档的补贴金额分别为 493 元/m^2、1245 元/m^2 和 2453 元/m^2）。

退出：

（1）项目不设封锁期，在认筹期结束后（即建设期至选房期），投资者均可随时退出；

（2）选择退出的投资者，可获得按活期存款利率计算的投资收益。

【案例】远洋地产 + 京东金融

2014 年 11 月，京东金融与远洋地产的“跨界合作”则具有浓厚的博彩属性。远洋地产携手京东金融打造房产众筹“5000 元筹折扣房”，涉及远洋地产 12 个城市的 25 个项目，总计涉及近万套房源，2047 人次成功众筹到优惠资格，众筹金额超过 1000 万元。

其具体流程是：参加者支付 11 元，摇出中奖者拿钱去买房，未中奖者获得“买 200 返 20 券”。用户支付 5000 元，获得专属折扣的购房资格，最高获得 10 个点的买房折扣优惠；活动结束后 30 日内，返还用户支付的 5000 元。

远洋地产的房产 1.1 折众筹项目启动，24 小时 18 万人参与，总金额超过 1200 万元，刷新了京东金融旗下的众筹历史数据。

此种模式的优点：满足了消费者对个性化的需求，解决了房企资金和客户两大问题，同时减少了中间成本，如果运作模式成熟，可以让购房者得到更多的实惠。

但我们不能忽视此种模式存在的缺点，第一，众筹建房组织者拿地存在较大不确定性；第二，此种模式对组织者的专业能力、成本把控能力、资金实力投入程度都有较高要求，风险和难度较大。

【案例】苏州万科城试水首单房产“众筹”，溢价五成竞拍成功。此案例定位为借众筹吸引客户，同时分析客户的购买能力，进而有针对性地进行营销。项目标的是一套三室住房，100m^2，市场价约为 90 万元，有销售证。投资起点设置为 1000 元。在前期运营中，只要投资 1000 元以上，就可以成为投资者，筹到54万元总额截止，相当于总价的6折。等到后续运营，在搜房网上对这套房屋进行拍卖，起拍价为54万元，拍卖时间为2小时；所有认筹的投资者都可以竞买，最终只有一位投资者买下这套房屋，成交金额超出54万元的部分，将作为投资收益，分给未能拍得房屋的其他人。

其众筹过程如下图所示：万科与搜房合作推出房产众筹；上线后540个客户每位筹资1000元，共计54万元；然后针对参与众筹客户进行竞拍，最终经过2个小时500人次叫价以81万元成交。

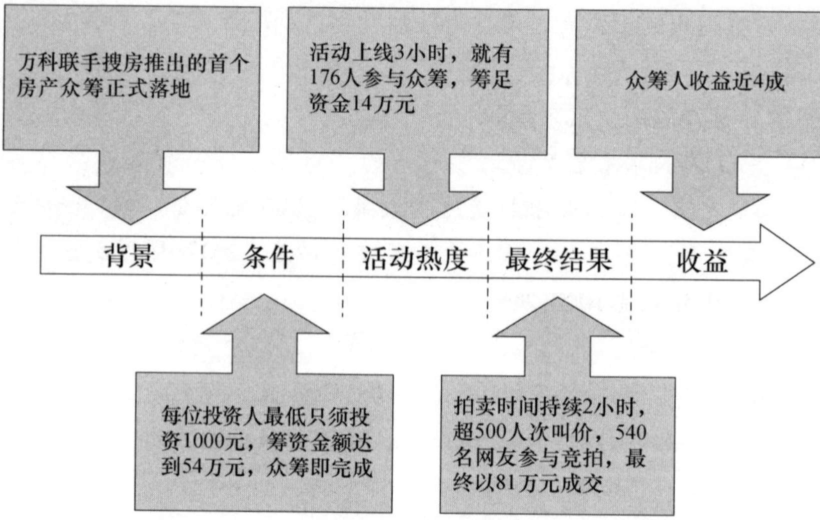

图4－2 众筹过程

该项目的增信措施是通过外部担保公司提供担保，保障本金安全和最低10%的投资回报。如果在投标期内未筹满指定金额，投资款原额退还。

通过对万科苏州公司房产众筹项目进行上述分析，我们可以得出一些项目启示：众筹项目一是需要有法律的保障，在合法合规中运作，二是运营的体系体现了项目公司的整体实力和项目的执行能力，所以，作为房产众筹的项目方应提高自身团队的能力和素质。此外，产品设计网络平台等各方面的能力可作为推广营销的绝佳手段。

模式四："彩票型"众筹

"彩票型"众筹实际多属于以蓄客为目的、在项目获得预售证后进行的营销活动，并且通过投资者竞价的方式，探寻市场对项目定价的接受程度。

【案例】　苏州万科城为万科首个房产众筹项目。项目以苏州万科城一套全装 $100m^2$、市值约 90 万元的三室住房作为标的，众筹金额为 54 万元。

以市场价 100 万元的房产为例，众筹 50 万元，竞拍价 70 万元，溢价 20 万元即为投资收益（含担保费、服务费，其中担保费为投资金额的 3%，服务费为投资收益的 10%）。主要流程包括：

第一，众筹：购房名登陆众筹平台，认购一定份额即成为众筹投资人。

第二，竞拍：所有投资人参与竞拍，出价最高者获得购房资格。

第三，获得收益：竞得者向开发商支付众筹金额对应的房款买房，向平台支付竞拍产生的溢价作为投资人的投资收益，平台在扣除相关费用后返到投资人账户。

模式五："购买型 + 理财型" 众筹

开发商通过拿出部分房源作为标的，以低于市场的销售价格及"基本理财收益 + 高额浮动收益"吸引客户，设定固定期限，由投资者共同享有标的物产权。在退出时，投资者享有优惠购房权或将标的物销售后退出获得增值收益；开发商则牺牲部分利润获取大量现金流，提升项目知名度。

"购买型 + 理财型" 众筹参与门槛较高、基本在 10 万元以上，开发商一般会承诺参与者"基本收益率（3% 至 5%） + 购房优惠价格"的收益模式，众筹期间基本上均会设置一定时间的锁定期，锁定期内参与者不得申请退出。典型代表如平安好房的海外众筹、团贷网的房宝宝。

其核心运作模式是股权众筹的一种衍生模式，即通过股权众筹成立一家合伙制企业（物业持有公司），并通过它持有房地产。

盈利方式：收益分两成，一是租金收益，二是出售房子时房子升值带来的涨幅。

【案例】 2014 年 11 月，平安好房、平安不动产联合万科推出"平安 & 北部万科城" 216 套房源作为标的，众筹目标最低金额 1500 万元。

本案例众筹过程具体如下：

第一，条件：以 216 套房源作为标的，每套房产认购众筹金额为 5 万元至 13.5 万元。

第二，收益：投资者收益由两部分构成：一是优先选房权和低于周边市场价近 13% 的优惠购房权；二是按认筹金额计算的 3% 的年化收益。

第三，退出：在众筹项目 10 个月的持有期到期后，投资者将决定是否置业。如果选择置业，将获得前述两部分收益；如果放弃置业，则将获得认筹金额对应的现金收益。

【案例】平安好房的海外众筹

2014 年以来，国内的楼市疲态初现，海外炒房开始兴起，平安好房的海外众筹项目正好满足了这一需求。

海外众筹运营及收益方式：平安好房网用户最低众筹额为 100 美元，每名用户最多可认购 10 份，即 1000 美元；一旦众筹项目成立并运营，参与人就可以按季度领取预计年化收益 4% 至 5% 的“房租”收益；在项目持有 2 年至 3 年后，通过出售房产获取增值收益。

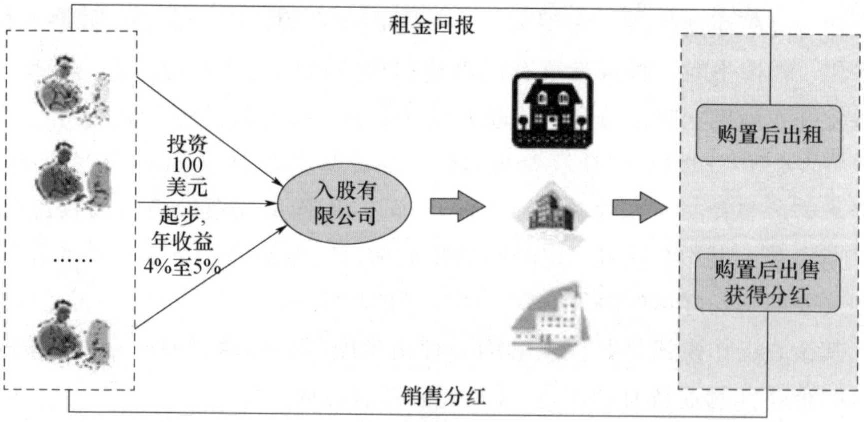

图 4－3　海外众筹方式

【案例】房宝宝

团贷网旗下的房宝宝与东莞中信御园项目发起第一期别墅众筹，众筹 1491 万元的需求，短短 2 小时便被 443 位人士完成。之后，该套众筹别墅以 1600 万元价格售出，实现年化收益 40%。团贷网房产众筹的最低投资额只有 1000 元，最长持有期为 3 年。即 3 年内寻找到买家后，就发起投票按照众筹人的决议出售或者继续保留；而 3 年后团贷网必须按照市场价格发起投票出售或者继续保留。如果 3 年后，还没有卖出去，或者房价跌了，参与众筹者可以投票表决，是继续持有，还是亏本卖出，超过 50% 的人同意卖就可以卖掉。

本案例的投资流程如下：认购者可以通过团贷网平台进行众筹份额购入，在财付通设立的托管账户进行监管操作，房产购入和卖出资金是在双方指定银行设立的资金定向监管账户内委托保管。资金会通过财付通托管账户直接汇入房产出售方（开发商或者二手房产卖家）指定银行账户。

本案例的收益来源为：项目价格为市价的80%左右，投资者众筹集资买房，团贷网为房产寻找买家，并将卖价报告给投资者，投资者同意出售的比例达到51%以上（含51%），房产就会成交，房产溢价会返给投资者。

该项目有显著的优势，一是项目均为成熟商圈旺地中的稀缺高端房产，抗跌性强，二是产品只提供远低于市场价格的稀缺房源供用户选择。

模式六："REITs型"众筹（房地产信托投资基金）

对于有稳定收益、但总价高或不可分割的产品，在拿地后可选择REITs型众筹，通过多人持有一个物业产品，降低单个投资者的投资额度，达到促进销售去化、改善项目现金流的目的。

在众筹成功后，所有投资者将组建成立资产管理公司，由资管公司整体购买物业，并委托物业管理公司等进行管理运营；投资者通过金融产品持有物业相应权益，获得租金收益以及持有期内的物业增值价值；开发商以较高的销售价格获得现金，同时收取长期的资产管理费用。该模式一般会设置若干年的封闭期，封闭期后，项目发起方将按需要定期召开投资者会议，协商决策是否退出项目等问题。此种类型众筹通常门槛较高，持有期较长，一般来说要2年以上。

【案例】

2014年12月16日，中信地产与众筹网的众筹筑屋，联合上线中信台达国际酒店式公寓众筹项目，以"度假地产合伙人"的形式，推出5套位于海南的酒店式公寓参与房产众筹，筹资目标388万元。

根据要求，投资者支付5万元至20万元，并将获得以下4项收益：

（1）以原房价的8.8折购入相应比例的房产产权；

（2）2年内每年年化7%的房产租金收益；

（3）旺季3天或淡季10天免费入住酒店等权益；

（4）投资者退出项目变卖房产时的房产增值收益。

项目设置了2年封锁期，项目发起方将每年召开一次支持者会议，协商决策是否退出项目等问题；且封锁期后租金金额将根据酒店实际经营的情况决定。

五、房产众筹典型平台分析

（一）平台一：众筹筑屋

众筹筑屋于2015年1月23日正式上线，是由众筹网与国内首个类型化社区互联网定制平台“万通自由筑屋”合作共建的房地产互联网金融平台。

目前，平台上已经汇集了住宅公寓、旅游地产、商业商铺等多个众筹项目。

众筹网项目发起有如下规定：

（1）项目发起人：在众筹网平台注册并发起众筹项目的单位或个人。

（2）保证金：项目发起人在众筹网平台发起的项目，由众筹网作为代收款方，收取项目投资人基于项目投资明细单而支付的众筹金额。项目众筹成功后，众筹网留存项目众筹总金额的30%作为保证金，在项目发起人兑现对项目投资人的回报承诺后，众筹网将该保证金返还给项目发起人。如果项目发起人未兑现对项目投资人的回报承诺，则众筹网有权直接支配该保证金以用于兑现对项目投资人的回报承诺。

（3）资金支付渠道费：为保证众筹资金安全，众筹项目项下资金均通过第三方支付公司代为划转，由此产生的支付渠道费由项目发起人负担。项目众筹成功后，众筹网将扣除项目众筹总金额的1.5%作为资金支付渠道费，并支付给第三方支付机构。如众筹项目不成功，则不收取该笔费用。

（4）在众筹网上发起的项目，应明确具体的开始时间和结束时间。截至项目结束时间，如项目众筹金额低于预定众筹金额，则项目众筹失败；如项目众筹金额等于或大于预定众筹金额，则项目众筹成功。

（二）平台二：好房众筹

2014年12月23日，平安好房宣布好房众筹频道正式上线运营。众筹买房只是最初级的众筹模式，众筹建房才是好房众筹的战略发展目标。

目前，平台上已经汇集了住宅公寓、海外房产、旅游地产、养老地产、商业商铺等多个众筹项目。

1. 成功项目—折扣购房权

项目一：

（1）项目户型：73m^2、78m^2、82m^2。

（2）项目均价：预估市场价 6500 元/m^2，众筹价 5700 元/m^2 起。

（3）回报：优先购房权。

项目二：

（1）单份众筹金额：5000 元。

（2）回报：优先购房权；5 千元抵 5 万元；推荐新客户，双方均可享 3 千元房款优惠，单套公寓最高优惠 1.5 万元；

（3）退出：如客户未使用众筹收益，到期日本金原路返还，并每年额外获得 6% 的预估现金收益。

2. 成功项目—股权众筹

项目一：

（1）股权众筹项目，认筹者可获得认筹份数相对应股权在投资周期内所产生的项目收益。

（2）众筹最低单位为 1 份，1 份 2 万英镑（约合 270 元人民币），可最多认筹 250 份。

（3）回报：投资期内，预计最低年化收益 14%，浮动收益可达 20%。一次性投资超过 200 万英镑，可以包办英国投资移民。众筹参与者持有项目投资公司 PCL0065 的股权凭证正本，办理股权交割手续。

项目二：

（1）股权众筹项目。认筹者可获得认筹份数相对应股权在投资周期内所产生的项目收益。

（2）众筹最低单位为 1 份，1 份 1 万英镑（约合 93365 元人民币），可最多认筹 905 份。

（3）回报：项目投资期内，预计年化收益 18%，保证收益 5%，到期还本付息。一次性投资超过 200 万英镑，可以包办英国投资移民。众筹参与者持有项目投资公司 PCL0065 的股权凭证正本，办理股权交割手续。

3. 成功项目—持有所有权

项目一：

（1）每份 100 美元（约合 615 元人民币），最低认筹 1 份，最多认筹 50 份。

（2）收益：与 Limestone 私立大学已签订出租协议，每年担保租金回报率预计 5%，包租 3 年。第 4 年第 1 个月物业公司承诺以 112% 买入价回购。

项目二：

（1）众筹最低单位为 1 份，1 份 50055 元人民币，可最多认筹 60 份。

（2）回报：建设期间承诺净年化收益5%。建成后包租2年，承诺净年化收益10%。第3年开发商承诺以原价回购本物业。

项目三：

（1）众筹最低单位为1份，1份95000元人民币，可最多认筹20份。

（2）回报：建设期间预期年化收益2.5%。建成后包租3年，预计年净收益6%。第4年开发商承诺以原价回购本物业。

项目四：

（1）认筹者可获得认筹份数相对应时间内房屋使用权或期间产生的收益。

（2）众筹最低单位为1份，1份275000元，可最多认筹13份。

（3）回报：建成后2年预计每年10%租金回报，包租2年；第3年起预计每年9%租金回报。

项目五：

（1）认筹者可获得认筹份数相对应时间内房屋使用权或期间产生的收益。

（2）众筹最低单位为1份，根据认筹项目不同（豪华酒店标间或高级酒店套房）1份分别为95000元或115000元或160000元。

（3）建设期间每年5%年化回报；建成后包租15年，每年10%净回报；第15年以后以150%价格回购。如果在第5年至14年间需要退出，开发商保证以125%的投资价格协助转售。

4. 平安好房网项目发起规定

（1）平安好房网对上线的所有地产众筹项目都有严格要求，专家评审委员会会对众筹人或机构资质、信用、背景、预期收益、还款能力评定、有无担保、法律风险等进行审核，只有全部审核通过，众筹项目才能上线。目前项目审核通过率严格控制在20%以内。

（2）平安好房在项目交易过程中，仅作为地产众筹交易平台提供信息发布服务，参与众筹方与众筹人或机构本着自愿的原则完成相关交易。因此平安好房不对项目本身承诺任何预期收益，认筹用户需要自行承担项目潜在收益风险。

（3）若购买截止日前众筹目标达成，众筹成功，用户认筹款在众筹期限届满之前将被冻结无法赎回；若众筹失败，用户认筹款将在“众筹失败”信息公示后5个工作日内全额退还。

（4）众筹过程中平安好房不会向用户收取任何额外费用。

（三）平台三：搜房网众筹

依托搜房网平台，将特价房源与投资众筹相结合，购房者或投资者均可参与。搜房网从开发商争取低至5折至6折房源，购房者（投资者）参与众筹，竞拍低价房源，竞得者获得低价购房资格，溢价为投资者收益来源。众筹不到目标，众筹流标，投资者无收益，资金返还。众筹达到目标人数，举行竞拍，竞拍价上浮≤10%，竞拍者获得保底收益10%；房价上浮>10%，投资者获得实际投资收益。具体流程如图所示：

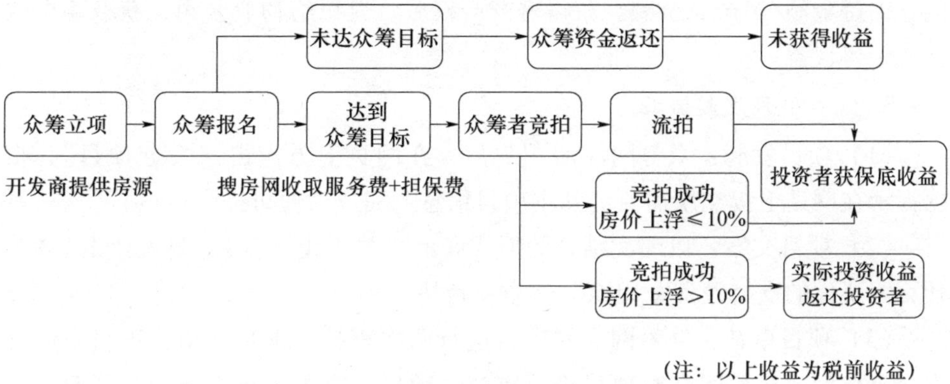

图4－4　搜房网众筹流程图

综上所述，目前房产众筹更侧重于住宅公寓、旅游地产等领域，对工业地产、产业园还未过多涉及。

房产众筹起步较晚，平安好房相对已成规模，尤其海外房产、住宅房产众筹领先；众筹筑屋在旅游地产领域相对领先，并已尝试商业综合体、科技园等不同房产类型。

住宅众筹是投资金融和消费金融的结合。对于处于建设期、拟开盘项目，众筹更侧重于营销宣传，以蓄客为主，募集资金对融资环节的支持作用不明显。商业地产的众筹则是准REITs的模式。收益将由开发商让利、租金收益、资产增值三部分构成。

合伙人模式或股权众筹模式因成立有限合伙企业与办理股权分割手续相对比较复杂，使用率不高。但众筹筑屋对于即将上线的商业综合体、科技园等有稳定收益、总价高或不可分割的产品，会更多采用合伙人模式与持有所有权模式。

【案例】智鼎源房产众筹方案

1. 平台选择——众筹筑屋

该项目为工业产业园项目。目前平安好房、搜房网等侧重于公寓，仅有众筹网涉及度假村项目，苏州启迪科技城即将上线，但据研究该项目回报没有产权，仅有租赁权。此外，还包括广东与西安两个商业综合体项目。

2. 众筹模式选择——回报众筹

回报众筹是法律风险最小的众筹模式。平台建议投资者选择“REITs型”众筹（不动产投资）模式。首先由开发商提供1套至2套特价房源，投资者成立有限合伙人企业或资产管理公司，购入本项目包含的房产产权，产权比例＝支持金额/房产总金额。获得房产产权后，返租给物业公司，获取租金收益或转售权益。

3. 众筹项目发起流程

（1）项目发起：众筹网注册用户后，在网页上方点击“发起项目”，根据提示在网站上提交所需要的基本项目信息，完成后便可提交审核。

（2）项目文案：以图文结合的形式展示“关于我”“我想要做什么”“为什么需要你的支持及资金用途”等重要板块。

（3）项目审核：众筹网会对项目进行两次审核：项目一审：项目发起并提交审核后，众筹网会对项目进行审核，项目一审为1个至3个工作日，主要审核项目是否符合《项目发起规范》、内容是否完整。项目二审：项目通过一审后，即可进入二审，周期1个至3个工作日。项目经理将对项目的真实性、可行性、合理性等方面进行审核。如需要修改调整，会有项目经理联系项目发起人。

（4）众筹网维护：项目上线后，发起人积极自主推广，带动项目筹资额，并及时回复项目下的用户评论，与关注该项目的用户进行良好互动。同时，不要打扰其他项目的正常展示，请勿在其他项目下推广自己的项目。

4. 众筹项目资金保证

（1）保证金：项目发起人在众筹网平台发起的项目，由众筹网作为代收款方，收取项目投资人基于项目投资明细单而支付的众筹金额。项目众筹成功后，众筹网留存项目众筹总金额的30%作为保证金，在项目发起人兑现对项目投资人的回报承诺后，众筹网将该保证金返还给项目发起人。如果项目发起人未兑现对项目投资人的回报承诺，则众筹网有权直接支配该保证金以用于兑现对项目投资人的回报承诺。

（2）资金支付渠道费：为保证众筹资金安全，众筹项目项下资金均通过第三方支付公司代为划转，由此产生的支付渠道费由项目发起人负担，项目众筹成功后，众筹网将扣除项目众筹总金额的1.5%作为资金支付渠道费，并支付给第三方支付机构。如众筹项目不成功，则不收取该笔费用。

六、房地产众筹面临的法律风险

由于房地产众筹在中国的发展时间尚短，因此还存在不少问题。对于“投资理财产品型”众筹，该模式实际上就相当于炒房、炒黄金等，一旦标的物贬值，投资者不但无收益，甚至可能亏本；“营销推广型”众筹则不具备推广的条件，只是运用了众筹思维的营销噱头，并不能发挥众筹的真正优势；而“合作建房型”众筹的模式和非法集资较为接近，界定比较困难，因此可能会承担一系列法律风险。现在的股权类众筹网站均是通过邀请特定用户线下沟通然后决定是否投资的模式，主要是通过规避“社会公众即社会不特定对象”。我们认为，房地产众筹无法在中国全面铺开、房企不敢贸然跟进的最主要原因仍然是法律缺失。在我国现有的法律框架下，房地产众筹还存在一定的法律风险和障碍，其效果具有不确定性。

（一）民事法律风险

例如，碧桂园以上海嘉定项目“$1m^2$”作为众筹单位开展众筹，楼盘完成后投资者就拥有了某一套楼房整体或部分的权益。投资者可以选择将众筹权利转为产权、直接拥有住房，或委托开发商卖房后转成收益权，投资者可以参与项目开发的全过程，还可以获得份额转让、优惠购房和项目分红等多重收益。但在现有法律框架下，我们认为该款房地产众筹产品的设立存在诸多不确定性。

碧桂园与平安推出的此款房地产众筹产品以房屋产权或一定回报作为回馈，类似为实物众筹。但由于其为房地产众筹，就不得不面临房地产相关法规的限制。按照《中华人民共和国城市房地产管理法》第 45 条和《中华人民共和国城市商品房预售管理办法》第 5 条、第 6 条的规定，商品房预售的条件是房地产开发企业取得预售许可证。

如果房地产开发企业没有取得预售许可证就与购房人签署认购合同，根据《最高人民法院关于审理商品房买卖合同纠纷案件适用法律若干问题的解释》第 2 条的规定，“出卖人未取得商品房预售许可证明，与买受人订立的商品房预售合同，应当认定无效，但是在起诉前取得商品房预售许可证明的，可以认定有效”。该合同应属无效。碧桂园和平安没有说明其推出的众筹产品项目处于房地产开发的何种阶段，是否已经取得预售许可证。若在取得预售许可证前向投资者众筹，该产品存在被认定为非法销售房产的风险。因此，也存在认购合同被认定为无效甚至碧桂园被房屋主管部门处罚的法律风险。

除了以上法律风险外，该众筹产品在操作上还存在一定的不确定性。该房地产众筹以“$1m^2$”为众筹单位，虽然体现了众筹“投资者众，投资金额小”的特点，但又面临在不限定众筹单位认购数量的情况下，会产生单个投资者认购一份或数份众筹单位的情形，该情形与合法有效的法律效果相悖。我国共有制度包括两种：共同共有和按份共有。前者主要是夫妻共同共有房屋，后者是按照份额享有房屋所有权。如果依据按份共有的模式，那么按份共有人只能按照自己享有的份额享有特定部分的权益，而不是全部产权所享有的占有权、使用权、收益权和处分权。这种权利被稀释的具体表现就是：针对同一物业，如果有持有人想转手，但其余持有人不同意，如何解决？如果部分持有人缴纳了购房款，但也有部分购房者由于资金问题不缴纳或未准时缴纳房款，开发商将如何处理、协调该房源？此外，如果换之以按房屋空间划分产权，各产权人对空间的划分几乎不可能明晰。

而按照目前房地产开发的规划情况，一套房屋的建筑面积一般为$50m^2$以上。如果投资人选择转为产权人，一套房屋可能会出现数十位产权人。届时，因各物业存在楼层、户型、用途、面积等方面的差异，如何确定投资人所持产权的位置，房屋产权登记部门是否会对一套房屋有数十位产权人提出异议，每套房屋的数十位产权人间如何行使所有人权力进而实现收益，将考验碧桂园和平安的运营者智慧。

如果投资者选择通过物业收益权的形式取得回报，届时出售或出租物业后分配房款或租金，或部分投资者将众筹份额转让给第三方，则众筹份额实质成了收益权的出让。根据民法总则及物权法的规定，权利人对其合法拥有的财产享有占有、使用、收益、处分的权利，获取收益属于财产权的一种权能。但由于我国现行有效的法律、法规对收益权是否可以转让并未进行规定，实践中存在较大争议，并不排除收益权转让行为在个案中被认定为无效的风险。

从便于操作的角度而言，比较理想的方式是碧桂园在众筹期限届满后由开发商向投资者支付其众筹本金和预期收益，回购其众筹份额，投资者实现退出。但这种模式实质上是借贷行为，如果发生在企业之间，存在被认定为无效的法律风险。

（二）刑事法律风险

众所周知，众筹法律风险中，最关键的是公众性规避。虽然2010年12月13日《最高人民法院关于审理非法集资刑事案件具体应用法律若干问题的解释》中规定："未向社会公开宣传，在亲友或者单位内部针对特定对象吸收资金的，不属于非法吸收或者变相吸收公众存款。"但是我国刑法甚至整个法律体系都是建立在"重实质正义"的基础上的，如果有人恶意将陌生客户加入朋友圈，然后进行宣传诱导，在满足其他要件基础上，可构成非法吸收公众存款罪等罪。加之，对微信朋友圈的理解也有不同的司法解释——究竟是私人交流还是公共场合？这有待更多案例印证。

为此，应加强众筹行业的立法与监管。众筹立法不仅要"破旧"，还要"立新"。主要是因为众筹行业确实存在较多"新"风险。典型如股权众筹，内生性风险包括：(1) 投资者参与筹码较大，普遍超万元；(2) 筹资企业基本都是早期小微企业，抗市场风险和行业风险能力弱；(3) 筹资企业信息披露简单粗糙，投资者与筹资者息极其不对称；(4) 投资回报周期长，投资者退出渠道少；(5) 很多参与股权众筹的投资者并不是专业投资人，缺乏估值、投资与投后管理能力，风险判断与抗风险能力弱；(6) 很多非专业投资者抱着买原始股暴富的心态参与。上述风险，目前尚不可能完全消除。但至少应该做好征信工作，筹资企业应该做到充分的信息公开，众筹平台应该做到充分的投资风险教育与提示，以充分保护投资者的利益。

（三）房地产众筹如何规避法律风险

针对以上分析，想要规避这些潜在的风险，房地产众筹首先应根据国家房地产总体政策与市场经济活动现状，将房地产预售制度和不可割裂销售原则与众筹的有效性结合起来。

与此同时，应构建起合格投资者保护机制，区分众筹类型实施注册备案和实质审批，加强对众筹平台的监管；应建立项目审核的标准化评判体系，保护投资者的利益。

此外，做好投资者投资资金的监管，防止资金被挪用或挥霍，对于控制众筹产品的风险也尤为重要。

所以说，在"互联网 +"的大环境下，相较于传统的投融资模式，房地产众筹拥有极大的发展空间，值得期待。但在我国现有的法律框架下，房地产众筹还存在一定的法律风险和障碍，其效果具有不确定性。在维护创新、鼓励创新的前提下，需要金融界、法律界等人士的共同努力去完善众筹的规则，解决房地产众筹的法律障碍，建立符合中国特色的房地产众筹法律体系，将对我国经济发展产生深远影响。

七、房产众筹的未来发展趋势

对于一个仍处于萌芽阶段的新事物，我们无法完全预见其未来。但一些趋势性的信息，如房地产众筹平台将朝着专业垂直化、低佣金率化发展、代建服务商的兴起、个性化社区定制及互联网地产时代的来临等，都是极有可能的。

（一）房产众筹必须打开项目空间

现在市场上的房产众筹平台大都紧盯着房地产开发商，房产众筹自身的不成熟，让房产开发类众筹还处在萌芽状态，所以很多众筹平台的项目量非常少，客户没有选择空间。实际上，房产众筹不应该完全被定义为开发类众筹，大量的房产存量市场需要去改造，需要去运营，需要去盘活。因此，从业者和投资者完全可以打开思路，加大运营类房产众筹的力度，让房产众筹平台拥有更多可选择的空间和余地。另外，众所周知，人类的2/3活动是在房子空间内完成的，把这些活动与房产联结起来进行众筹的实践，也应当是房产众筹的题中之义。

（二）房产众筹必须关乎梦想与情怀

房产众筹只是房产市场的一部分，不是房产市场的救世主，不可能解决房产市场现存的全部问题。那些已经证明是失败的项目，如没有市场价值的烂尾楼，难以销售的远郊住宅等，众筹也不能扭转其失败的事实。房产众筹必须服务那些能让人眼前一亮的有创意的项目。

这些项目承载着项目主的梦想与情怀，同时也能激起投资者的兴趣，这就会使得在项目还没有开始时，项目主身后就有一群痴迷的群体支持他们，这是房产众筹成功的根本。

房产众筹还可以加大公益力度，帮助更多困难群体实现空间条件的改善，帮助他们享有更好的生活。房产众筹必须放开心胸，帮助房产市场实现资源的优化配置，帮助人们拥有更好的生活空间，帮助更多的人实现房产梦想。

（三）房产众筹必须关注核心价值

房产众筹必须能说服投资者，他为什么会跑赢市场以及凭借什么战胜传统模式。这个问题可以从下面三个角度来回答，这也是房产众筹的价值核心：

一是更关注用户，无论是房产用户还是投资用户。传统房产模式更关注产品，在楼盘封顶前与用户沟通不足。而房产众筹可以从拿地阶段就与用户保持互动，让用户成为产品设计和投资的主要参与者。

二是让效率更高。房产众筹继承了互联网的基因，让科技帮助房产行业再次腾飞，帮助房产行业实现全流程再造，发挥众筹筹智的优势，提升效率，降低成本。

三是让信息沟通更直接。房产众筹项目与用户的沟通必须是随时随地且时时畅通的。这样方便各类主体者以主人翁身份直接参与进来，为项目进行献言献策。

比如，房产的建筑工人也可以成为房产众筹的用户，可以直接传送房产建筑的信息；房产用户也可以时刻关注并传递房产周边的情况，让所有主体通过房产众筹平台实现信息流的高速沟通。

（四）平台趋势：专业垂直化和零佣金化

由于不同类型的房地产众筹在融资量、融资对象、回报和退出机制、风险管控要求等方面都各不相同，这就为平台专业品牌化经营提供了空间，专业垂直化可以为众筹平台带来更多人气和收入。国内首家众筹网站"点名时间"之前的运营效果并不理想，在 2014 年 5 月转型专做智能硬件众筹之后，媒体项目以及 VC 蜂拥而至，项目数、购买人数、营收均出现了倍数级的增长。

目前房地产股权合作型众筹平台大多兼顾投资者和运营者角色，有投资和运营获利，众筹平台本身免费。从可持续运营的角度，第三方平台很多还是会收佣金，需要有收入才能维持生存。但必定会有一些房地产股权众筹平台会实行"零佣金率"，出现像"QQ"和"微信"这样的免费平台。从互联网事物发展的趋势看，几乎所有的收费平台都会被免费平台打败，所以未来房地产股权众筹平台最终很可能零佣金化。

（五）行业趋势：众筹代建、个性化定制和互联网地产时代来临

对个人或机构而言，介入房地产开发的最大瓶颈是能否有效筹集资金。而房地产众筹一旦实现，形形色色的主体都可参与房地产开发，众筹代建服务即将兴起。就像"当代置业"为其他房企代建绿色科技地产，"蓝城"为中小房企和各类资本代建品质住宅，未来的众筹代建商将主要凭借自身的核心竞争优势来赢得一席之地。

在房地产众筹模式下，社区运营垂直化和个性化定制将有机会出现。乐居南京股权投资基金提出的众筹模式就提供私人定制，参与众筹建房的人可以在平台上交流讨论，决定在哪拿地，小区将会是什么样子，甚至左右邻居

都能提前确定，这已具备“个性化垂直社区”的雏形。

截至目前，“房地产众筹”已进入实践阶段，而“互联网地产”却仍处于概念阶段。在众筹模式下，“互联网地产”将做得更深入：所有环节如买地、定位、设计、开发、销售、运营等均可由互联网上的专业服务商提供，传统开发商成为产业链中的一环。同时，传统房企也可以转型做互联网地产，尤其像万科这样致力于小股操盘的房企，必会青睐这种模式，因为企业无须资金投入，就可掌控项目后期物业商业运维，坐享品牌溢价、管理佣金以及运营收益。

（六）制定完整的众筹流程是关键

对于众筹代建这一容易引发法律问题的服务，要想发展下去，最重要的还是制定出整套流程，流程标准化将大大降低众筹代建商承担的风险。在未来，一旦有房企首先制定出整套众筹代建的流程，并对财务、法律、制度方面进行完善，其他房企也将效仿，从而有望使房地产众筹和代建形成产业链。

第二节　农业众筹

一、农业众筹的概念

所谓农业众筹，是指采用互联网和社交网络革新原有的农业生产流程，让大众消费者参与到农耕之中，倡导的是食品安全，可追溯农业生态，提前汇集订单，使农场和农业的从业者提前组织生产，以订单驱动农业，通过互联网、众筹和大数据推动中国订单农业的发展。

目前国内最常见的农业众筹模式是农产品众筹。农业众筹通常做法是，农场作为项目的发起方，在众筹平台上发起一个项目，大家先众筹资金，将资金投入在众筹平台上，然后农场根据需求进行种植产品，等农产品成熟后，用户既可以选择投资回报也可以选择实物回报，选择实物回报会将产品直接运送到用户的手里，使得农产品有了一个通往市场的全新渠道。

实际上，农业众筹运行模式的核心是农业众筹平台，它连接了大众农业投资者和需要融资的农业企业或项目（通常称为“项目发起人”）。大众通过农业众筹平台了解项目发起人提供的项目信息和预计筹资金额，并通过平台与项目发起人进行沟通，互相反馈信息；当大众选定了需要支持的项目后，会与农业众筹平台和项目发起人签订协议，通过银行或者第三方支付机构支付支持资金，银行或支付机构会暂时保管投资人资金作为保证金。如果项目筹资额达到了预计额度，再按照平台约定的比例分期转移资金给项目发起人，平台会对项目启动后的情况进行持续监督，如果筹资额未达到预期目标，则将资金退还给支持者。项目发起人为表示感谢，会在约定的回报期限内直接给支持者以相应的农产品实物或服务作为回报，并将回报情况反馈给平台。

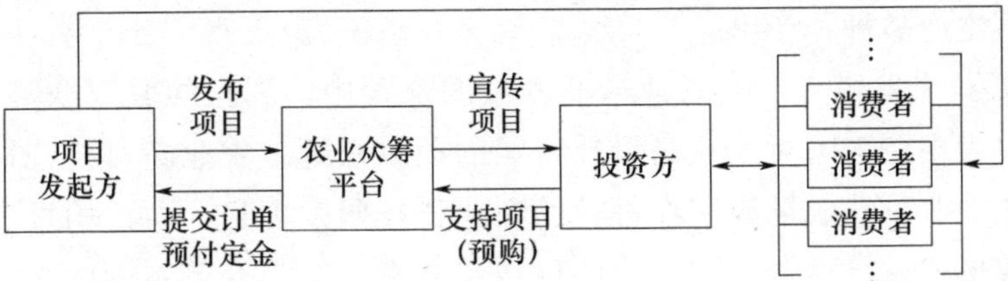

图4－5　交付农产品

二、农业众筹发展的背景

（一）国外农业众筹发展概况

农业众筹来源于美国，美国的农业众筹模式大概可以分为以下几类：

1. 家庭农场众筹模式。农场和家庭是农产品生产和消费的起点和终端，现有的农业产业链除了两头的终端外，还有众多的中间环节，如产地批发商、销地批发商、零售商等，流通链条上的多次转手极大地增加了农产品的成本，加价比例甚至达到了 6 倍左右。农业众筹采用的 F2F（家庭到农场）模式，直接在农场与城市家庭间构建农业生态关系，使家庭直接参与到农业生产的全过程中。通过对农场和家庭搜索匹配，由家庭直接对农场下订单，农场履约提供农产品的服务。这一模式，打通了农场、农户与家庭消费者间的壁垒，既提高了农业生产的针对性，极大地满足了家庭消费的需求，同时也缩短了农产品销售渠道，实现多方共赢、利益最大化的目标。从实质上，这种模式属于订单式或预售式众筹。

2. 借贷式或负债式众筹模式。这种方式通过众筹融资，为新设创新创业企业提供资金扶持。筹资的中小微企业在平台发布借款项目，为农产品生产、农业科技推广、农机添置和生产扩容等项目向公众筹集资金，并承诺还款时间和利率。

3. 农业资本众筹模式。农业资本主要体现为土地。通常而言，农场主转让土地很难在较短的时间内寻找到合适的买家。而对于投资者来说，大片土地投资所需的巨额资金也很难筹集。为了解决上述土地交易的矛盾，土地股票这一众筹模式应运而生。这类农业众筹以一定面积土地为标的，由消费者众筹投资买入，然后由众筹公司或者专业资产管理机构代租。其中，既有购买土地股票从而间接拥有土地的“Fquare”模式，也有购买特定土地未来产出物的预售模式，但两种模式均需要对土地标的进行确认，并能有效地区分土地及其生产品种和产出。

4. 股权众筹模式。在农业产业领域的众筹中，真正的股权众筹非常少，目前主要表现在美国对农业高科技公司的股权众筹。农业高科技公司通过展示拥有的农业科技成果或正在进行的农业科技研发项目，向机构投资者和公众以股权形式进行融资。与传统的科技和艺术创新类众筹不同的是，捐赠式众筹在农业众筹中非常少，仅仅作为上述农业众筹模式的辅助表现形式。

（二）国内发展前景

众筹行业的快速发展，已经遍布各个领域，产品众筹、私募股权众筹等，对于中国这个农业大国来讲，农业也可以参与到众筹的行列中，中国的农业众筹由于其国情有一定的独特性，发展空间非常巨大。

农业与互联网相结合的发展与服务方向是中国农业发展的重要目标，农业众筹将有可能改造传统行业，开创传统农业发展的新模式。这种模式改变了以往的运作模式，给予农业发展提供更广阔的成长空间，农业众筹的主要本质是“互联网金融 + 农业”的商业模式。

农业与众筹结合的模式可以帮助一些中小型创业团队筹集资金，并且积累粉丝客户，通过众筹平台进行品牌宣传与前期的市场测试，众筹的方式既可以锁定销量，更是提前开启预售模式，更好地保证农民的收入。

农业众筹可以发生于农业育种、农产品流通、生态农场、农业机械、生物肥料、农业科技、农业金融的整个农业大链条的各个环节。不少业内人士对农业众筹寄予厚望，认为其解决了农产品安全、信息不对称、中间环节过多等问题，而且增加了农民收益，大有前景。

三、农业众筹的分类

从众筹的商业模式来说，可以分为消费型、平台型和权益型三大类。消费型农业众筹是我国农业众筹项目中的主流，这种以相关农产品作为回报的方式操作起来比较方便，不需要过高的资金门槛，同时也更能获得投资者的信赖。“大家种”及“尝鲜众筹”上的项目基本上都采用了这种方式。

(一) 消费型农业众筹:“大家种”“尝鲜众筹”

【大家种】

2014 年 4 月,“大家种”上线,采取双向经营模式,在具体运作上,“大家种”形成了一系列可借鉴的具体操作方式。即城里用户认种农场;农业从业者将自己的农场推荐给消费者。“大家种”的定位可以总结为 F2F,既 Family to Farm,家庭到农场。由于土地流转较为敏感,目前“大家种”平台上被众筹的土地多为短期“租赁”,还有一些项目是和已取得土地使用权的组织合作,甚至还有一些“可追溯”的农产品可以售卖。以众筹的方式建立城市周边农场与城市居民之间的桥梁和纽带,消除诸多中间环节,保证了农产品的销路,满足了居民对绿色产品的需求,使其在新鲜农产品上的开销大大减少。农业众筹在农产品配送过程中将涉及距离的问题,“大家种”上的项目基本以北京市为中心向周围辐射,短途运输大都由农场主自行配送,而远距离运输将在农场和家庭之间加入冷链物流这一环节。我国冷链物流尚处于初级发展阶段,顺丰优选、京东等电商纷纷在该领域里崭露头角,而我国“十三五”冷链物流产业发展规划的制定也将为这一环节的完善提供保障。

在互动与食品安全方面,“大家种”要求农场在项目动态页中公布生产过程里的重要节点照片、视频等,设置 24 小时实时监控的摄像头;网站用户自发组建运营消费者 F2F 组织,对产品进行考察监督;网站定期组织用户参与走进农场活动;在合作形式方面,“大家种”除自有农业公司外,还与已取得土地使用权的组织合作,三者皆可在“大家种”平台上众筹;在合作安全方面,“大家种”与农场主及用户分别签订合作协议,以约束各方不会在众筹过程中变卦。

项目所筹集资金的流向:每个项目在筹资时间到期前,项目方不能收到资金。达到或超过筹款目标,农业众筹平台依据项目发起方项目执行进度与回报寄出进度来分批打款。分批打款时间和金额因项目不同而各异,在项目上线之前,由农业众筹平台与项目发起人确认。截至项目发起的最后期限,资金支持没有达到预期目标的,该项目的所有支持款项将退回给该项目的各位支持者。

盈利模式:用户下单的钱存入“大家种”账户,待农产品成熟之后再把钱分段支付给农场,平台赚取资金沉淀费用。平台对农场和用户免费,项目定价由农场给出。“大家种”也属于营销派模式的代表,其认为农业众筹是一个通过众筹模式来获取用户的方式。目前的有机农场众多,能够盈利的寥寥无几，原因是成本高，还有就是获取用户的成本也很高。农场10%至20%的收入会用于广告营销以获取新用户，但实际效果并不好。因此，“大家种”的业务方向就在帮助农场做营销获取用户，降低农场的营销支出；另外，聚合农场和用户后，能摊薄物流成本。

“大家种”平台对用户风险的控制采取如下措施：

一是网站会对项目发起人进行包括身份证核实、语音、视频甚至实地考察在内的多项认证；对农场项目进行严格审慎的考查、可行性论证和筛选，包括资质认证，农产品类认证等，并在主页设置用户评价，以起到侧面监督的作用。

二是建立了专门的用户保障体系。在资金安全方面，用户在“大家种”网站上支付的众筹款项不会直接转到农场的账户里，而是暂时由“大家种”网站进行托管。等到农产品成熟，用户确认收到农产品后，“大家种”网站才会将相应数量的资金支付给农场，网站会根据项目进行的阶段，分批次转账给项目发起者。如果农场出现质量等问题，“大家种”网站会将用户的资金如数退回。

在质量保证方面，通过“网站审核”“生产透明”“F2F组织考察”“现场活动”4个步骤多重考察，后期网站会对项目进行持续跟踪，并设有专门的投诉中心防止欺诈行为。尽管如此，为吸引更多的项目上线，众筹准入门槛较低，且渠道广泛，国家目前尚未出台完备的法律法规来进行约束，这些都是内在的风险隐患。

“大家种”是国内首例以食物作为回报的众筹网站，也就是消费型众筹，以众筹的方式建立城市周边农场与居民的消费关系或者投资关系，居民通过众筹获得农场的产出权，农场产出产品按照之前的合约规定回报给众筹者。这样既能消除供应链的中间环节，使农产品价格让更多的群体接受，又能使居民吃上安全、健康的食品，同时设立农场与家庭的通道。这种模式看上去能够让多方受益，居民实际参与到农耕自然体验中。同时，也为农场提供了预售平台，为产品树立品牌，但在实际操作中很难控制，尤其是在国内CSA模式都不成熟的现状下，家庭对农场和众筹网站的信任程度是有限的。

【尝鲜众筹】

1. 平台运作模式

“尝鲜众筹”通过发动城市消费者参与到体验式的农业生产中，来改变原有的生产者与消费者之间的关系，让众筹参与者们从单纯的消费者变成了农业生产者和农业经营者。

“尝鲜众筹”采取角色交叉互换，追求“供养农业”的模式将农业与众筹巧妙地结合在一起，该模式可以让大家通过角色互换交叉的形式，提高对农业产业各环节的认识与信任，提升互动性以增强角色体验感，同时还可以获得优质且值得信任的农产品。这在某种意义上是一种全新生活方式和生活态度的体现。

“供养农业”模式被“尝鲜众筹”视为农业众筹的“终极信仰”。之所以这样说是因为“供养农业”体现了农业需求方与农业生产方一种定制需求和按需生产的供给关系，而不是以往简单的买卖关系。

消费者在充当农业实践者的过程中，体验了农业生产的全过程，自然就有了信任基础。农业生产与消费者之间的距离在众筹这种模式中被拉近，有效地减少农产品滞销和消费者为高价农产品买单的情况，互相依赖，双方获利。供养农业是未来农业众筹的一个理想的呈现形态。新农人和农产品需求者建立的就是一种“爱的供养”的生产组织关系。这种关系将会使消费者们获得有保障的农产品，同时新农人们可以获得高品质农产品所带来的溢价，再加上随着农业监控体系的完备，在一定程度上可以解决现代农业发展中存在的道德风险和信任危机。

2. “尝鲜众筹”项目运作流程：先筛选再塑造

“尝鲜众筹”作为众筹平台首先会对项目本身做足前期的调查筛选工作，总体来说有两个方向：地区特色产品——塑造“产地品牌”；新农人创新理念产品——塑造“新农人品牌”。

然后，再围绕具体属性进行包装，比如“新农人品牌”，“尝鲜众筹”就会从突出项目背后新农人的人格特征入手。以新农人的个人经历和人格魅力为其背书，间接传达产品本身的价值属性和特色优势。例如，尝鲜网成功上线的“云上果园的樱桃”项目，通过对项目发起人郭云上人格魅力的诠释和展示，认可了郭云上对于追求樱桃高品质的坚持的同时也认可了产品的本身。

“尝鲜众筹”承诺为农业项目创业发起人提供募资、投资、孵化、运营的“一站式”专业众筹服务。“一站式”众筹服务的关键点在于众筹项目本身优势是否凸显。此外，农业众筹项目应该是多元化的，除了最基本的农产品初级众筹，当然也会包括农场众筹、技术众筹、权益类创业项目众筹、公益类项目众筹等泛农业类众筹，只要是与农业有关的任何项目，均可以通过众筹满足诉求。

“尝鲜众筹”的业务板块里面除了现在几家农业众筹网站中都在做的产品众筹外，还将有股权众筹板块；其所做的产品类众筹项目是从打造农业品牌的角度出发，而不是简简单单的卖货。这将为现在众多的农业创业者打造一个募资平台，通过权益性项目募资筹集项目资金，寻找农业天使投资人。

3. 平台风控措施

多数农业众筹基本都是以投资兼消费者预先支付资金为运作前提。农业众筹平台会采取某些措施以保障投资者利益免受损害。“尝鲜众筹”在风险保障方面做得是较为完善的，其建立的风险保证金制度能为投资人资金损失提供保护，即平台接收投资兼消费者的资金后，将其中的80%提交项目方，预留20%作为保证金，只有当项目方交付农产品，成功完成项目才能收到全额钱款，而如果项目失败，则20%的资金将被返还投资方，然而对于其余资金的追溯，平台也并不能完全负责。故而在农业众筹的整个链条中，投资者兼消费者所面临的风险是项目方由于项目运作失败而带来的金融风险和信用风险。另外，众筹平台往往以互联网作为运营载体，而网络的开放性和自由性强，相关法律亦不健全，因此对于众筹平台而言，其风险在于保障网络平台上运行操作频繁的农业众筹资金的安全。

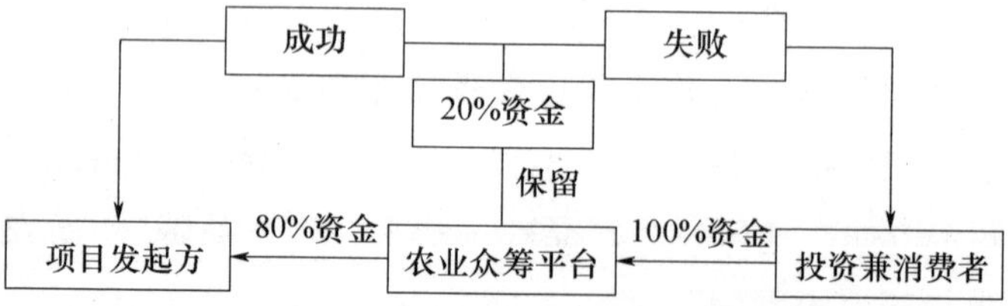

图4－6　“尝鲜众筹”风险保证金制度

“尝鲜众筹”属于资本派模式的代表，而资本派就不满足于仅是农业项目的合作者，而是旨在成为整个项目的资源整合方，培育孵化出优质的农业项目。“尝鲜众筹”认为，中国虽是农业大国，但一家一户的生产方式，不能形成产业链，抗风险能力、资金、技术、品牌都不够强大，生产者和投资者无法获得足够好的回报。产业整合是农业未来发展的必由之路，这就需要大量资源和资本的介入。因此，同样对于一个农场项目，“尝鲜众筹”不仅仅做项目众筹，并且积极在农产品上下游产业链寻求整合机会，力求与上下游联动，拉动品牌效应，形成口碑，然后再做农场的股权众筹。将产品众筹与股权众筹叠加，形成一整套投资策略，确实颇有新意。其背后也需要巨大的资源整合能力去做支撑。

“尝鲜众筹”提出了自己的众筹理念，即“众筹人脉”“众筹智慧”“众筹资本”“众筹未来”。所谓的“众筹人脉”即通过众筹，累积相关的行业产业链资源或者是客户资源，此时项目本身便演化为传达项目发起人理念和愿景的沟通媒介，吸引对项目感兴趣的资源介入，达到一举多得的效果。“众筹智慧”即体现了众筹的过程参与者们的头脑风暴，在思维的碰撞交互中赋予项目更多的智慧与意义，或许会创造出超预期的价值。对于“众筹资本”，最直接也是最基本的理解就是通过众筹活动获得项目启动或完善资金。如果从宏观的“资本”来看，就是让农业项目在受人关注中发展，不断累积“市场认知资本”“技术资本”“智慧资本”“品牌资本”。

众筹未来则体现了无论是项目发起人还是众筹参与者都能在众筹项目发展过程中，一起期待未来，期待各自共同的价值体现和溢价收益。

（二）平台型农业众筹：“有机有利”、Agfunder

平台型农业众筹侧重于构建平台和创造机会，以自身优势提供产品规划、项目发布等服务，撮合有意向的投资者及项目创始人。

【有机有利】

“有机有利”成立于2012年7月，由来自阿里巴巴、淘宝网、新浪网和中国农业大学的多名前高管人员共同创办，是淘宝网生态农业频道核心合作伙伴。2014年1月，其率先推出了F2F（农场到家庭）电子商务理念，4月上线众筹平台。

“有机有利”是国内领先的生态订单农业平台，专注于生态农业众筹和有机食品订制的网站，在国内首创众筹土地项目。由通过认证的原产地农场企业直接发起众筹项目，消费者参与支持并获得回报。

“有机有利”开发了名为“生态通”的农场项目管理系统，内容包括展示专区、项目发布、网络推广、产品销售、农商对接等5项功能。以此来帮助农业企业开展订单农业，在收获前就实现预售和众筹。“有机有利”计划给300个企业、1000个产品免费提供电子商务运营服务，服务内容包括免费产品规划、网页制作、产品上架销售和物流代发货等。

平台运作情况：平台运作农业众筹项目共计34个，已经有24个项目获得成功，成功概率较高。项目分为：回报型（商品众筹）和股权型两种，目前已上线12个项目（1个股权类）。

成功案例：2013年，河北省特产宽城板栗通过有机有利的全网营销活动，在淘宝网和天猫商城热销，直接销售额超过200万元，主动咨询批发和加工生产的经销商数百个，从而带动了整个淘宝网板栗食品行业的火爆。

“有机有利”是预购派模式的代表，“有机有利”将众筹视作农场与消费者之间提前建立订单关系的渠道，称之为“预购”。如果农场和消费者能够提前确定订单关系，生产商可以提前锁定一部分订单，降低了生产风险，而消费者可以以比较优惠的价格买到优质产品。由于定位是订单关系，“有机有利”对农场提供的服务也着重在流通端，比如如何对众筹产品定价；如何实现便利的支付；如何做到用户满意物流体验；等等。而这些也正是一般农场最薄弱的环节。当然，无论是营销派还预购派，其立足点都是为农场提供服务，两者之间是相对平等的合作关系。

【Agfunder】

Agfunder 是全球少有的以股权和债权式进行融资的农业众筹平台，投资项目主要集中于农业生物技术、农业机器人、精确农业技术和能源等高科技领域，目前仍以农业和能源领域为主要着力点，并追求较高的农业科技含量。整个项目采用领投人制度，由专业的风投、天使投资、机构投资、经纪人、投行担任领投人或领投机构，采用跟投方式进行。投资项目经专业的农业专家委员会进行筛选，然后经过技术、商务和风险评估，最终能在 Agfunder 平台进行融资的不超过申请总数的5%。在 Agfunder 进行项目筛选的时候，特别突出股权融资项目未来的退出机制的设计和考量，退出方式主要有机构投资、出售公司、进行 IPO 和股权分红等。在美国农业众筹类项目中，农产品预售型的众筹项目占比很小。可能的原因在于美国农业产业规模化经营程度高，农产品流通较为通畅，基本不需要通过网络众筹进行农产品的预售。而美国农业的优势则在于农业科技的研发和应用，因而，农业高科技公司的项目众筹，特别是股权众筹则居主流地位。

Agfunder 是一个让农业生产者能获得农业集团更多投资机会的融资平台。通过这个平台，农民、农业科技公司和食品加工公司都可以从投资者那里筹集资金。通过发起人资质和项目审核、项目发布、投资、履约等步骤完成融资。而 Agfunder 收取 20% 的利息，或在返给投资者的利润中分成。

Agfunder 致力于提供一个项目和投资者对接的平台，不过仅限于农业相关项目。如一个农场管理系统公司 On Farm，就在 Agfunder 上筹集了 89 万美金的种子投资。

（三）权益型农业众筹："耕地宝"、Fquare

权益型农业众筹因为涉及股权或土地产权，目前在国内尚属于试点阶段，典型的比如"耕地宝"。Fquare 也是该类型众筹的一个良好的范例。

【耕地宝】

2014 年 3 月，安徽农民、浙江兴合电子商务有限公司和阿里巴巴聚划算平台等联合推出"耕地宝"。主旨为将百姓手中的"散钱"聚合起来进行再投资，投资者不仅可获得私人农场一年四季的无公害蔬菜，还可获得去当地旅游的免费门票和住宿等。据悉，该项目上线仅几天就有 3560 名投资者认购了土地，认购面积达 430 余亩，销售额为 200 余万元。目前该公司还将再次联合聚划算投入 1 亿元推广该项目，预计在浙江、安徽等地流转 5000 亩土地。

【Fquare】

美国 Fquare 公司通过土地的流通转让实现了农户和农场的筹资要求。Fquare 构建了全球首个土地投资的众筹平台，农户或者农场将需要出售、众筹的土地展示在众筹平台上，土地按每平方英尺进行标价，以当期的市场价格为基准计价。投资者通过购买的土地股票间接地拥有一片土地，并取得租金和连续 20 年 4% 至 6% 每年的利息。作为平台方的 Fquare 公司，提供土地转让信息和中介服务，并提供土地股票二手交易的平台，同时每月为投资者代收租金。平台的主要收入则来源于各项业务收取的手续费：购买土地股票 5.9% 费率，出售土地股票手续费 2.9%，土地管理费每年 0.5%。通过将整片土地化整为零，以土地股票的形式进行交易，极大地改善农户或者农场土地出售条件，促进土地的流转，为农户或者农场实现土地项目融资。对于投资者而言，耕地的稀缺性必然引致土地价格或土地产出价格的上涨。据联合国统计，世界人均可耕种土地已由 1960 年的 1 英亩逐步降至 2000 年的 0.75 英亩，预计到 2030 年将仅为半英亩。因此，对土地的投资将因耕地稀少而变得有利可图。

Fquare 的模式是建立一个垂直的土地流转的平台，用户（美国本土或国外的投资者）通过购买选定的某区域的某块土地的股票间接拥有一片土地。土地由"Peoples Realty Company LLC"（简称 PRC 公司）公司代持及管理，农户将土地出售给"Fquare"平台的募捐投资者，融资成功后，农户变成承租人，投资者变成地主，农户需要支付给投资人 6% 的利息长达 20 年。PRC 公司将土地租赁给当地社区的农民，并代收租金。对投资人而言，其不仅能收到从农户手中获取的租金，还可以在二级市场上出售股份给别的投资者。每一年，投资人可以投票选择是否继续投资，也可以选择出售给房产经纪人。在 Fquare 平台，土地的流转因为化整为零，使得土地的流转和买卖变得更为便捷。同时平台提供的土地回租业务，保证了土地在流转中不被荒废。

此外，Fquare 另一种新模式是投资人集资购买土地，雇佣当地农民耕作，区别在于将租金换成了上缴的粮食。理论上，农民可以不用缴纳一分钱，同时也可以保证粮仓的殷实。

权益型的农业众筹，可能是前景最为广阔的细分市场。其实 Fquare 已经提供了一个巨大无比的市场方向。中国有巨额的外汇储备要投向海外，有庞大人群有海外置业或移民的需求，有高净值人群有海外高端农产品的消费需求，如果能打通中国消费者与海外农业之间的阻隔，必可创造一片蓝海市场。

四、农业众筹可以做什么

农业众筹不仅仅是模式的创新，还发挥着许多实际功能。

（一）农产品众筹

农产品众筹在国内已经非常常见，比如“本来生活”与“众筹网”联合推出的“尝鲜众筹”，其众筹的项目是延安宜川红富士，在选择品类上，“本来生活”可谓独具匠心，所主打的“北纬 35°海拔 1000 米”的延安宜川红富士是一线城市较为少见的苹果，有足够的吸引性。不过由于“众筹网”的风格和创意属性，“尝鲜众筹”并不适宜“众筹网”，并且有的农产品生产链很长，具有极大的不可控性，后续服务无法保证，经过几次尝试后，“众筹网”在自己的项目发起规范中不允许发布的项目第一项就是：食品、农产品、酒类项目。农业众筹网站“大家种”则不同，它弱化了创意和情感属性，还原了农产品原汁原味的属性，不讲故事不凸显创意，只是强调 F2F（家庭直达农场）这一特点，让城市消费者与新农人之间进行无缝对接。农产品众筹目前还需要一段观念的培育期，大众有着稳定的农产品消费习惯，不是说变就能变的，不过该变的迟早是要变的。当然以上都是消费型众筹，农产品还可以是股权型，现在很多新农人正在酝酿各种创新型的农产品众筹形式，比如端午众筹一个粽子品牌，集合众人的资金然后回报股权。

（二）农业技术众筹

Agfunder 从农业技术这个点切入，给了我们许多参考和想象，不过国内的农业技术比较薄弱，目前能形成气候和品牌的少之又少，国内可以考虑以下这些农业技术的众筹：

一是类似于杂交水稻的增产技术，粮食在整个世界都占据重要位置，粮食增产技术当然也格外受到青睐；

二是类似于引种蓝莓等新型农作物的种植技术，这项技术的价值点在于该农作物被世界公认有价值并具有极大的稀缺性，通过该项引种技术可以解决稀缺性问题；

三是有机化肥农药技术，随着有机食品的热度逐渐升温，围绕着有机食品会形成一条系统的产业链，任何一个不可替代的环节都是值得投资的；

四是农业信息化，随着“互联网＋”的发展潮流，农业信息化技术已经开始走入人们的生活。

（三）公益众筹

公益众筹在农业方向上实际有更大的需要，除了教育领域，农业也需要“希望工程”。比如，西北治沙、农村建设等使社会资源得到更有效的配置，在这一点上可以借鉴“阳光书屋”这种运营模式，总之农业上的公益众筹大有可为。

五、农业众筹目前存在的问题

作为一项新生事物，农业众筹也并非“包治百病”，目前在我国仍处于探索时期，其在发展过程中尚存在着一定的困难。

（一）市场认可度低

农业众筹平台是以聚拢客户（投资兼消费者）与项目发起人（生产者、农场）为目标，发展农场、沟通城市的一条直接的农产品供养链。但目前F2F模式不成熟，市场上消费者受到传统交易习惯和信任问题的影响，对于农业众筹的认可度依旧不高，认知率低，目前国内尚未形成有较强影响力、较大规模的农业众筹模式。我国农业众筹仍旧定位在满足“小众高端”市场需求，例如一些家庭对于稀有农产品、有机农产品的高端定制，以及追求创意农业附加值的文艺小众的需求。如何让广大消费者接受并信任农业众筹模式，扩大普及面，提升参与度，是摆在所有农业众筹平台面前的首要问题。

（二）运营成本高

首先，农产品固有的生产周期较长、保值期短、单价较低等特性，使得种植户在农产品生产过程中须承受灾害风险和市场风险，而送到消费者手中的物流成本也很高。目前，电商最大的物流成本已不在一二级市场，而是在三至六级市场。“最先一公里”是决定农产品能否完好运到城市的关键环节。其次，农业众筹缺少监管。在农业众筹过程中，一旦出现资金监管不到位、生产过程不透明、产品标准不明晰等问题，出钱众筹的人和组织生产的人之间就会产生纠纷。最后，在目前的状态下，公众对农业众筹的认知度还比较低，尚处在市场培育阶段。据悉，“大家种”“尝鲜众筹”等农业垂直领域专业众筹平台还没有涉及股权型农业众筹，主要原因在于土地流转、法律风险、财务管理等尚不成熟。

F2F直供模式虽然在一定程度上控制了产品流转价格，但事实上农业众筹从农产品田间种植管理直至输送到客户端，涉及农业、仓储、物流等方方面面，运营问题繁杂，成本居高不下，导致最终并不能真正实现低价。在运营过程中，农产品种类繁多，不同地区的季节、气候对其影响不一，导致成功的管理团队设置和模式操作不能够跨品种、跨地区复制，而每一次不同产品进行的众筹都是一次需要高成本投入的新尝试；仓储问题一直是农业众筹的一项重大支出，但农产品多不耐存储，且不同产品对于储存环境的要求不尽相同，往往造成投资利用率不足；农产品众筹运输环节所必备的冷链物流在国内方兴未艾，但供应商多为个体经营，规模小，运输成本高且效率难以保障。

（三）项目形式过于单一[①]

农业众筹存在项目形式单一问题，主要表现在两个方面：

第一，适用的农产品单一，即走高端小众路线。如何能使这种众筹经营模式产业化、规模化是困扰项目开发人和投资者的一大问题，而只有做到农产品的普适性，才能真正实现普惠大众。就目前来看，农业众筹只适用于某些特定的、经济价值较高的农产品。对于一些大宗农产品，比如粮油，则不太适用。

同时，众筹项目缺乏创新，存在“跟风”现象。例如，“众筹网”上一个赣南脐橙的项目成功之后，一系列有关橙子的项目随之而来，形式也很少发生变化，导致一部分项目融资失败。

---

① 参见王安琪：《“互联网+”背景下农业众筹面临的机遇与挑战——以“大家种”网为例》，载《电子商务》2015年第9期。

第二，所应用的农业链条单一。农业众筹可以发生于整个农业大链条的各个环节，从农业育种、农产品流通、生态农场、农业机械、生物肥料，到农业科技、农业金融等。从大多农业众筹平台上的项目来看，我国农业众筹只涉及农产品流通和生态农场这两个环节，虽然适合于目前多数消费者的需求，但从长远来看，则不利于突破传统农业发展资金、技术、市场的模式，也不利于实现跨资源整合。

众筹项目能否筹资成功，能否顺利运行与项目的可行性、消费者的预期等关系密切。通过一些分析报告可以看出，“农业+众筹”的模式仅能针对小部分高端用户，具体合作模式仍需要进一步探讨。

（四）“农民”与“新农人”的承接受阻

互联网上对“新农人”的定义是：“新农人”是一群重信息、重资源、重互利、重创新的农业爱好者、投资者、服务者，他们是有文化、懂技术、会经营的新型农民的早期形态和探索者，是时尚农民。相比之下，传统意义上的农民在生产经营上面则显得有些保守。然而，“新农人”大多是继承父辈的传统，或是单纯对农业有着特殊爱好的群体，他们易于接受和使用互联网技术，并不意味着他们在具体的种植经验上能够超越传统农民。基于这种特点，农业众筹项目的经营规模受到了限制，项目开发者比较愿意在近郊选择一小片土地来进行尝试。而掌握丰富土地资源的农民又难以在短时间内接受这种全新的模式，传统与创新必然要经历碰撞和磨合，这使得两者的承接遇到了阻碍。

六、农业众筹可能涉及的法律风险

处于农业转型革新时期的中国需要农业众筹模式带来活力和导向力，与传统农业融资和经营模式相比，农业众筹在崛起中展示出明显的优势，并将成为现代农业转型发展的重要模式。但实际上一个农业众筹项目要取得成功并不容易，其风险来自各个环节，而项目发起人、投资兼消费者、众筹平台三方均须承担。

（一）民事法律风险

1. *农业众筹面临着产品或服务不能如期交货的风险*

目前回报众筹最大的法律风险在于项目发起人不能履约或不能完全履约，这是由众筹项目本身的性质所决定的。在项目发起人和众筹投资人有明确约定的前提下，众筹投资人应自行承担该等风险，但如果项目发起人就项目本身造假，项目发起人可能涉嫌集资诈骗罪。

2. 资金用途监管不力风险

众筹模式主要是通过网络平台集资，在一个虚拟环境如何保证诚信，是任何一个投资人首先需要解决的问题。由于缺乏成型的规范，缺乏监督资金使用的标准，现在全靠筹资人的自觉与良心来管理运用这些筹资，缺少监督。

虽然行业内规定众筹平台有对资金运用监管的义务，但因参与主体的分散性、空间的广泛性以及众筹平台自身条件的限制，在现实条件下难以完成对整个资金链运作的监管，即使明知筹资人未按承诺用途运用资金，也无法对其进行有效制止和风险防范。

在众筹模式中，投资人可以通过融资项目或多或少地获得不同程度的回报，而回报的数额基本上会超出其所投资的金额，使其能够获得额外的收益。或许投资人并未过多在意筹资人是否将资金用于承诺的用途之中，原因只在于双方的交易具有明确的目的性，即投资人需求获益，筹资人需求资金，在各取所需之后，资金用途已经显得并不那么重要了。

3. 侵犯知识产权的风险

知识产权是指权利人对其所创作的智力成果所享有的专利权利，各种智力创造比如发明、文学和艺术作品以及在商业中使用的标志、名称、图像以及外观设计，都可被认为是某一个人或组织所拥有的知识产权。

在农业众筹中，筹资人主要通过平台展现其创意，以独特的创意作为实现融资的卖点，而投资人则是以支持创意为出发点，同时能够享受到产品在市场发售前或发售同时率先试用的待遇，但大部分筹资者发布的项目属于还未申请专利的半成品，也有些项目仅处于生产筹备的阶段。而根据知识产权法的相关规定，可授予专利权的产品应当是完整形态的产成品，具备产品的形状、构造等。这也就意味着，筹资人在展现创意的同时无法依据相关法律法规保护其权益，一旦创意被剽窃，将面临无法维权的风险。

4. 存在投资合同欺诈的风险

农业众筹实际上就是投资者与融资者之间签订的投资合同，众筹平台作为第三者更多的是起居间作用。投资用户通过平台对所选中的项目进行投资。但是，如果平台与融资人之间存在某种利益关系，便很容易产生道德风险问题，此时平台或融资人获取大量融资款后逃匿或以投资失败等借口使得投资款石沉大海。

5. 违约风险

在互联网金融平台进行交易撮合时，主要根据项目发起人提供的身份证明、财产证明、缴费记录等信息评价发起人的信用。一方面，此种证明信息极易造假，给信用评价提供错误的依据；另一方面，即使是真实的材料，也不免存在片面性，无法全面地了解发起人的信息。如果发起人以此形式进行融资，那么投资人面临最为突出的风险是发起人违约，即发起人不能清偿到期农产品或其他替代品而导致的损失，若加之其所提供的身份证明等资料存在造假，投资人将面临诉讼无门的困境。

6. 众筹平台权利义务模糊

一般来说，众筹平台的作用在于发现投资者与融资者的需求并对其进行合理的匹配，提供服务以促成交易并提取相应的费用作为盈利，属于一般的居间合同。从众筹平台与投融资双方的服务协议可以看出，众筹平台除了居间功能之外还附有管理监督交易的职能，并且实务中众筹平台要求投融资双方订立的格式合同所规定的权利义务也存在不对等。因此，目前众筹平台与用户之间的关系需要进一步厘清，并在双方之间设定合理的权利义务关系。

（二）刑事法律风险

1. 对创业者而言面临的刑事法律风险

（1）有可能涉及非法集资类犯罪

所谓非法集资，是一类犯罪的统称：包括非法吸收公众存款、集资诈骗、诈骗等。其中一个基础罪名叫作“非法吸收公众存款罪”，在互联网金融领域这是最常见的罪名之一。

（2）集资诈骗的法律风险

集资诈骗是指以非法占有为目的，违反有关金融法律、法规的规定，使用诈骗方法进行非法融资，扰乱国家正常金融秩序，侵犯公私财产所有权，数额较大的行为。创业者在发布招募信息时，往往企业尚存在于初建时或项目准备期，如果创业者在资金募集时，向广泛投资者作出虚假的广告信息，以根本不存在或者明显与市场未来不符的融资项目，则有可能构成集资诈骗犯罪。如果资金融资成功后，创业者未按照承诺使用资金，挪作他用，也有可能构成此类犯罪。

2. 众筹平台经营者的法律风险

（1）刑事法律风险主要体现在非法集资、集资诈骗犯罪。如果众筹平台在无明确投资项目的情况下，事先归集投资者资金，形成资金池，然后才进行招募项目，再对项目进行投资，则存在非法集资的嫌疑。如果众筹平台在投资人、融资人不知情的情况下，私自将资金挪作他用，更有可能构成集资诈骗犯罪。

（2）另一个存在的法律风险，属于行政许可的法律风险。法律规定，未经中国人民银行许可，任何非金融机构和个人不得从事或变相从事支付业务。众筹平台没有取得支付业务许可证，但实际上一些平台往往充当支付者的角色。这完全有可能导致执法部门的处罚及制裁。

3. 对于投资人的风险

农业众筹通过网络中介平台运作进行，而虚拟网络的筹资企业，其创业者的信用状况，资产状况，项目发起者的信用评级，众筹平台的信用情况和运营的合法合规性公众投资者并不清楚。企业资金到位后，如果监管资金流向等出现问题，均无法予以全部规范。投资者收益保障成为现实问题，资金的安全性和投资者的知情权和监督权都有待考证。加之不排除一些不法分子，利用众筹平台实施诈骗，难免会出现一些新型的网络诈骗。届时，投资者的权益根本无法保障。

（三）农业众筹如何避开刑事法律或行政法律风险？

相对而言，回报类众筹是法律风险最小的众筹模式。但是如果回报类众筹不能够规范运作，若使融资方有机可乘发布虚假信息，则可能触碰集资诈骗的刑事法律风险，若未达到刑事立案标准，则可能构成非法金融类行政违法行为。为了避免上述法律风险，笔者认为，回报类众筹需要注意不要碰以下几条法律红线：

第一条法律红线：严格审查项目发布人的信息、相关产品或创意的成熟度，避免虚假信息发布；

第二条法律红线：对募集资金严格监管，保证回报产品按约履行；

第三条法律红线：众筹平台不要为项目发起人提供担保责任。

如果回报类众筹能够做到上述几个方面，严格恪守法律红线，则回报类众筹可以避开非法集资类刑事法律或行政法律风险。

（四）农业众筹如何避开民事法律风险？

如前文所述，众筹还存在诸多的民事法律风险，为了避免不必要的民事法律争议，在众筹模式设计及具体的交易流程设计上，要关注每一个细节，把每一个细节用一个个法律文本固化下来，避免约定不明发生争议。具体如下：

1. 作为众筹平台，应当设立好众筹规则，参与者必须遵守众筹规则。相关各方与众筹平台应当有一份比较完整的协议，这个协议如果在线上完成，则运用电子签名方式进行，平台应做好流程及文档管理。

2. 对于需求双方，就具体的债、股权投融资应做好具体协议的签署工作。如果在线上进行的话，可运用电子签名方式进行，平台应保管好整个电子文档备查。

3. 对于众筹过程中发生的股权代持问题，一定要签署好股权代持协议，对股权代持的有关问题进行详细的约定，避免争议。

4. 作为众筹结构中的三方，投资方、平台及需求方（众筹发起人），应各自明确责任，根据各自在交易中的地位签署相应的法律协议。如果众筹结构中因需要涉及更多的第三方（如资金监管方，担保方），应根据其在众筹中权利义务做好协议安排，明确权责。如果能够在众筹中做好以上几个方面，众筹可能会避免不必要的民事法律争议，从而有效地避开民事法律风险。

七、关于农业众筹可持续发展的建议

农业是大投资、长周期、高风险的行业。因此，农业众筹的发展也必然经历漫长、艰苦的市场探索阶段。下文将从以下几方面对农业众筹发展的对策进行探讨：

（一）重视基础设施建设与提高抗风险能力

农业众筹的模式仅能针对小部分高端用户，农产品具有生产周期较长、客单价较低、保值期短、产品滞后性强等特性，此外，农产品生长过程中种植户还须承受灾害风险和市场风险。对于“平台型”的农业众筹项目，其互联网属性更为浓重，不再赘述。而对于“消费型”农业众筹项目来说，有类似电商属性，操作模式可在模仿中改进，但要敢于对某些产品说不。尤其要重视“可追溯体系”建设，以加强“食品安全”的品质背书。而且，根据农场属性的不同，可以衍生其他利润点，如农业观光、休闲采摘等。抑或是服务 CSA 农场，共建或共享宅配网络。

做好农业众筹，对于生产者来说，需要有一套完善的生产管理体系来约束，加强监管，生产出合格的农产品，来迎战消费者的信任危机；对于消费者来说，要明白众筹也是金融产品，会有一定风险；而对于众筹平台而言，必须走专业化的道路，让农业众筹真正成为传统互联网金融在农村地区的有益补充，帮助农业走出一条金融信息化的发展之路。众筹农业形式多样，如果要进行产业化，需要商业的力量，也需要专业的力量。公众参与的众筹农业，未来要想进一步做大做强，还要有专门的外部监督，否则容易出现信任缺失。

毋庸置疑，足够的投资回报或市场预期是众筹成功的根本因素。首先，须在跨界融合上寻求机遇，既要懂互联网，又要懂农业；其次，模式需要继续打造完善，在细节上下功夫，从农业实际出发，制作好的操作流程、规则等；最后，鼓励继续创新，从不同领域探索。

（二）高端小众与普惠大众相结合①

纵观全球农业众筹的发展，高端小众也是一个非常有效的模式。如日本的野菜俱乐部，成功地实现了高端小众蔬菜和水果产品的预订、生产和销售的产业链构建，在 myfarmer 平台上培育了大量的高端定制家庭，将农业生产计划前置，实现产销的提前对接，极大地促进了高端小众产品的生产和销售。随着我国经济增长和国民日益富裕，将有越来越多的家庭注重食品安全，对高端小众定制化众筹的需求已经显现出来。同时做好普惠大众和高端小众农产品众筹，满足消费者多样化的需求，将有助于农产品产销的多样性和盈利模式的多样化。

（三）提高认知度，增强信任感，培育农业众筹市场②

在当今农业众筹市场狭窄、需求面小的情况下，应在建立项目发起人（农产品生产者）与投资者兼消费者之间稳固经济利益联盟的基础上，加强对双方情感的引导与互动。如：可采用定期体验活动、资讯跟踪服务，以及文化交流会、农场参观日等措施，增进彼此的信任感，提高透明度，维系合作纽带，保障客户源，并进一步强化合作广度和深度。

作为新型模式的农业众筹起步晚、受众少、认知度低，普通民众对于农业众筹的概念和运行方式了解甚少，传统消费观念和习惯已根深蒂固。对此，农业众筹平台应采用多种方式加大推广力度和宣传面，向大众普及农业众筹知识。

---

① 参见廖曦、胡安·丹萨雷斯·加西亚、廖传惠：《农业众筹融资：中美两国的发展现状及未来》，载《国际商务论坛》2015 年第 10 期。

② 参见黄欣乐、张小龙、刘飞翔：《农业众筹的优势、风险及发展对策探讨》，载《福建农业学报》2015 年第 9 期。

（四）探索众筹模式，降低运营成本，保障产品安全

改变项目发起方的小农场生产方式，开展农场联营、合作社运营等模式，促进生产、技术、流通等资源的有效整合，加强与农业高校和科研机构的合作，引进现代化农业先进技术，采用现代化管理和科学生产方式，从整体上提高生产效率，加强灾害防抗能力，降低生产成本，保障食品安全，从生产端实现农业众筹产品趋于平价化。

在理念宣传到位的情况下，普惠平价众筹产品，针对目前众筹项目以“小众高端”为主的市场局限，大力发展普惠大众项目。积极推行生态友好、资源利用率高、产业链条长的项目，以及特色农产品和具有品牌影响力的优势项目，从项目源头为众筹产品质量做保证；积极探索众筹项目创新，注重科技成果项目、创意农业项目、休闲与文化体验项目的众筹，促进众筹产品的多样性和盈利模式的多样化。

（五）加强项目扶持与运营监管，降低众筹风险

建议政府部门加强对当地众筹平台、项目的支持，设立专项资金扶持平台建设、项目开展，以充分调动众筹公司、农业企业、中小农场、农户及投资者的积极性，并为项目农产品的生产提供技术支持和必要保障。政府通过相应的市场保护机制，降低项目农产品生产风险。完善对众筹平台的监管机制，设立专门的监管机构，明确监管主体和分工，提高监管效率，有效解决目前农业众筹市场无序混乱、众筹网站透明度不足的状态。

提高农业众筹平台的项目准入门槛，严格把好项目发起方资格审定环节。建立信用评价制度，由消费者评价项目发起方，对农产品生产者进行诚信约束，对消费者投诉质量问题，监管部门应及时处置。制定项目产品规范化标准，及时撤销出现安全问题的项目；引入第三方监管评价，实现众筹农产品安全的有效监管。

出台相关法规政策，为农业众筹发展提供保障。农业众筹采取新兴的大众融资手段，互联网的开放更增加了农业众筹融资的风险。而相较国外的众筹发展，我国目前还没有专门针对此行业的相关法规。对农业众筹而言，没有相应法律的保护，投资者的利益难以保障，社会对众筹行业的信任度难以提升。因此希望制定和完善相关法律法规，明确非法集资与农业众筹的界限，降低法律风险，为农业众筹的健康持续发展提供有效的政策保障。

第三节 影视众筹

一、影视众筹的概念

影视众筹是指影视项目与“众筹”模式的有机结合，是影视项目发起人借助众筹平台向多个投资人募集资金，投资人在向众筹平台支付相应的服务费用后，从影视项目发起人那里获得预期实物或是股权等回报的影视投融资模式。

二、影视众筹的兴起背景

由于影视项目对于资金的依赖度较高，一个影视项目的制作费用是否充裕，将直接关系到该项目的成败。传统融资渠道的缺乏，导致众多影视项目筹资困难。众筹这一新型互联网金融模式的出现，提高了金融资源在空间与时间上配置的效率，为许多影视创新型企业甚至个人的项目融资提供了可能。

以往的影视投资资金更多的来自产业资本，对于很多电影制作方而言，他们本身并不缺资金，引入众筹，尝试这种“产业资本 + 众筹基金”的模式，一方面是为了测试影视作品的市场前期反响，另一方面引入众筹，也是为了平衡与投资方的关系。有理由相信，未来影视领域的众筹将更加活跃。

例如，一部小成本电影《十万个冷笑话》上映一周票房过亿。据悉，这部投资仅几百万元的动画电影是国内第一部采用网络众筹的电影项目，电影背后集结了5000个电影投资人，或许这也是这部电影成功的一个因素。电影《西游记之大圣归来》也同样是一部借用了众筹模式的影视项目，来自89位投资人众筹了780万元，用于这部电影的宣发。事实上，电影众筹之所以越来越受到欢迎，原因在于：其一，电影产品形态比较简单，票房收入是唯一的指标；其二，电影作为短线产品也比较适合众筹，一个电影从拍摄到公映周期一般最长2年，多数在宣发期进行众筹，周期就更短了，这样对于众筹人而言，时间风险比较低；其三，电影作为一种公众化的产品，自身的品牌影响力比较大，对于公众而言，参与度比较高，更适合采用众筹的方式进行融资。众筹依托网络，减少了中间环节和费用，让投融资双方最快撮合与嫁接。除了筹钱、筹智之外，众筹还可以筹人，给心有同好的人们提供多种

"好玩的生活方式"。

三、影视众筹的特点

影视众筹具有以下四个典型特点：

一是低门槛：无论身份、地位、职业、年龄、性别，只要有想法和创造力都可以发起项目。

二是多样性：在国内众筹网站上的项目类别包括设计、音乐、影视、漫画、出版、游戏、摄影等。

三是依靠大众力量：支持者通常是普通的草根民众，而非公司、企业或是风险投资人。

四是注重创意：发起人必须先将自己的创意（设计图、成品、策划等）达到可展示的程度，才能通过平台的审核，而不单单是一个概念或者一个点子，要有可操作性。

四、影视众筹的优势

电影众筹模式的确有其优势，《2015 年上半年中国众筹模式运行统计分析报告》中提到，目前在我国，90% 的艺术梦想因为资金困难而难以实现。作为融资的新途径，众筹模式让艺术梦想有机会落地，众筹平台成为梦想实现的载体。此外，长期以来，艺术因其高雅的形象与大众化的概念格格不入，即便是艺术作品逐步大众化，但消费者依然难以接受高水平艺术消费，对艺术投资或支持艺术从业者参与艺术产业实践更是望而却步。通过众筹，艺术家不仅成功筹资，更是对自身艺术品牌和作品的一种宣传，使艺术更加平民化。电影在众筹的过程中，不仅成功募集到了资金，实际也是对电影本身的一种宣传。

对于投资人而言，比起参与传统投资项目，电影众筹可以在更短的周期内得到回报，而且体验会更丰富，更具有参与感，甚至可能以群演的身份出现在剧中。一部电影作品平均下来 18 个月就会有成果，在投资期间，影视投资人还有机会参与到作品的剧本探讨、选角、拍摄、宣发等各个阶段，与最终收益的关系也更加紧密。众筹一方面发动了更多人来投资影片，聚集了资金又分散了风险；另一方面，投资者也是潜在消费者，起到了对影片的宣传作用，有利于推动票房。

综上，影视众筹的优势可归结为以下几点：第一，为电影新人提供融资渠道，比如小众电影，为拍电影找不到资金的新导演解决燃眉之急。第二，为草根投资提供机会。第三，帮助小众艺术片、个性化影片丰富我们的市场。因为众筹商业不是唯一目的，只要粉丝喜欢就可以投资。第四，营销手段。现在一些众筹的影片不是真正的众筹，而是理财产品形式的“众筹”，但是引起了人们的关注，起到了很好的营销效果。第五，锁定一部分潜在观众。

五、影视众筹的经营模式

以下是影视众筹的具体经典模式：

（一）阿里娱乐宝保险理财模式

阿里巴巴推出的理财与增值服务平台“娱乐宝”，网民出资 100 元即可投资热门影视作品、游戏等文化产业相关内容，以期获得资金及剧组探班、明星见面会等娱乐方面的权益。

“娱乐宝”的运作模式首先是对接国华人寿旗下“国华华瑞号终身寿险 A 款”的投资连结型保险产品。注册用户通过投资该保险产品从而间接投资了电影，资金的最终投向是阿里旗下的文化产业。阿里为投资人设定了一个最低的保本收益，以保障投资人的实际利益。即使投资产品出现风险性，阿里依靠自己强大的企业背景，以及雄厚的资金实力也能为投资人做担保。

阿里巴巴推出的理财项目“娱乐宝”，打着“全民娱乐，你也是出品人”的口号进行影视众筹，投资《小时代 3》、《小时代 4》、《狼图腾》、《非法操作》和游戏《魔范学院》。

这几个项目的总投资额为 7300 万元。其中，电影项目投资额为 100 元/份，游戏项目投资额为 50 元/份，每个项目每人限购 2 份，也就是每人的购买金额都在 1000 元以内。

2014 年 3 月 31 日正式上线后，短短 4 天时间，“娱乐宝”首期 7300 万元目标金额全部售罄。6 月 10 日，娱乐宝二期上线，总投资额提高到 9200 万元，二期的 5 个项目为《露水红颜》、《绝命逃亡》、《边缘线》、《老男孩》以及动漫电影《魁拔Ⅲ战神崛起》，同样在不到 100 小时内售罄，用户的附加权益增加了国外探班、参观电影制作的专业幕后公司等活动。

从更为普罗大众的眼光来看，阿里巴巴“娱乐宝”的成功显然更能说明问题，它让坐在大银幕前的草根观众直接变身为“高大上”的电影出品人。作为经济收益外的“彩蛋”，投资者能够得到多项娱乐权益，如剧组探班、主创见面会、电影首映会门票、独家授权发行的电子杂志、明星签名照、电影票等。这对于时下年轻的粉丝群体尤其具有吸引力，他们也正是“娱乐宝”的主攻人群。

（二）百度“百发有戏”消费信托模式

百度联合中影股份、中信信托发布“百发有戏”，使小额众筹概念与高风险高收益的影视投资结合起来，百度有戏在推出时没有使用众筹这一定位，而是称作电影大众消费平台。

平台定位为“众筹消费 + 金融”的信托产品，最低门槛仅 10 元人民币，用户可获得电影票等权益并根据票房情况有可能获得 8% 至 16% 的现金收益，该产品以中信信托成立的消费信托作为融资担保，将用户的消费权益变成收益权，使用户在消费的同时可以进行理财。消费信托的目的是为消费者选择可以提供优质消费权益的商家，并保障其消费权的行使来源于消费需求而非投融资需求。与传统的集合资金信托完全不同，消费信托最大的特点是没有投资门槛的限制，也没有人数限制，而且信托模式本身就能把消费权益变成收益权。

“百发有戏”首期推出的项目电影是《黄金时代》，据公开资料介绍，该项目计划筹资 1500 万元，最低筹 10 元。至项目结束后，筹集金额 1800 余万元，超额完成筹资计划。该众筹项目采用“消费 + 金融”模式，收益将根据《黄金时代》的票房变化而定，如果该影片的票房低于 2 亿元，则以不超 8% 的年利率进行补偿；如果票房为 2 亿元至 6 亿元，每增加 1 亿元票房收益率提升 1 个百分点；若票房为 6 亿元以上（包括 6 亿元）收益率则为 16%。[①]

在此需要明确，我国法律规定，众筹不得向外界承诺任何资金回报和收益，并且众筹有人数的限制。如《中华人民共和国证券法》第 10 条规定，向特定对象发行证券累计超过 200 人的为公开发行，未经依法核准，任何单位和个人不得公开发行证券。由于向累积超过 200 人的特定对象发行证券为公开发行并且属于未经许可的公开发行，即有非法融资的风险，所以众筹应遵守面向特定对象发行人数不得超过 200 人的法律限制。

（三）电影《我就是我》回报众筹模式

电影众筹是许多众筹平台的主攻方向。在“众筹网”的 1153 个项目中，

---

① 参见杨柳叶青：《当互联网金融遇上电〈匆匆那年〉有哪些不能说的风险》，载《无讼法务》2014 年 12 月6 日。

64个为影视项目，虽然数量不多，且多为小众独立电影或网络微电影，但其代表项目《我就是我》依靠众筹的方式成功筹集到了500万余元，引起了主流市场的注意，该片也已经以纪录片的身份成功登陆内地院线，这部电影的众筹模式一度被业内认为是经典案例。①

借鉴美国的模式，我国的电影众筹也会出现两极分化的情况，一种是高参与度低门槛的回报众筹和公益众筹，不过这种众筹模式很大程度上会成为电影营销手段，参与者还是无法真正成为投资人。另一种则是高门槛高投入的股权众筹和债权众筹，粉丝将会真正成为电影的投资人，但随之而来可能会面临多种法律风险。

为了防范风险，进入影视众筹领域的多家互联网公司都主要集中在回报众筹和公益众筹上，《我就是我》是典型的回报众筹，又称奖励众筹，通常以项目的产品和服务作为回报，由于回报众筹和公益众筹都不能以股权和现金作为回馈，也无法向参与者承诺任何资金上的收益，所以发挥的空间并不大。

就目前国内几次电影众筹的案例来看，众筹的最大作用不是集资，而是营销电影，与互联网众筹挂钩后就赢得了一场声势浩大的营销机会。但是当电影众筹在中国尚未形成完善机制的情况下，众筹项目想要成功就要有一定的群众基础，如漫画游戏和经典电视剧改编的电影做众筹才可能有比较高的成功率，而目前对大型电影项目，“众筹”的概念更多被拿来用作营销的目的。在众筹网站上成功众筹的电影项目也多为微电影或小众电影，对它们而言众筹才更有意义。②

六、影视项目众筹模式的法律风险

影视众筹作为一种新兴互联网金融模式，为众多影视项目的融资开辟了新的道路，引起了社会各界的广泛关注。如今我国影视业处于蓬勃发展阶段。由于国际上相关的经验不够，及国内市场发育不全，使得我国影视众筹仍然存在着处于法律边缘、诚信保障体系缺失、影视项目收益难以预测、筹资平台管理不善和经营者缺乏经验等风险。

---

① 参见杨柳叶青：《当互联网金融遇上〈匆匆那年〉有哪些不能说的风险》，载《无讼法务》2014年12月6日。

② 参见杨柳叶青：《当互联网金融遇上〈匆匆那年〉有哪些不能说的风险》，载《无讼法务》2014年12月6日。

（一）民事法律风险

知识产权是指权利人对其所创作的智力劳动成果所享有的专利权利，各种智力创造比如发明、文学和艺术作品以及在商业中使用的标志、名称、图像以及外观设计，都可被认为是某一个人或组织所拥有的知识产权。

在运作过程中，影视筹资人主要通过平台展现其创意，以独特的创意作为实现融资的卖点，而影视投资人则是以支持创意为出发点，同时能够享受到电影产品在市场发售前或发售同时率先试用的待遇，如部分电影筹资者发布的项目属于还未获得著作权的作品，也有些项目仅处于筹备的阶段。这也就意味着，筹资人在展现创意的同时无法依据相关法律法规保护其权益，一旦创意被剽窃，将面临无法维权的风险。

（二）刑事法律风险——影视项目众筹模式处于法律边缘

筹资者在发布招募信息时，往往影视企业尚存在于初建时或项目准备期，如果创业者在资金募集时，向广泛投资者作出虚假的广告信息，以根本不存在或者明显与市场未来不符的融资项目，则有可能构成集资诈骗犯罪。如果资金融资成功后，创业者未按照承诺使用资金，挪作他用，也有可能构成此类犯罪。

我国证券法规定，向不特定对象发行证券，或向特定对象发行证券超过200人，即构成公开发行，须依法报中国证监会核准。因此，影视项目在众筹平台以网络等公开方式向社会大众公开推售众筹项目，就涉嫌了以公开方式向社会公众转让股票。例如，2013年，北京美微文化传播有限公司在淘宝出售原始股，成功融资387万元，但通过网络平台公开向社会公众募集资金，有非法集资之嫌，便被监管部门叫停。

（三）其他风险

1. 影视众筹的互联网平台有潜在风险

影视众筹互联网平台的信用风险主要在于资金托管。根据《非金融机构支付服务管理办法》第3条第1款“非金融机构提供支付服务，应当根据本办法取得《支付业务许可证》成为支付机构”以及第3款“未经中国人民银行许可，任何非金融机构和个人不得从事或变相从事支付业务”的规定，影视项目众筹平台因大多没有《支付业务许可证》，故不具备这种资格。但在实际操作中，众筹平台实质上充当着支付中介的角色。整个资金流转过程并没有资金托管部门，也未受到监管机构的监督，完全依靠自己的信用运转着，若这些众筹平台出现信用危机、经营亏损等，投资者的出资将难以追回。

2. 影视项目众筹模式效益难以预测

众筹模式能为影视项目提供融资上的便利，为项目的实施获得了一定资金保障，但影视项目在运营过程中仍存在一定的风险。

第一，在我国影视众筹产品仍是一种新兴事物，从纵向来看大众对其认知度与接受度都不如国外，从横向看不如其他金融产品，若缺乏宣传方面的投入力度，则不足以发展到让大众买单的程度。第二，影视项目市场竞争压力较大，只有那些为大众所喜闻乐见的影视项目才能脱颖而出并得到预期经济效果。第三，影视众筹项目的发起方，多以小微影视企业或影视团队为主，没有形成一套标准化专业化的管理模式，导致管理不善，经营混乱。

3. 投资者缺乏风险防范能力

影视众筹作为一种投资手段，也存在一定的投资风险。与其他投资手段不同的是，众筹因其门槛降低，受众范围广，产品多样化，再加之影视项目的娱乐性，其主要的投资人是热爱新鲜事物的年轻投资人。这些年轻投资人普遍缺乏投资经验，风险防范以及维权意识薄弱，存在盲目跟风的从众投资心理，且大多没有接受过良好的金融知识教育，易在对影视众筹本身不够了解的情况下盲目跟风投资。

（四）降低影视众筹法律风险的对策

从影视众筹项目的金融环境分析，众筹在我国仍处于初步发展阶段，有关部门应及时调查，采集相关信息，加快出台众筹法律法规，建立平台准入机制，同时也要确保众筹项目的真实性、完整行和可靠性，引导众筹模式健康发展，加强对众筹融资平台的监管力度。项目如果能够注入更多文化创新元素，就能孵化更多创新型影视项目，并开辟出一套适合自身的管理模式，即以创新去发现新的“生态位”，占领更多的市场份额。投资人只有努力学习相关知识，提高防范风险的能力，才能找到适合自己的“生态位”，最终取得投资效益的最大化。

1. 法律是构建影视众筹良好发展环境的基础

众筹作为信息化时代的新型融资模式，具有区别于传统融资模式的特殊之处。首先，需要建立证券发行小额豁免制度，为众筹融资提供制度依据。其次，需要明确集资门户的法律地位并打通其获得核准设立的通道。境外已有的立法经验基本上都要求集资门户在监管部门登记备案，以有利于对公众小额集资进行监管。最后，需要妥善处理不同类型的公司通过众筹融资获取资金所出现的不适性。允许筹资者以有限责任公司的形式公开募集资本，并且借鉴美国《JOBS 法案》的做法适当提高公开发行认定人数标准。

另外，由于众筹融资中的投资者资金实力和风险承受能力有限而更需要加强对其的保护。首先，要限制单个投资者的投资数额。境外立法均将限制投资数额作为投资者保护的重要内容，我国亦宜吸收这一经验，结合绝对数额和占年收入比重的相对数额来对投资数额进行限制。其次，要对筹资者课以程度合理的信息披露义务，以有利于投资者掌握相关信息，避免出现筹资者的不当行为。最后，在完善影视众筹外部监管体系的基础上，以报纸、网络等舆论平台及公众参与为补充，深层次地对众筹平台、众筹发起方进行监管，从而为众筹模式开辟更广阔的空间，使众筹融资能够在健康的轨道上合法安全地发展。

2. 影视众筹平台应重视加强自身建设

各影视众筹融资平台在发展中，一方面应提高影视众筹平台的内部管理水平，完善风控体系，重视增信措施。另一方面，积极展开与其他类融资平台的合作，以某种双方都认为合适的形式参与到影视项目众筹中来，加强信用，促进众筹平台更加健康、规范和全面地发展，共建互利共生的生态金融关系。

3. 影视众筹项目发起人开辟创新之路

当一个影视项目的生存与发展的空间受到限制时，必须在影视文化的内涵与营销方式等方面有所创新，才能获得市场的认可。影视项目的创新主要依托于影视人的创新思维能力，影视项目的主题中有新思想、形式上有新延伸、风格上有新创意，对剧本、演员、拍摄和后期的整个制作有所选择，并且能够符合社会发展方向，就可以开发新的“生态位”。项目发起人应积极借鉴国外管理模式，并结合自身实际情况，真正开辟出一套适合自己的管理模式，从而进一步提高影视项目的市场认可度。

4. 加强影视众筹项目投资人投资项目的能力

投资者要选择适合自己兴趣与投资能力的项目，才可以适应影视市场的变化，从而发挥自己的投资优势并获得文化方面的享受。由于互联网众筹主要的投资群体是缺乏专业投资经验的普通投资者，这些投资者大多没有接受良好的金融教育，风险防范意识相对不足。投资者自身应主动学习相关知识，加强风险防范意识，找到适合自己的投资项目，从而维护自身根本利益。

七、影视众筹的未来

互联网金融涉足影视圈，不仅拓展了人们对投资的想象空间，也将中国影视推向了全民影视的时代，电影市场迎来又一个投资热潮。同时，我们也应该注意到，影视众筹是个新鲜事物，在开始发展过程中难免有很多挫折，不过随着其一步步发展，这是一个优化甚至颠覆的过程。一般电影制作模式是典型的“精英模式”，但现在影视众筹的模式已经是“小米模式”了：集体参与到电影各个环节，形成互动，在互动过程中进行品牌营销，然后再植入广告。

影视制作是一个很复杂的流程，在此过程中有个很重要的角色就是制片人。但是，现在很多编剧、导演拿来一个本子就发起众筹，他们缺少一个很好的制片人，以致于一部影视作品从制作到最后的发行都存在很多不确定性，所以“夭折”的可能性很大。

现在上线发起众筹的影视项目多是小制作、低成本类型，其发行渠道有限，即使众筹成功，制片方能顺利拍片并实现盈利也不容易，所以电影众筹目前仍在试水阶段，成功与不成功的案例并存，但不可否认，电影依托互联网金融进行营销的效果还是很好的，并且未来颇具看点。

众筹的未来，尤其在为电影新人提供融资渠道、为草根投资提供机会、帮助小众艺术片丰富电影市场等方面，作用非常明显。众筹只是电影融资和营销的工具，工具固然重要，但电影永远离不开优秀的制作人和制作团队，所以众筹的介入会改进提升传统电影业，推动中国电影业更高更快地发展。

第四节　众筹出版

一、众筹出版的概念

众筹出版，指通过互联网众筹平台开展的针对出版项目的大众筹资活动，项目资助者根据需要和兴趣选择资助对象，以实现项目顺利执行，最终获得项目成果和回报。其中以图书、杂志等出版形态为主，并不涵盖影视出版。

在众筹出版链条中，项目发起方、投资方与众筹平台方是核心构成主体：发起方负责规划设计出版项目，利用众筹平台向公众展示项目信息、争取社会关注、获取资金支持，按计划完成项目，并按承诺向投资方兑现事先所承诺的回报；众筹平台制定并解释众筹规则，收集、审核并发布项目信息，监督项目执行及回报兑现，同时提供相关的配套服务；而公众所组成的投资方则根据自身情况选择项目、参与投资，并享受项目所承诺的回报。

二、众筹出版的特点和优势

众筹本身支持多样化的筹资意图，从无偿募捐到创业融资，从冒险活动到科学研究，国内外众筹项目基本覆盖了政治、经济、文化、艺术、影视、出版、科技、教育、公益等各个领域。而在其中，出版这个门类，无论从项目规模，还是总量占比来看，都已经成为国内众筹平台重要的项目门类之一。相对于国内而言，海外众筹出版发展较为领先，一些专注出版领域的垂直众筹平台已经初具规模。如 2011 年创立的英国众筹出版平台 Unbound，截至 2013 年年底已成功融资 120 万英镑；再如为作者、文学中介、独立书商等提供一站式服务的 PUBSLUSH 和 Authr 等。而国内目前尚无垂直类众筹出版平台出现。①

早期，众筹主要应用于具有创意或智能的产品开发与筹资上，后来才发展到用于图书出版。众筹出版主要是指利用众筹平台进行图书的出版和发行，其前期选题、出版内容和传播方式都可以通过互联网完成。但出版业利用众筹模式发展尚处在初级阶段，通过对拥有出版类项目的众筹平台进行统计，在各众筹平台上，出版类项目占总项目比重最高的是“中国梦网”，达到 24.81%，但该平台出版类项目的众筹成功率并不高，只有 5 次众筹成功的记录；而众筹成功次数最多的是“众筹网”，达到 39 次，其次为“追梦网”，达到 22 次。总体上，除了“淘宝众筹”外，各众筹平台出版类项目成功率均没有超过 50%。② 传统出版模式中，纸质图书的作者、出版内容与读者之间的关系是割裂的，纸质图书的传播本质上也是封闭的、单向的。而现代出版业转型的核心问题是：如何与读者互动，在读者参与的基础上构建读者群体，并进一步建立商业体系。③

---

① 参见徐琦、杨丽萍：《大数据解读国内众筹出版的现状与问题》，载《科技与出版》2014 年第 11 期。

② 注：数据根据所列代表性众筹平台整理，数据截至 2014 年 8 月底。

③ 参见冯乾、唐航：《互联网众筹的双边市场困境及其发展路径》，载《经济体制改革》2015 年第 2 期。

表4－1　众筹出版与传统出版的比较

比较项目	众筹出版	传统出版
筹资渠道	网友作为购买者和投资者	出版社或作者本人投资
规划参与	读者和作者可以参与出版规划	出版流程全由出版社规划
读者回报	获得纸质书，获得激励品，参加研讨会、交流会等	只获得纸质书
作者回报	先众筹后出版，稿酬可预先收到	先出版，才能获得稿酬
出版风险	提前获得市场反馈，预测需求，风险降低	无法预测需求，可能滞销，风险相对更大
失败结果	失败后众筹资金原路退回	失败后出版社出现亏损

众筹出版为出版业开创了一种全新商业模式：

第一，融资速度快。一些具备出版价值，且创意极佳的出版项目一经发布，很容易得到广大读者或项目支持者的认可，融资效率可能远远高于传统金融渠道。

第二，众筹带给支持者一种参与感、荣誉感和成就感，支持者会感觉自己不仅是购买了一本书，而是帮助一本有价值的图书完成出版发行，并可能推动其成为潮流，从而产生“我成功投资了一个项目”的成就感。

第三，众筹优化了传统出版流程。众筹的参与者可以就出版内容、故事情节提出一定的建议，在一定程度上决定出版的方式。而出版方也能根据读者的预期，预判首印数，有规划地进行出版布局，这对于传统出版模式是一种有益补充。

第四，众筹能促进冷僻图书的出版。众筹模式不仅对一些商业工具类书籍的出版有意义，对于一些小众、严肃的文史研究类书籍的出版尤其有帮助。因为这类书籍的研究、写作过程是存在客观门槛的，它们在出版之前往往“藏在深闺”，鲜有出版社愿意冒风险出版这类小众图书，而通过众筹模式则可以让研究者与支持者直接接触与对话，这可能会是一个很好地解决冷僻图书出版的方法。

第五，众筹平台不仅优化了图书出版的成本，同时也大大提高了图书推广营销的效率。

在传统出版模式中，出版方会组织一些宣传推广活动，而这些活动过于生硬与刻意，往往难以取得好的效果。而众筹模式恰好规避了这一问题，当一本图书出版前“众筹支持者”就非常多时，出版方便可大胆地乘胜追击，加大推广力度。这种宣传自然而生，往往水到渠成，会取得事半功倍的效果。①

图书众筹对每一个个体都是开放的，理论上来说，只要你的图书项目通过了任何一家众筹网站的审查，你就可以在其平台上为自己图书的出版筹集资金。这是否意味着只要你的图书项目够有创意、有价值，能打动人，就能得到群众的支持，并最终得到出版社的出版认可，从而实现个人出书的梦想？或者说，作者可以通过众筹网建立一个为自己筹集出版资金的图书交流平台。②

三、众筹出版项目操盘者背景多元化

为分析国内主要众筹出版项目发起方的构成，笔者将其划分为机构与个人两个大类。其中，机构按照是否为出版机构进行细分，而个人则按照是否为知名人士（含网络知名人士与行业知名人士）进行细分。

传统出版机构并非众筹出版的主导者，非出版机构及跨界知名人士才是当前众筹出版的主要参与者。其中，在机构发起方中，电子工业出版社、机械工业出版社、长江文艺出版社、中信出版社、蓝狮子财经出版中心等出版机构有所“涉猎”。而更多主体则并非传统出版机构，如国家广告研究院等学术机构以及各类文化创意公司、互联网公司等。这些非出版机构虽然并不拥有传统出版方面的强项，却在知识储备、品牌、内容、渠道等方面具备一定优势，并以此为切入点介入众筹出版。

从个人发起方分布来看，“中国梦网”“追梦网”等小型众筹平台对普通个人的出书梦想支持得更多一些；而大型众筹平台为了保证项目的成功率，则更倾向支持已经具备一定社会影响力与粉丝基础的项目发起人，这

① 参见罗雪英、周淑云：《中国众筹出版何处去——对国内众筹出版热的冷思考》，载《出版广角》2014 年第 2 期。

② 参见沈利娜：《一场试探图书市场反应的出版营销秀——2013 国内众筹出版的现状与问题》，载《科技与出版》2014 年第 5 期。

些发起人有些在特定专业领域具备较高知名度与影响力：如《飞议于论》的作者于飞是东方卫视新闻主播，先后主持了多档电视新闻节目。有些则是网络知名人士，如因晒出“我和爸爸30年的合影”感动无数国人而爆红网络的春晚红人“大萌子”，也成功筹得3万余元用于出版新书《时间都去哪儿了：我和老爸30年》。①

再如《社交红利》的作者徐志斌是腾讯微博开放平台的资深员工，从业13年，其中9年分别在“eNet硅谷动力”“新浪网”“腾讯网”等从事编辑、记者工作，属于互联网资深从业者。2013年，《社交红利》的出版商磨铁公司与众筹网合作开启中国图书出版的众筹模式。在短短2周时间内，《社交红利》在众筹网就售出3300本，获得了10万元的众筹资金。这给出版商很大的信心，《社交红利》起印数就达到了3万册，明显高于一般图书5000到8000的起印数。随后，《社交红利》取得了1个月内加印2次，销售5万册的良好业绩。《社交红利》的众筹方式具体表现为：支持30元给原价42元的新书1本，相当于7.8折；支持50元可得首发研讨会门票1张；支持60元可得2个主题马克杯和2本作者签名本；支持500元可以与作者下午茶交流1小时至2个小时，并送10本签名本；支持6000元除可与作者进行下午茶交流外，还可得170本签名本，不算茶位费，相当于8.8折；支持10000元则再增加得到300本签名本。《社交红利》算是一个小小的成功。随后，“众筹网”又推出了乐嘉《本色》的图书众筹，获得了5万元的众筹资金。

在《本色》的宣传网页上，只有两个促销支持项，第一项，以38元（原价）获得一本未经签名的书和一张海报；第二项，以76元获得2本书和乐嘉“本色·活出真实的自己”主题演讲入场券，限额450人。相对于第一项，后面一种方式则更有吸引力，毕竟在各大图书网站上《本色》早以6折至7折促销并且吸引不少消费者进行了购买。因此，《本色》在众筹网的图书众筹“宣传效果”大于其众筹本身，而出版商借机造一个话题，借机验证一下众筹的市场效果。

由此可见，目前能玩转众筹出版的只是少数具备“互联网思维”的跨界玩家，适合众筹模式操作的项目主要包括网络红人与名家名作出版、策划编辑拒稿的好书、学术出版与小众出版②等，而绝大多数项目都难以聚起大规模粉丝并筹集高额资金。所以，至少在当前阶段，众筹出版项目规模与体量都难以与传

① 参见徐琦、杨丽萍：《大数据解读国内众筹出版的现状与问题》，载《科技与出版》2014年第11期。

② 参见张立红：《众筹出版：互联网助力纸媒出版》，载《科技与出版》，2014年第5期。

统出版相提并论的，众筹出版亦难服“众”，它的创新影响也是非常有限的。

当然，投资者人数本身与项目发起方所制定的募资等级与对应回报，以及众筹的策略有着直接关系。例如“众筹网”上出资人数最多的项目——《O2O 进化论》，这是“众筹网上唯一一本支持者过千的图书，该项目口号是“1 元钱为‘板砖大余’《O2O 进化论》‘筹板砖’”，每个支持者只需要出资 1 元就能获得“板砖听课证（虚拟 ID）”，还可以加入其社交圈。1 元低价虽不卖书，却为该项目轻松募得媒体关注与 1007 个粉丝，此举颇有新意。再如，《创业学绝味》众筹项目的投资者只有 59 人，却贡献了超过 15 万元的资金，其中，参与最高筹资级别 1.2 万元的投资者就有 4 人，这与该项目提供了类似“开放力商业思想论坛”及其下属商学院的学习名额、绝味内部学习参观、绝味老板接待等增值项目有着直接关系。

四、众筹出版的操作模式

（一）众筹出版涉及的主体

1. 众筹平台

众筹平台两边的用户群体分别为出版方和图书购买者，平台把这些拥有筹资需求的一方与图书购买需求的一方同时吸引到平台中，并撮合这种交易。在此过程中，平台还提供信息发布、宣传以及支付、资金转移等基础服务，但不承担其中的信用风险。众筹平台本身并不直接介入交易行为，其存在价值在于降低交易双方的信息不对称和减少信息搜寻成本。通过网络平台，参与众筹的图书越多，购买者根据个人偏好进行选择的范围越大，而进入平台的购买者越多，出版方越容易在既定期限内实现目标筹资金额。

2. 项目发起方

发起方负责规划设计出版项目，利用众筹平台向公众展示项目信息、争取社会关注、获取资金支持，按计划完成项目，并按承诺向投资方兑现事先所承诺的回报。

3. 投资人

项目资助者根据需要和兴趣选择资助对象，以实现项目顺利执行，最终获得以图书、杂志等出版形态为主的项目成果和回报。

（二）众筹平台出版项目的盈利方式

众筹平台向双边用户收费并提供服务，众筹平台在实现其自身利润最大化时，还可以就索取的总价格在买卖双边之间进行分配，这意味着众筹平台可以对其中一边用户采取低收费、免费甚至倒补贴的方式来吸引更多用户参与进来，而享受低费用或零费用支付的一边正是享受了高费用支付一边的交叉补贴。例如，在出版业众筹中，平台企业一般只向出版商索取费用而对进入平台购买者采取免费方式。众筹平台采用的这种价格结构非对称定价方式，向双边市场索取的价格并不能反映其边际成本变动，因而与传统单边市场中的边际成本定价有着很大不同。

（三）众筹出版回报方式——诸多福利以提升附加值

目前，国内众筹出版项目回报主要包括实物回报和非实物回报两类，每个项目都会根据不同的出资额度设定不同档次的回报。虽说众筹出版的直接目的是卖书，却不以新书为单一回报。事实上，众筹出版所设定的回报项目五花八门，少则一两项，多则十余项，参与众筹送本新书只是其中最简单的“福利”。

其中，实物回报有与项目相关的书籍、报刊、海报、明信片、书签、藏书票、光盘、U 盘、主题 T 恤衫、礼盒等，而非实物回报则包括电子出版物（如电子书）、个人赞助冠名（如列席官方感谢名单）、交流机会与线下活动准入（如作者见面会、餐会、研讨会、演讲、沙龙、下午茶会门票或会员资格等）等。

例如，由电子工业出版社发起的“凯文·凯利携《新经济，新规则》与中国黑客教父万涛尖峰对谈”项目，出资 1 万元的支持者除获得新书及周边产品之外，还可与凯文·凯利共进晚餐，亲身参与到这场“尖峰对话”中去。相对于传统出版项目而言，这种新颖的回报方式不仅能促进读者与作者直接互动，还能提升图书和作者的影响力与知名度。

不可否认，国内众筹出版领域的确涌现出了一些表现亮眼的个案，以国内众筹出版项目投资人数最多的《全职高手》纪念画册为例。《全职高手》是“起点中文网”首发连载的热门网游小说，也是“起点中文网”2013 年年度最佳作品，本身拥有极高的人气基础。它在“起点中文网”上总点击次数超过 2200 万次，百度贴吧“全职高手吧”上有 16 万粉丝关注，相关主题帖子超过 780 万。小说作者“蝴蝶蓝”在“起点中文网”上拥有 6 万多粉丝，在新浪微博和腾讯微博上分别有 14 万粉丝和 3 万多听众。

《全职高手》纪念画册众筹项目发起于“中国梦网”，“起点中文网”与“中国梦网”结成了深度合作，以“官方合作专区”形式运作众筹出版项目，以充分发挥双方用户、流量、品牌、数据等优势。短短几日，这个具备“天时地利人和”的出版项目因超过预期发货能力而被迫提前宣布结束，并成功筹资超过 36 万元。

再如，以“中信出版集团”推出的“周鸿祎约你私密午餐会”及《周鸿祎自述：我的互联网方法论》新书预售项目为例。该项目首发于“京东众筹”平台，成功募资超过 161 万元。但该项目并非单纯的出版项目，而是糅合了新书发售、搭送 360 智能硬件、周鸿祎互联网分享会入场券、沙龙会、午餐会、递交商业计划书等多种回报。互联网大佬身份、行业焦点话题、知名出版机构操刀、京东海量流量平台、优秀项目策划、丰富回报及附加值等元素交织在一起，即使不计算其他回报项目，这次众筹活动也已经成功卖掉了 3.7 万册新书。

从众筹出版的微观项目案例入手，可以进行一手数据的搜集和整理，从而获得真实的数据。目前，国内没有独立的众筹出版平台，主要以“众筹网”“中国梦网”“追梦网”“点名时间”等平台的出版项目为主流。

五、国内众筹出版项目的主要问题

通过对上述可以代表国内的众筹出版平台的分析，不难发现，众筹出版在具体执行过程中也暴露出其自身内在和外在运作的一系列问题与不足。

（一）众筹网站无起色

众筹出版因为尚未有独立的平台，因此主要机制受制于母平台，这造成众筹出版项目总体规模不大，也存在同一项目重复众筹的现象。规模上，出版在整个众筹平台中所占的分量较小，“众筹网”中出版项目占总项目的 9%，成功比例 7%；“追梦网”则分别为 8% 和 7%；“中国梦网”则为 16% 和 13%；“点名时间”并无出版品类，且实际出版项目也很少。其中，“中国梦网”虽然比例最高但是其绝对数据较小，出版项目共 32 个，成功 5 个。这意味着众筹出版规模不大，这与国内众筹平台普遍的垂直化倾向有关，例如“点名时间”从侧重智能产品、“淘梦网”专注微电影、“乐童音乐”专注音乐等，诸多众筹平台无意出版。而支持出版的诸如“众筹网”“追梦网”“中国梦网”等也并未“器重”出版，因此众筹出版其实并未在众筹平台中占据主要角色。因此，非独立、亦非重要的品类只能跟随母平台的运营机制而进退，却并不意味着完全适合。例如，“点名时间”针对智能产品定位产品发布模式为“首发”，这并不适用于出版。不过“首发”可以作为测试市场的路径，也能引发话题和流量，于是曾在“点名时间”上首次众筹的《初龙志》

(游戏模组集)、《天津首份手绘地图》等也在“追梦网”上进行众筹，《粉丝经济学》等项目在“众筹网”和“中国梦网”同期进行。但反观欧美国家情形，与国内局面形成鲜明的对比：在美国 kickstarter 网站上成功募资的项目应接不暇，募资金额也屡创新高，如 Veronica M ars 在 kickstarter 上 30 天的募资期内，共筹集到资金超过 570 万美元，支持人数达到 91585 人，创下影视创意众筹最新纪录。

（二）出版的内容创新性不足

众筹出版的内容创意以及个性化供求关系的建立是影响其发展的核心因素。通过上述的项目分析，“众筹网”出版项目主要集中于主流财经和商业话题，这要求发起人、资助人、出版社等都是具有较强实力的角色，因此此类项目提升了众筹出版的目标金额和执行水准，同时也为众筹出版的本质带来了更多的营销和推介特征，也就是说此类众筹出版本身并非出版，而交流会、培训推广、机构推介等才是目的。但这种以强势资源和品牌为后盾的众筹出版既不能促进真正的内容创意，也无法建立长久的、平等的个性化供求关系。无论“众筹网”，还是“追梦网”或者“点名时间”，其成功案例中的主流项目具有地理、组织和资源的优势，但是也表现出地域日趋分散、出版主题日趋多样、表现形式日趋灵活等特征。这种现象表明一种积极的趋向，但是如何解决个性化和市场之间的矛盾依然是核心问题。

（三）众筹出版的本质存在偏差

众筹出版作为一种商业模式具有较强的品牌倾向，也就是倾向于通过融合传统出版社、知名作者、雏形书稿、已有媒介等较为成熟资源来立足市场，这既是众筹出版初期发展的一种必然选择，也是众筹出版未来进取面临的主要问题。因为“众筹网”的出版项目案例表明不少非组织化、非品牌化的项目面临淘汰的高风险，而最终成功的项目多是对优势资源的占据，所以当前的众筹出版与其说是融资，不如说是资源整合。为此，众筹出版的本质精神究竟是革新和颠覆，还是传统出版的创新市场手段，都是其作为一个新事物需要被重新审视的首要问题。

（四）众筹出版的回馈缺乏足够的吸引力

众筹是非主流的互联网融资渠道，其项目的支持者更多的是支持一种理想，而不是追求蝇头小利。在众筹出版的项目中，投资者收益若仅限于图书实物产品，或是与作家的“下午茶”，则会缺乏足够的回馈诚意与创意，也不能更好地激发支持者的热情。

（五）众筹模式掺杂“预售模式”

众筹与预售是有本质区别的。众筹出版模式就是筹集图书出版资金，是图书未完成之前的一种资金支持，但目前很多图书打着“众筹出版”的旗帜，利用众筹平台，进行图书预售。在“点名时间”平台上成功众筹项目中，就有两本图书《香蕉哲学》和《气御千年》直接进行预售。

（六）众筹出版有“图书类型”差异

并不是所有的图书都适合通过众筹集资，因此有些图书可能会因为选题原因而不受支持者认可。比如，《盗墓笔记》这样的网络小说在“起点中文网”“盛大书城”等网络文学聚集地更有市场；职场商战类的小说在“天涯网站”火爆；小文艺、小清新的作品在“豆瓣”更能快速抓住用户。因此，作为众筹出版，慎重选择题材很重要。

（七）部分众筹项目的回馈服务缺失

在众筹出版的项目中，很多作家为了筹集资金，在赠予图书的同时也承诺相应的服务。但部分作者却存在背弃诺言的情况。一些作家筹资成功后，根本不履行承诺或对承诺的回报敷衍了事，这些做法会产生很恶劣的连锁反应，影响众筹出版的持续发展。

（八）众筹盈利模式尚不完善

欧美国家众筹网站通常通过佣金模式运作，如果在规定时间内未达到预定筹款目标，系统会将已筹集到的资金退还给出资人，而如果项目筹款成功，网站则会根据筹得金额按比例收取佣金，佣金是其主要收入来源。以kickstarter众筹平台为例，其盈利主要是从融资成功的项目中收取一定佣金，费用比率一般为5%至10%。此外网站还通过广告等方式盈利。但目前国内众筹的盈利模式尚不清晰，多数项目都只限于项目的发起人与支持者之间的直接交洽，网站作为第三方很难收取佣金。而广告盈利方式则因为支持者和访问者数量不多，暂时无法带来较大收益以支持其运作。

（九）项目的可持续发展问题

鉴于国内对知识产权申请与保护的不足，项目发起者难以维护自己的智力成果。多数众筹平台只能吸引处于初级阶段的创业者或是一些低门槛的项目，具有核心优势的项目出于募资规模和知识产权保护等考虑，不会选择通过众筹平台募集资金。现在不少众筹出版的项目属于出版社已经定稿或即将上市的图书，多是借用众筹模式进行预售和宣传，它们并非完全意义上的众筹出版。与之相反，在国外的众筹平台 Fan Funding 上，作者可以以出资人的名字命名书中的某个人物，甚至为出资人编写独立或额外的章节，同时作者也能够获得读者的意见，使得出资人在某种程度上也参与了作者的创作过程。①

六、国内众筹出版项目的发展探析

结合上述众筹出版项目的现状和问题研究，我们认为未来众筹出版的发展首先需要从以下几个方面确立正确的观念和方法。

（一）打造有影响力的众筹平台，宣传众筹投资理念

国内众筹网站无起色，一方面是还没有出现有重要影响力的众筹平台，因此无法形成规模效应；另一方面是国内用户投资理念趋于保守，创新金融方式的接受能力较弱。所以要促使众筹模式在国内有大跨步的发展，必须在两个方面狠下功夫：一是要积极打造有影响力的大众众筹平台，二是要积极宣传引导民众的投资理念。而这不仅需要出版业自身的努力，也需要相关部门的配合与支持。

（二）关注项目本身的个性化

众筹出版项目要取得成功就必须回到项目本身，以培养个性化的供求关系为核心。诸多项目失败的原因是忽视了众筹出版的本质。众筹出版的本质是以“价值匹配”来链接项目发起人和项目资助人，因此，价值承诺必须是相互的，也就是说供求双方要兑现的是价值，价值的表现形式为图书（衍生品）和资金。如果项目本身只是个人小众的“秀场”，或者不能给予资助者相应的价值回报，那么项目本身就不存在众筹的必要性。另外，项目发起人是寻找“匹配”方，因此基本特征是“平等”，既非卑微地“乞讨”，亦非高贵地“施舍”，而这两种极端的态度却是不少失败项目在内容表现中所持有的。项目本身在主题选择、内容说明、资助等级和回报方式等方面都要斟酌和评估，众筹成功是多因素综合的结果，整体表现为项目的质量。

---

① 参见潘静超：《有多少梦想可以众筹？——浅谈众筹出版的案例》，载《出版广角》2014 年第 16 期。

此外，作为一种商业模式，众筹出版必须要盈利和生存，阶段性的出路是依靠既有品牌和资源进行整合，但长远的出路是孵化平民创意项目获得成功。上述众筹网等出版项目成功经验的核心就是进行资源整合，而出版的目的也不仅仅在于“出版”，因为更为广阔的利益回馈是通过出版衍生更多的关系和交流，这样一来项目发起人和项目资助人完成的不是一次性的单品交易，而是互相获得渠道和资源，利益供求在“图书之外”。但是这种强调“多元供求”的模式只能对项目成功起到催化作用，在众筹平台这个点上发生的必须是高质量的出版项目，因此创意才是众筹的核心，只有内容才能为众筹出版提供活力。上述出版项目的走向也表明，出版社、作者和品牌效应的优势地位正在被“稀释”，出版项目的发起人、发起地点和内容表现趋向个性化，中小项目更为活跃，但个性化需要符合市场。

基于此，未来众筹出版可以有三种路径：一是继续保留优势资源融合的路径以维持暂时性生存，这往往是新生事物最初生存的手段；二是提升对小众、特色项目的扶持，在选题和表现等方面细化出版领域以孵化新的品牌，这种品牌可以是作为个体的新锐作者，也可以是具有特色的小型团队，或者是打造众筹出版的特色渠道品牌，但无论哪一种都必须是自有品牌，因为第一种路径中的既有优势资源很有限，其价值会被反复榨尽，因此众筹出版需要有品牌意识，这正是目前大部分平台所欠缺的，“中国梦网”的“起点圆梦”众筹开放平台可以看作类似的一种尝试；三是长远来看，独立的众筹出版平台需要出现，因为出版选题日趋扩散、地域分布更为广泛、多元特色正在兴起；等等。

在规模进一步发展的情况下，独立的众筹平台能够建立适用于出版的运作机制，并且提供更为细化和规范的出版领域，也会因为专业和独立而奠定品牌基础。

（三）完善盈利模式，建立信用体系

众筹出版在中国的发展空间很大，越来越多的作家和读者开始认识到它的潜力，但一个事物的发展仍然取决于其正规化和产业化。在众筹出版模式中，众筹的主要商业模式终究要回归佣金模式。线上众筹平台要做的是通过持续创新，把市场培育起来，让更多的人接受众筹概念，共同培育成熟的众筹市场，让众筹出版模式深入人心，从而建立适应和接受众筹平台的佣金模式。同时，相关广告等盈利模式也需要不断探索和完善。此外，众筹平台也应建立诚信数据库，排查筹资人的恶意违约风险，同时也要建立自身信用体

系，公开透明地进行出版项目的集资，提升大众对众筹平台的信任。

（四）解决法律风险，落实服务项目

在众筹出版模式中，一方面由于投资者收益回馈少，缺少投资动力，另一方面中国法律不支持众筹以股权、债券、分红、利息形式作为回报项目，否则有非法集资之嫌。因此，就目前中国法律政策环境而言，“债权类众筹”“股权类众筹”还存在诸多的限制和法律红线，如果放开去创新则可能触犯法律，保守则不利于创新，缺乏吸引力。所以如何解决众筹出版法律风险，增加众筹项目的吸引力是未来众筹出版的发展方向。同时，在众筹项目成功完成后，众筹平台或是项目的担保人更应履行职责，监督众筹出版项目服务的贯彻实施，对那些只拿钱不服务的众筹者应给予严厉的惩罚。

（五）策划众筹出版营销方案，设计有创意的项目回报

目前，众筹出版项目的推广营销十分不够，无论是前期的宣传、中期的筹资还是后期的服务，在营销策略中更应注重于社交网络的宣传和推广。由于众筹的独特特征，更容易吸引年轻读者的眼球，所以众筹应更注重用“微信”“微博”等自媒体工具进行宣传。此外，设计有创意的项目回报也是吸引用户参与的重要因素。但目前国内大陆地区的众筹网站过多地关注产品的营销功能和宣传机制，而不在产品的思想性、情感性和公益性上下功夫，同时也缺乏与受众的沟通，在发展中具有一定的壁垒。

这方面，回报设置是体现“奖励”的要点，一般应注意两个原则：第一，设置三个以上的回报，多选择能提高项目的支持率，也让读者有更多的灵活机动性；第二，回报最好是项目的衍生品或者至少与项目内容有关，因为众筹支持者的目的是通过支持作者的梦想实现自己的梦想，这是无关金钱的追求。

在这方面，我国台湾地区的成功经验为我们提供了一些启示。我国台湾地区众筹网站的成功在于利用了互联网和 SNS 传播的特性，让小企业、艺术家或个人可以公开向公众展示他们的创意，争取大家的关注和支持，进而获得所需要的资金援助。在操作层面中，每一个众筹出版项目都需要设定明确的主题、目标金额及回馈项目，并运用影视和文案说明计划书来吸引群众的支持与赞助，在这一过程中，能让一个提案脱颖而出的往往是作品的创意和特别的气质。随着社会进入后物质时代，人们的投资习惯也在改变，仅仅追求资本收益的愿望正在降低，个体投资者更愿意扶持创意性、故事性和新颖性的内容与产品，因此以创意为先导、以新颖为载体的作品更能打动网络投资者的心。

例如，FlyingV 是目前我国台湾地区最知名的众筹平台，中文名为“飞行五号日志”，创立于 2012 年，资助完成了 500 多件成功案例。FlyingV 将自身定位于互联网的融资平台，它还具有市场调查、推广营销的功能。在出版方面，FlyingV 平台已经助力一批青年作者筹集到了出版资金，帮助他们实现出书之梦，一定程度上也影响了出版的商业形态。

（六）情感渗透，以参与吸引受众

优秀的出版作品除了本身要具有精湛的艺术技巧和写作功底外，更重要的是作品能够散发无穷的精神魅力，作者要通过文字和图像真正打动读者，以情感唤起读者难得的生命体验，让读者领悟到这本书的价值与意义所在。因此在众筹出版中，如果作品的介绍能够渗透故事性与感染力，就可以最大限度地赢得网友的关注，以情感的机制获取资金上的帮助。提案者若能让受众在互动中产生强烈的参与感，带动其参与到给作品提意见的流程中，就容易使其对作品产生感情，从而推动众筹流程的良性运转。

（七）经营关系，以服务赢得受众

众筹的兴起，使得提案者不再必须通过银行和政府等传统手段去融资，只要通过登入网络平台，按照特定的平台流程就可以完成计划书，从而通过更多人的助力去完成特定的目标。有趣的是，参与众筹出版活动的投资人有着多重的身份，他们不仅是作品的投资者，也是作品的消费者和读者，同时更是作品的口碑传播者，因此提案者需要更好地经营与受众的关系，真正以服务赢得市场关注、网民支持。未来，对于众筹模式的研究，除了要关注新的技术、传播渠道和商业模式外，也应当注重在新旧业态融合中体现的机会，以互联网的思维提升文化产业的核心竞争力。而众筹出版本身是文化产业新型业态的一种形式，它对出版业而言意味着变革，也意味着新的发展机遇。众筹出版为更多热爱文字与影像的草根作者提供了传播他们作品的机会，让这些优秀的作品能够借由大众的力量得以广泛交流，也让更多的读者能够感受到纸张的厚度、文字的深度和创意的温度。

第五节　旅游众筹

一、旅游众筹的概念

旅游众筹系基于众筹融资的旅游开发，是指需要融资的旅游开发项目筹资方通过互联网中介机构——众筹平台，向公众介绍项目情况，募集小额资金或寻求其他物质支持。出资人根据选择旅游项目进行投资，通过众筹融资改变以往传统融资模式，为旅游业发展筹资提供新的途径和空间。

二、旅游众筹是大势所趋

据2014年国民经济和社会发展统计公报显示，全年国内游客为36.1亿人次；国内旅游收入为30312亿元。而与逐渐形成的大旅游、大产业、大市场相比，与迅猛发展的旅游市场需求和发展形势相比较，我国旅游开发和经营却略显薄弱，特别是在旅游开发方面还存在如旅游开发融资难、旅游资源保护不力、旅游项目经营不利等诸多困难。然而，随着众筹模式的发展，旅游产业开始成为众筹的目标，大量众筹平台、众筹资本涉足旅游项目，并落地开花结果。目前，一些个人及旅游公司已经开始尝试探索旅游众筹。青岛旅游集团“海钓达人”众筹项目、宝中旅游众筹60万元资金、携程的“讨盘缠”等都是旅游众筹的尝试。2014年4月，青岛旅游集团就在“众筹网”发起“海钓达人”众筹项目，投资人支持100元至2400元不等，就可获得海钓船的使用权，免费使用海钓工具等，这是众筹网在全国推出的首个旅游项目。项目上线不到24小时即突破117%的点击率。“海钓达人”是旅游众筹在旅游线路项目的成功探索。旅游已经从传统观光型向内容体验型转变，而这个过程即是旅游者全程参与的过程，推进资源整合，抓住互联网金融快速发展的机遇，鼓励旅游企业利用便捷的消费信贷引导旅游消费，探索投资与消费相结合的“众筹酒店”“众筹旅游小镇”模式，这正是旅游众筹发展的必要条件。

三、传统旅游开发融资的重要形式

我们看到，中国旅游业的开发融资模式与其他行业的融资模式有着很大区别，其中最为显著的特点就是旅游开发的融资模式与政府旅游发展政策紧密相关。目前我国旅游业发展实行的政策方针决定了我国旅游开发融资模式是以国家投资作引导，社会资金和外资为主。也就是说，旅游开发所需资金来源从政府财政投资为主开始转向以社会资金和外资融入为主，在某种意义上，国家投资旅游的资金从之前的主打资金转变为现在可以作为旅游开发的“种子”资金。

旅游开发的融资模式决定了旅游开发融资结构的形成。基于我国旅游开发以国家投资作引导，社会资金和外资为主的融资模式，目前我国旅游开发形成了国家财政投入资金、社会资金、外资相结合的融资结构。这种融资结构说明了旅游开发的对内对外开放程度和市场化程度，表明我国旅游市场正从政府主导型向政府干预性和市场主导型进行转变，市场化程度正得以提升，对内表现出允许社会资金进入旅游开发领域，对外则允许外资进入中国进行旅游开发。

综上，我国旅游业传统的融资方式主要包括：（1）政府投资，旅游项目开发类型主要针对旅游基础设施项目、重要服务设施项目、间接项目、长远效益项目（例如环保设施项目）以及管理教育与宣传等，其途径是财政拨款的专项资金、国债资金、影响旅游发展的其他专项资金、地方财政自筹资金；（2）银行等金融机构贷款，主要以景区、景点或项目作抵押，用于基础设施建设、景点建设等方面；（3）资本经营，在多层次的资本市场中利用股票上市、资产重组并利用债券发行筹集资金；（4）外商投资，利用优惠的税率和政策吸引外资投资旅游景点、饭店、娱乐设施等；（5）其他方式，主要包括向国际国内非盈利性社会组织、社会基金等争取捐助，用于旅游开发。①

四、众筹融资旅游开发的模式

旅游众筹的本质是通过移动互联网把开发终端、产品终端、运营终端实现连接，从而将客户导入投资端、开发端和运营端，并且在做旅游规划时通过众筹参与化，以众筹的手法进行运营。②

旅游项目与众筹的结合，可完善我国旅游业开发融资模式，在传统的政府财政资金、社会资金、外资基础上，引入新的个人资金，即在目前“以国家投资作引导，社会资金和外资为主”旅游开发融资模式基础上，建立“以国家投资作引导，社会资金和外资为主，个人资金作为补充”的更为完善的旅游开发融资模式。

根据众筹的模式，以及结合旅游开发的特点，旅游开发众筹融资主要采用“事先销售旅游众筹”、“借贷旅游众筹”和“股权旅游众筹”三种模式。其中主要以“事先销售旅游众筹”和“股权旅游众筹”最为火爆。

---

① 参见黎星恋：《基于众筹金融创新平台的旅游开发融资的探讨》，载《现代经济信息》2015 年第 22 期。

② 参见王静伟：《众筹旅游研究综述》，载《农村经济与科技》2015 年第 12 期。

（一）“事先销售旅游众筹”

“事先销售旅游众筹”模式是指旅游项目开发者通过众筹网络平台发布旅游项目相关信息，以吸引有兴趣的个人事先进行预订并支付相关费用，完成众筹融资。相较于其他两种众筹模式，“事先销售旅游众筹”更加受到个人投资者的青睐。

（二）“借贷旅游众筹”

“借贷旅游众筹”主要是指旅游项目开发企业（或个人）通过众筹互联网平台向若干出资者借款，待偿还期限届满时个人投资者获得一定金额的偿还。此种模式是较早出现的旅游众筹融资模式，主要通过 P2P、O2O 等方式进行。

（三）“股权旅游众筹”

“股权旅游众筹”是指旅游开发融资方以出让一定比例股份的形式，面向若干个人投资者进行融资，而个人投资者通过出资入股公司，最终以股份变现或者分红的方式获得未来收益的互联网金融平台模式。①

五、旅游众筹面临的主要问题

（一）国家相关法律法规未形成体系

随着我国互联网金融的兴起与繁荣，2010 年 5 月 7 日的《国务院关于鼓励和引导民间投资健康发展的若干意见》、2013 年 3 月 15 日公布的修订后的《证券投资基金销售管理办法》、2013 年 6 月 1 日施行的《中华人民共和国证券投资基金法》中关于投资者的相关规定，对于众筹投资人的资格等进行约定和审核可予以借鉴。

《私募股权众筹融资管理办法（试行）（征求意见稿）》对股权众筹监管的一系列问题进行了初步的界定，包括股权众筹非公开发行的性质、股权众筹平台的定位、投资者的界定和保护、融资者的义务等。这样可以拓展企业直接融资渠道，促进创新创业和互联网金融健康发展，提升资本市场服务实体经济的能力，保护投资者合法权益，防范金融风险。

但是，《私募股权众筹融资管理办法（试行）（征求意见稿）》规定股权众筹有 200 人的股东人数限制，一般众筹比较适合中小型项目。也就是说，

---

① 参见黎星恋：《基于众筹金融创新平台的旅游开发融资的探讨》，载《现代经济信息》2015 年第 22 期。

就众筹本身而言，更适合资金需求较小的项目，这也就决定了融资规模上亿元的旅游项目难以通过众筹取得全部开发资金，高标准高级别旅游众筹项目在各大众筹平台都出现筹资金额未达标的情况。

另外，众筹项目通常而言都是汇集个人的力量筹集项目所需一小部分资金用于短期资金周转，现实中我们所看到的部分大笔资金的众筹项目，也存在着假借众筹之名博人眼球，以此炒作和营销，这部分项目并非真正有资金需求。

《私募股权众筹融资管理办法（试行）（征求意见稿）》是我国对股权众筹融资进行规制所做的初步尝试，后继的规制体系也将继续完善，但是，对于回报类众筹的相关规定却仍没有出台。为了解决回报类众筹活动与集资诈骗罪界限细微、容易混淆，以及对于众筹项目发起人、投资人和众筹平台所面临的非法吸收公众存款、集资诈骗等诸多问题，我国的管理部门应当尽快出台相关的法律法规。

（二）旅游众筹市场份额偏小，市场规模不大

在大市场视角下，我们看到旅游众筹市场存在诸多问题，突出表现为：一方面旅游市场覆盖的领域相对狭窄，通过研究表明众筹平台上的旅游项目主要分为文化公益旅游、旅游线路定制、景区游乐设施改造、旅游客栈主题公寓等方面，大旅游范畴的很多内容还未进入旅游众筹开发领域。另一方面旅游众筹市场较小，主要表现为众筹金额普遍较小，市场规模不大，大多在几万元以下，旅游客栈类众筹金额稍高，在五六万元，金额超过千万的项目少之又少。只有酒店类项目众筹金额相对较高，大多在几十万元到上千万元不等。

在中国相关众筹网站“众筹网”“人人投”“原始会”等中不难发现股权旅游众筹的身影。但是，例如在“人人投”众筹平台上进行搜索，仅收集到20家酒店众筹项目信息。“众筹网”中约上百个项目，但分类较为不准确，其中大部分为茶饮、酒、蜂蜜、文化节等项目。剔除这些，仅筛选出4家酒店众筹项目，且都划分到房产或商铺范畴。

（三）旅游众筹遇冷现象不时发生

旅游众筹市场前景虽然广阔，但我们应该看到旅游众筹市场遇冷现象不时发生。例如2015年2月上旬，三亚中信雅墨半岛酒店联手“众筹网”“原始会”推出了国内首个度假酒店众筹项目，计划在两个月内募集1.1亿元资金，然而仅筹集到2000多万元，颇为尴尬。多个旅游类众筹项目在各大众筹平台都出现筹资金额未达标的情况，且通过研究，我们发现各个众筹网站都

没有把“旅游”作为单独的项目模块存在，旅游众筹遭到市场冷遇。

（四）旅游业特征限制众筹空间

旅游业流动性大的特征决定了旅游需求人群分布广泛且层次不一，旅游产品相比工业产品而言出售的更多的是体验服务，加之旅游产品季节性很强，这些因素都决定了旅游业不可能拥有同工业或农业一样大的众筹空间。此外，旅游项目的独资性较高，风险也大，例如，旅游景区类项目，大量不确定因素的存在导致投资者难以考察该项目的投资收益而敬而远之。①

六、关于旅游众筹的合规性建议

对于中国旅游众筹而言，目前尚处于探索阶段，还有很长的路要走，我们需要发掘更深更广的市场。鉴于此，笔者认为，我们应该从经济学、金融学、社会学、心理学等多学科、多视角研究旅游众筹，扩宽研究的广度和宽度。总的来说，对于旅游众筹的未来，其核心问题就是解决旅游众筹项目个性化、特色化的问题。例如，通过众筹平台建立各地特色旅游文化项目或旅游古村的保护改建项目。此外，创新也很重要，同样类型的旅游众筹项目，创意如果相似，第一个可能众筹成功，但第二个项目也许就难以成功。

建议可以具体从以下几方面进行拓展研究：一是研究旅游众筹项目成功的关键因素，例如可从筹集天数、目标金额、支持者回报设置、项目包装、定期更新信息、鸣谢支持者等方面着手进行分析；二是旅游众筹经济分析，可从旅游众筹经济规模、经济效益等方面着手进行分析；三是旅游众筹投资者分析，主要包括动机分析、选择项目类型偏好分析，个人投资者年龄、职业等人群分析，投资者选择项目区域分析等；四是旅游众筹其他拓展分析，譬如，旅游众筹网络平台联合风投、创投基金、银行、地方政府等共同着手旅游项目开发等方面进行分析。②

综上所述，众筹与旅游的结合是时代发展的产物。随着互联网的发展和人们休闲意识的不断提高，除了在线众筹旅游成为发展热点之外，未来的众筹旅游发展趋势更多的是朝着资本化、专业化、休闲化、产业化发展，打造旅游休闲产业区会成为主流。未来的众筹旅游将会更多地集中在传统旅游领

---

① 参见黎星恋：《基于众筹金融创新平台的旅游开发融资的探讨》，载《现代经济信息》2015 年第 22 期。

② 参见黎星恋：《基于众筹金融创新平台的旅游开发融资的探讨》，载《现代经济信息》2015 年第 22 期。

域，如乡村旅游、工业旅游、古镇旅游等。

【案例】互联网送“创客”“众筹”下乡①

2015 年 6 月底，“SMART 乡创 · 回归美丽乡村”峰会在浙江杭州举行，精品酒店投资方、客栈民宿创始人、农庄农场主、农产品电商和文旅从业者在大会上为互联网时代的乡村旅游地产谋划经济市场。大会亮点之一是众筹“最美客栈”，通过对具体用地和建筑物的征集，以路演众筹的形式集结度假地产产业链上下游资源，并借助于专注旅游度假领域众筹的投资平台“多彩投”的众筹资源，合力打造“最美客栈”品牌。

另外，会上也建立了乡村创客联盟，并且发出倡议，协助乡村创客进行资源梳理整合，从金融、设计、运营、营销、后台数据管理等各方面协助乡村创业者提升创业成功率，为更多项目形成自身闭环创造条件，从而推动乡村建设的发展。

通过乡村众筹、创客投资等方式，乡村旅游地产可以更好地与互联网接轨。此外，还将开展“百村万人”乡村旅游创客行动，推出一批乡村旅游创客示范基地，鼓励各地制定优惠政策，吸引文化、艺术、科技专业人员落户乡村旅游创业就业。

随着旅游业进入个性化时代，我们不难发现，原先的农家乐产品单一，逐渐不能满足游客的需求。乡村管理者一定要保持创新意识，在信息的帮助下寻找产品创意。通过互联网搜索，目前，大部分地区的乡村旅游地产与互联网的结合形态还相对原始，除了各种农家采摘、烧烤垂钓目的地，区域性的乡村旅游资源整合为数不多。

在农产品创意领域，也有“褚橙”“卖檬”等创意品牌已经走出了一条路。可以看到，“网络范儿”是一种视觉与文字包装的文化外衣，但不能仅从美好的包装去过分夸大旅游目的地的吸引力，而应当是从短线和长线双向布局。每个乡村都有独特的民俗、特产、风貌，这是构成乡村旅游吸引力的几个关键要素。被很多游客诟病的“有度假没休闲”“有乡村没乐趣”等问题，仍需要旅游地产管理者付出更多的努力。

乡村旅游地产从“农家乐”而起，目前已形成了涵盖农业生产、农村生活、农乡文化生态等多种层面的旅游休闲产品体系。进入“互联网 +”的创

---

① 参见文珊、刘中伟：《当乡村旅游地产遭遇“互联网 +”》，载《中国文化报》2015 年 8 月 1 日第 5 版。

客时代，经营者可以从多个方面有效提升产品与服务品质，从而带动乡村旅游地产转型升级。

第一，传统农家乐经营者往往从农民直接转变而来，旅游业甚至仅是农业生产的“副业”，其提供的产品与服务均较为朴素、简单；而现在的乡村创客，要么是接受过高等教育的返乡大学生，要么是熟悉现代都市人的生活、消费方式的新一代农村青年，他们对乡村旅游地产产品与服务的理解与定位，会更加符合现代都市人群的消费倾向，从而推动乡村旅游产品的与时俱进。

第二，借助互联网载体的农村旅游创业、创新，会更容易与现代社会接轨，无论是品牌传播，还是产品更新换代，都会更加迅捷，甚至颠覆农村旅游以“在地”为根本特征的发展模式也未可知。另外，“创客”时代的乡村旅游地产发展，势必会带动乡村面貌的改善，从道路、建筑等基础设施，到乡村民俗风情、工美技艺，以至农民的思维方式与价值观念，都会有不同程度的促进。

【案例】

分权宝众筹——O2O分权度假交换与运营平台①

“分权宝”是北京绿维创景旅游投资管理有限公司开发运营的“旅游、地产、互联网、金融”跨界的O2O分权度假交换与运营平台。“分权宝”提出“一地置业，全球换住，终生度假，私顾服务”的全新服务架构，用“以房养游”的消费型投资回报方式，打开了地产开发、金融投资与旅行度假之间的跨界通道，成为互联网思维下，产业融合的创新案例。其推出了分权度假与度假地产众筹——“分权宝”度假众筹交换平台模式，使旅游地产酒店化经营，产权分割，时权交换。它的出现，蕴含着大众度假时代的旅游需求，通过把一套房子分成10人至13人的有效分享，实现购买产权获得时权，通过时权交换实现全球度假，成为消化、去化房地产的工具。

下面来分析其具体的运作模式：首先，把住宅转化为可经营的酒店。其次，用产权进行分割，并实行时权交换。1栋房产，60平方米，分成13份，1年365天，每份拥有28天，通过产权的分割实现时权的分割。如在“分权宝”导入1000家地产，如果在某地你购买了1/13的产权，你拥有28天的居

---

① 资料来源：http://www.lwcj.com/w/143450563919667.html，最后访问时间：2016年2月19日。

住权利，同时也获得了用这28天在“分权宝”的网络上交换全球1000家酒店的权益，投资人购买了1处房产，获得了全球度假交换的机会。如果你想去帆船酒店住，那么你只需要增加5%的手续费，可以用“分权宝”的积分交换不同的酒店。最后，对它实现的价值我们做了一个标准模式，10万元钱的分权度假产品，有1/13的产权，共67000元钱，购买了40年的服务费，你需要交的所有的水电费、物业费等，一次性交完，用这个积分交换，28天的积分每年都可以使用，40年总分消费价值是51万元，10万块钱投资40年获得了5倍杠杆的价值，此种模式即以旅游的休闲消费支撑房产的价值。

【案例】　众筹小镇：PPP + 三层众筹 + 创筹

这是一个葡萄酒小镇项目，其理念是将东方文化与葡萄酒文化结合，打造东方世界葡萄酒文化聚集地、品牌标志地。围绕这个葡萄酒文化休闲旅游小镇，其设计了集聚葡萄酒、美食、零售、商贸交易、休闲商业、主题客栈、演艺场所等业态布局以及主题广场、主题街区、博览中心和演艺中心的商业结构，最终形成集居住、养老、旅游、产业综合发展的产城一体化开发结构，预计年消费量15亿元人民币。在此基础上，形成了三层众筹结构：投资型的产权众筹，以引入投资经营的运营商为主体的众筹；消费者众筹，通过把消费者导入股权投资端，把消费者和客栈、酒店、餐饮相结合的第二层众筹，实现整个小镇三层众筹模式。

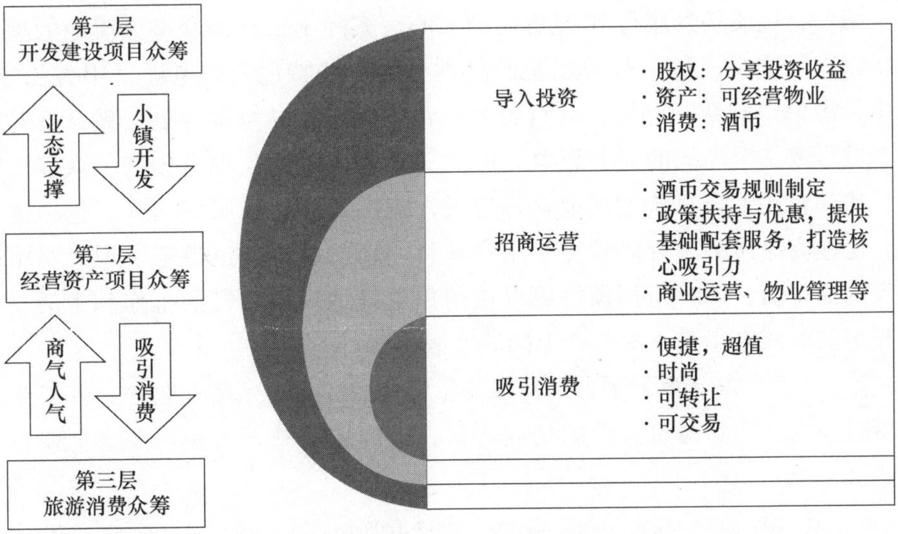

图4－7　三层众筹结构

此外，在模式运营中引入了创筹的概念，通过“创筹人+资本领筹+众筹项目”，实现创业、创业融资结合。例如有“创客”愿意开一家特色红酒客栈，可以提出方案，由投资人做领筹人，面向社会众筹，完成项目建设。

从众筹方式来看，采用PPP公司的模式，其资金压力和运作结构将会和传统的众筹完全不一样。这种众筹的优势是，筹资者将花费一定的时间来阐释方案，在这期间将会大量吸收各种商铺经营的客人，大量吸引粉丝们提出意见，从而调整筹资者的设计方案，实现众筹小镇一开始就进入市场对接。

【案例】麦兜旅行成功众筹大溪地[1]

2015年9月15日，麦兜旅行与“京东众筹”平台合作推出了“众筹大溪地”活动，支持者可以获得上海包机直航大溪地和私属岛屿蜜月旅行等权益，项目一经上线，在短短24个小时内，经济舱便全部筹罄，有81万人浏览，聚合的旅行者达到大溪地一年接待的中国游客的1/10，而这也是“京东众筹”平台流行文化板块首个万元级、高单价、24小时筹罄的旅行项目。

如果复盘一下，麦兜旅行这个“众筹大溪地”项目之所以如此成功，必然是由多方面的因素综合促成的，但最重要的可能是以下三点。

第一，优质场景旅行IP足够打动人心。实际上，这次众筹大溪地的项目之所以能够成功，最关键的还是产品本身的一些特色。与电影《甲方乙方》当中为用户“圆梦”相同，旅行者大多希望能够在异域世界里实现自己对于一个城市或一个岛屿的完美想象。这次“众筹大溪地”项目创造了众多的首次，比如首次上海直航大溪地众筹包机，首次大溪地私属岛屿众筹包岛蜜月等，这些高品质的旅行体验给了用户耳目一新的感觉，也带来了用户对旅行更大的期望值，同时超长预售可以让用户更好地规划自己的工作和生活，留出充足的时间来享受一次与众不同的度假旅行。

第二，“京东众筹”平台的精准流量转化。作为一家创业公司，麦兜旅行在短时间内想达到海量人群的访问流量，必须依靠外部力量。在这个项目当

---

① 资料来源：http：//www.chinaz.com/news/2015/1008/454222.shtml，最后访问时间：2016年2月19日。

中，麦兜旅行选择与“京东众筹”合作，来获得精准的用户流量。事实上，目前这种小而美的定制化旅游公司层出不穷，与“携程”“去哪儿”等庞大的 OTA 平台相比，流量方面并不在一个等级，目前来看，选择与大平台进行跨界合作，或者直接与 OTA 大平台达成合作已经成为业界共识。而麦兜旅行这次之所以能够取得成功的重要原因就是，选择与“京东众筹”合作，选取了精准的用户流量渠道入口，再加上产品设计方面的亮点，最终实现了高效的用户转化。

第三，社会化媒体渠道的引爆。对于一家刚刚创立 1 年的公司来说，在提供优质产品的基础上，需要借助各种社会化媒体渠道来寻找适合自己的引爆点，以此来形成对公司产品的热启动。实际上，在这个“众筹大溪地”项目启动的同时，麦兜旅行还针对这次旅行产品的出发地上海地区用户定向投放了朋友圈广告，精准覆盖目标人群。此外麦兜旅行在微信朋友圈还有一次非常成功的传播，这个主题为“脸签大溪地”的趣味测试小游戏在朋友圈传播得非常广泛。用户只需要上传自己的照片便可以生成一个颜值测试，然后引导用户去参与众筹项目。而这些借助于微信朋友圈的社会化传播也为麦兜旅行的“众筹大溪地”项目带来了精准的用户流量，成为“京东众筹”平台之外又一精准获得受众的入口。

那么结合项目成功原因，对于更多的在线旅游产品的创业者来说，麦兜旅行“众筹大溪地”的成功有哪些启示呢？以下具体分析三点。

第一，与互联网金融的深度结合。我们知道，通过“京东众筹”平台，麦兜旅行完成了此次“众筹大溪地”项目的预售目标。而实际上，在线旅游平台与互联网金融的合作还可以更加深入。比如分期付款、借款旅行等。实际上，随着人们生活水平的提高，国人的消费观念也正在发生变化，超前消费和享受高品质的生活已经成为许多城市精英人群的共识。而通过自建或引进互联网金融平台，向这些精英人群提供灵活的借款业务以便支持他们完成高品质旅行，将很可能是之后所有 OTA 平台的标准化服务。

第二，在线旅行平台社群模式的探索。从某种意义上看，参与“众筹大溪地”项目的这些用户，本身就具备形成一个小社群的基因，因为有相同的目的地和旅行线路，还有相同的旅行期望值和价值感。而如果麦兜旅行能够抓住这些具有相同价值观和相同消费层次的用户，构建一个个的精众社群，将使得麦兜旅行这样的创业公司，逐步摆脱流量困境，形成一个能够通过社会化营销手段便能精准聚合流量的 OTA 平台，继而能够将“众筹大溪地”项目通过这种以销定产的 C2B 精众社群电商模式持续下去。

第三，跨界创新的重要性。对于创业当中的在线旅行来说，跨界和创新是挑战传统 OTA 平台的法宝。一方面，在“互联网 +”大时代，跨界已经成为常态，也因此在这一轮的创业浪潮当中，不仅仅强调互联网属性，更多还有来自传统行业的变革驱动。而像麦兜旅行这种新兴的平台，应当尝试与更多互联网行业的大平台或元素进行跨界合作，以创造更多的“众筹大溪地”新模式，从而在颠覆传统 OTA 平台模式的同时，抢得属于自己的一块精准市场。

事实上，尽管在传统 OTA 平台上，各种出境游线路应有尽有，但是像麦兜旅行这种“一城一岛”和“一程双城”的创新模式，还是非常少见。这样的精品旅游线路脱开原有的旅行社的传统设计，为游客设计一个浪漫的主题，让游客充分沉浸在主题当中，注重旅客的深度体验，甚至如同参与梦一般的电影演出一样进而完成旅行。这种方式解决了传统 OTA 平台存在的质量参差不齐，数量严重饱和与信息量冗余等问题，为自己赢得了立足之地。

总体来看，这次麦兜旅行“众筹大溪地”项目的成功，其中既是优质旅行 IP 本身的吸引力所致，也有“京东众筹”平台的大力推广和流量支持，还有之前微信朋友圈营销的预热宣传助力，而更多的可能还预示着场景度假旅行大时代的到来。在各种互联网创新玩法的推动下，像包机直航大溪地这样的高品质出境旅行必然迎来更大规模的爆发式增长。

第五章

国内外众筹案例与平台评析

第一节　京东众筹——“大可乐 3 壕配蓝宝石屏手机”①

一、众筹过程

被业内称为“中国第一众筹”的项目发起人为北京云辰科技有限公司，发起的众筹项目为大可乐 3 手机，依托的众筹平台是隶属京东金融的“京东众筹”。京东金融是由中国知名电商京东集团旗下的京东金融打造的“一站式”在线投融资平台，以“成为国内最值得依赖的互联网投融资平台”为使命，依托京东集团强大的资源，发挥整合和协同效应优势，将传统金融业务与互联网技术相结合，探索全新的互联网金融发展模式。在竞争极为激烈的手机行业中名不见经传的大可乐手机借助“京东众筹”这个平台，以 iphone6 相似的造型和每年一次免费终身换机的承诺，吸引了大量的关注者。在众多对手中脱颖而出，一举成名，在创造了众筹行业若干个第一的同时，也得到了媒体和手机使用者的强烈关注。

项目发起人将整个筹资计划划分为 5 个档次，1 元档为 5000 人，1499 元档为 7000 人，1599 档为 2000 人，72500 档为 20 人，无私奉献档没有限额。发起人规定，此项目必须在 2015 年 1 月 8 日前得到 100 万人民币的支持才可成功。众筹开始筹资之后，1 分钟众筹金额超过 100 万元，也就是说，短短 1 分钟的时间即筹集到了项目成功所需的 100 万元资金，12 分钟众筹金额超过 1000 万元。截至 2015 年 1 月 8 日零时项目结束时共有 18553 名支持者支持了该项目，共筹集项目资金 16813826 元，最终共有 3447 人选择了无私奉献给该

① 参见强恩芳：《实物回报类众筹的风险及防范研究》，载《财税金融》2015 年第 9 期。

项目 1667826 元。另外，1 元档的 5000 人中有 3 人有机会抽到大可乐 3 手机，因此这 5000 人不能成为合伙人。事实上，该项目共有最多 1 万人成为梦想合伙人。大可乐 3 手机众筹创造了关注人数最多的众筹纪录、史上最快完成众筹任务纪录、中国众筹最高筹资金额纪录、无私支持众筹人数最多纪录等 4 项纪录。

大可乐 3 众筹发起人以“一次众筹终身免费换新机”的承诺在短短 25 分钟之内就吸引了 18553 名众筹者掏出了 16813826 元真金白银投资于该项目。按照众筹条款的规定，最后共有 1 万名众筹者成为项目发起人所称的“梦想合伙人”，并将得到一部大可乐 3 手机的众筹回报，而且，从理论上讲，2016 年开始的每一年度都可以免费换取一部最新款的大可乐手机。但整个众筹过程也是一波三折、毁誉参半，根本原因是众筹活动涉及的创业者、投资者和中介平台都不成熟，各方在众筹过程中都承受着巨大的风险。

二、大可乐 3 手机众筹项目的风险分析

从大可乐 3 手机众筹的过程来看，虽然名义上是一个手机众筹项目，但实际上却是一次手机的营销活动。首先，大可乐 3 手机众筹项目的发起人不是严格意义上的创业者。大可乐 3 手机的生产商北京云辰科技有限公司成立于 2012 年 6 月，早已成功生产并推广了大可乐、大可乐 2、小可乐等系列手机，拥有了一定的粉丝，因此，项目发起人并不需要资金来启动他们的系列产品项目。其次，众筹项目发起人并没有能够使用众筹到的资金。虽然项目发起人在众筹公告上声明：“众筹完成后，所有众筹资金，我们将委托浦发银行天津分行开设众筹专户，确保资金专款专用。”但是，当大可乐 3 手机项目因回报延期而遭到众多“梦想合伙人”质疑时，项目发起人声明他们没有拿到众筹到的资金，可见项目发起人的目的也不是筹款。最后，参与众筹的“梦想合伙人”得到的回报不是一次性的。项目发起人提供的众筹回报除了一部该品牌的最新旗舰版大可乐 3 手机之外，还有之后每年一次的手机免费换新的权利。回报的价值总和远远超过众筹时所提供的资金，如此的回报模式只能让创业者倾家荡产，因此，项目发起人的众筹目的不只是发放回报。

由上述分析可知，大可乐 3 手机众筹项目的目的不是筹集创业资金，而是对该款手机进行推广而实施的一种营销手段。虽然这只是一次事实上的营销活动，但由于是借用了众筹这个手段，在整个众筹过程中，对于众筹项目

发起人、中介平台和“梦想合伙人”来说，都经历了不同的风险。

（一）涉及众筹项目发起人的主要有法律风险、财务风险和运营风险

1. 法律风险

实物回报类众筹的法律风险主要涉嫌非法集资，因此，为了规避该风险，大可乐 3 手机众筹项目化实为虚，在其宣传语中称召集 10000 名怀揣梦想、相信未来的“梦想合伙人”，与大可乐 3 手机一起去挑战国产的小米、魅族，以及国外的三星、苹果等手机，提供的众筹回报是一部智能手机及今后每年的免费换新机的权利。为了规避大可乐 3 手机众筹项目的法律风险，解决对于出资人来说的投资本质和对于项目发起人来说的融资本质问题，大可乐 3 手机项目发起人选择了京东金融作为众筹平台，通过该平台众筹到的资金也不直接交由项目发起人支配使用，这样，就不存在非法集资的风险问题了。

2. 财务风险

大可乐 3 手机项目在众筹前期所面临的财务风险是比较小的，因为该公司已经有了若干年设计、生产、销售手机的经验，开发新型号手机的成本比较低廉，众筹成功的概率相当大，不至于出现因众筹失败而进行退款的情况。但是，大可乐 3 手机项目的众筹模式是对 1 万名合伙人提供终生免费换新机，如果该手机在市场上的认可程度低、销量很少而造成公司营利能力差的话，则会造成巨额的财务黑洞。按照众筹项目发起人的承诺，合伙人可以免费换取任何要售的手机，包括最高版本的旗舰手机。按照每部旗舰手机的成本最低为 1000 元计算，1 万部手机的免费换新业务将给项目发起人带来至少 1000 万元的成本压力，而这些将是公司潜在的纯利。即便是公司可以将因换机而回收回去的旧手机翻新后出售，按每台 400 元计算，能够为公司带来 400 万元的收入。但这取决于大可乐手机在市场的竞争能力和消费者对该品牌的认可程度，毕竟苹果手机的翻新机在销售过程中也遭受到了极大的质疑。即便是 1 万部翻新手机都能够销售出去，两者之间仍有高达 600 万元的差距，这对一个小公司来说是巨大的财务挑战。

3. 运营风险

不管是实物众筹项目还是股权众筹项目，项目的成立并不代表成功，而只是开始。项目的成功需要后期强大的运营能力和管理能力。本案例的大可乐 3 手机项目在众筹成功之后，在后期的运营过程中，众筹团队经历

了设计瓶颈、供应链断裂、产品良品率低、虚假宣传、客服不到位等问题，这都需要一个稳定的管理团队进行运营，更重要的是有充足的资金来源的支持。不过，大可乐 3 手机项目突破了瓶颈并解决了各种问题，成功向合伙人提供了较为满意的当期众筹回报，但是，由于该产品没有能够在后期进行批量上市，所以后期的盈利能力受到了广泛质疑，而一旦该公司的资金链出现问题，该公司不但不能为合伙人提供后继的回报，也可以将公司带入绝地。

（二）涉及众筹项目合伙人的主要有道德风险和投资风险

1. 道德风险

众筹项目合伙人面临的道德风险其实是来自众筹项目发起人的。由于众筹是新生事物，政府尚未制定相关的法律和法规予以规范，这就给众筹项目发起人可能存在的道德风险留下了可乘之机。大可乐 3 手机众筹是实物回报式的项目，其性质属于预购，但是在项目众筹的时候标的物没有成型，从众筹成功到交付回报给投资人，中间经历了多次变动：配置变化、内存延期到货、耳机设计变化、变更物流公司、第一次推迟发货、第二次推迟发货等一系列变数，加之众筹项目发起人团队在处理这一系列问题的过程中不够透明、信息公开不充分、忽视合伙人诉求、未经合伙人同意随意修改各种规则等，让合伙人产生了项目发起人不能诚实履行承诺的故意。虽经两次延期，该众筹回报最终得以发放，但因潜在的道德风险在众筹履行过程中形成合伙人对众筹项目发起人的信用危机，对公司声誉造成了很大损害，最终未能发挥出应有的宣传广告效果。

2. 投资风险

当下操作的实物众筹项目中，绝大多数为投资回报型众筹，大可乐 3 手机项目也属于手机预售，众筹合伙人的众筹行为实质上是一种投资行为。在众筹项目发起人涉及严重的法律风险、财务风险和运营风险的情况下，众筹合伙人如何保护自己的投资权益就成了一个重要的课题，在相关法律制度不健全、资金链容易断裂、运营能力不足、道德风险等不利因素的作用下，众筹合伙人对于自身权益的维护在损失的认定、举证、计算与追偿等方面都面临极大困难，并由于维权成本高而极难进行维权。大可乐 3 手机项目对于投资人的投资收益提供了较好的保障。在两次延期交付手机之后，众筹发起人对于投资者以手机话费的形式给予了一定的补偿。虽然这有安抚合伙人不满情绪的考虑，但合伙人却实实在在地得到了实惠，合法权益也得到了充分的保障。不过，暂时的保障不意味着今后的投资收益也有保障，大可乐 3 手机的众筹合伙人并不能因此得到今后若干年内手机可免费换新、投资收益可如期兑现的保证。

（三）涉及众筹项目平台的主要有信誉风险

实物众筹项目发起人大多是规模较小的创业公司，众筹项目也是新型产品，一般来说，公司和产品的社会知名度较小，消费者尚不熟悉，因此，在吸引公众进行投资的时候会面临诸多困难，其中最紧要的问题是如何解决公众对于公共和产品的信任问题。很少有众筹项目能够通过自己的独立网站来实现筹资，最经济和可行的方法是通过一个具有较高知名度和社会认可程度的众筹平台来完成和实现。一些专门的众筹网站或者商业网站的众筹频道担当起了这一重任。

从所承担的业务内容来看，如前所述，众筹平台主要职能有两个：一是信息中介职能；二是交易担保职能。因为众筹项目发起人的知名度和市场认可程度比较低，因此，通过与知名的众筹网站进行合作，可以提升众筹合伙人对其信任的程度。大可乐 3 手机众筹项目中，项目发起人通过“京东众筹”这一知名平台发布信息，短时间内吸引了大量电子产品爱好者的关注，取得了非常好的宣传推广效果，并且很多合伙人不是基于对大可乐 3 手机项目的了解，而是基于对京东品牌的信任而选择参加了众筹。在项目的执行过程中，大可乐 3 手机的众筹发起人多次修改手机参数、多达两次延期交付众筹收益等行为造成了合伙人的不满；大可乐 3 手机项目的运营团队的危机处理能力极差，众多合伙人转向质疑京东众筹平台对于大可乐 3 手机项目的违约和延期是否知情，以及二者是否联手对合伙人进行欺诈。因此，众多合伙人的质疑对于京东众筹平台的声誉造成了很大的负面影响，对于京东众筹平台的母公司京东商城的信誉也形成了一定冲击。

第二节　美国房地产众筹平台：Realty Mogul

Realty Mogul 是美国的一个房地产众筹平台，于 2013 年在美国加利福尼亚州成立。Realty Mogul 的联合创始人兼 CEO Jilliene Helman 曾任联合银行（Union Bank）副总裁，负责公司决策和运营；另一位创始人 Justin Hughes 是一名持照房地产从业者，任职公司 CTO。

在 Realty Mogul 众筹平台，股东数量要求至少 6000 人，股东投资额 5000

美元及以上，股东以有限成员的身份购买有限公司的股份，这些有限公司拥有特定投资产业的股份。投资人与一家通常被称为“赞助商”或“操盘者”的专业地产公司一起投资，公司可以发现切实可行的项目并在收购资产后实施相应的管理工作。

当股东以股权投资 Realty Mogul 时，以有限投资人的身份购买一家有限公司的股权。有限责任公司可以提供责任保护，将投资人的个人资产同投资的风险隔离。简单说，Realty Mogul 的利益结构是由一家有限责任公司作为有限成员的股份。这种有限责任公司拥有一家特定的投资资产的股份。

Realty Mogul 的股东可以浏览线上市场并学习具体的投资。对于每一个投资机遇，都有详细的信息，包括预计投资时间，预期年回报，资产及地理位置的信息，以及涉及该投资的所有公司及个人的简介。一旦股东决定其对于哪项投资感兴趣，股东即可以完成该项投资。股东可以简易且安全地在线上签署法律文本，并通过支票或者电汇形式完成支付。

在条款设置方面，在 Realty Mogul 平台找到的私营交易是在美国周边的物理资产。这些投资并不在公开的股票交易市场交易，也不易被出售或者交易。不同的资产有不同的“持有期间”。持有期间是指投资人在介入投资，在该投资对象被转售或者债务被付清之前的时间段，可以从 6 个月至 5 年时间不等。作为投资人，当公司分配现金时，你将会收到投资的收益。主要在以下两种情况下分配现金：（1）投资人收取其作为股权投资人获取的每股利益或者作为债权投资人获取的利益；（2）出售该资产。

如果基金募齐，投资人可以收到频繁的信息更新及投资人的现金股份回报；如基金没有募齐，则 100% 的钱都还回给投资人。投资回报的范围在 5% 至 20%。

在 Realty Mogul，股东间有一些安排的特定条款，具体包括：

Realty Mogul 开展两种投资：（1）现金流股权投资；（2）地产债务。对于第一种投资，Realty Mogul 侧重于对现存的现金流进行股权投资，例如，对公寓楼、办公楼、零售商店、存储店以及一些家庭住宅等。在投资中，投资人将其金钱聚集起来，购买特定资产的一部分或者购买资产池。投资由专业的地产投资公司开展收购或者管理，这种公司被称为“主办者”，有成功的记录。投资者针对租金的现金流以及最终出售资产时的收益拥有权益。对于这种投资的持有时间一般为 3 年至 7 年。这些投资有时候被称为“辛迪加”，因为地产公司会集合其他的投资人的投资者。对于第二种投资，Realty Mogul 上可以得到的其他投资机会是债务。在这一投资中，投资人集合其资金购买特定的债务或者债务池。这一债务与一项居住资产或者商业资产对应，并由资产担保，直至借款人全额偿还借款。投资人一般每月都可以获得收益，到期日会获得大额资金偿还。对于债权的持有期间可以从几个月到几年时间不等。

第三节　美国房地产众筹平台：Fundrise

Fundrise 是人人网投资的一家美国房地产众筹公司。Fundrise 有四种众筹产品：（1）房地产夹层债权众筹；（2）房地产优先股众筹；（3）房地产优先债众筹；（4）房地产普通股众筹，而且 Fundrise 也在为修建中的房产进行债权众筹。所有的 Fundrise 的众筹产品都是通过组建有限合伙公司进行运作的。

在 Fundrise，股东人数达到 24033 名成员，股东的认购数额为 100 美元及以上，Fundrise 以其有限公司的全资子公司的形式持股。投资人从 Fundrise 投资有限公司购买项目支付票据，这些项目支付票据都与 Fundrise 投资有限公司所作的相应项目投资对应，项目支付票据的表现直接与相应的项目投资对应。期限为短期，成熟期为 1 年至 5 年。

股东回报方面，年度回报率为 12% 至 14%。多数 Fundrise 投资均为夹层债和优先股权的混合结构。这意味着作为投资者既可以获得预期的季度分红支出的价值，还可以从升值中获得潜在的长期利益。

Fundrise 为一家网上投资平台，客户可以直接通过其服务投资商业地产通过特定资产的份额。当一位客户在 Fundrise 的平台投资时，这一投资直接投资于项目支付票据，而非直接投资于资产。这一项目支付票据与 Fundrise 投资有限公司的特定项目投资绑定。Fundrise 投资有限公司针对每一个由出售给投资人的项目支付票据出资构成的单个地产项目设计债权及有限股权投资（“相应的项目投资”）。在 Fundrise 投资有限公司发起相应的项目投资之前，它会先向投资人出售项目支付票据，将这些票据的表现与相应的项目投资的表现直接绑定。每一组项目支付票据都是单独的，与项目投资的表现绑定，有特定的利率以及成熟期。如果 Fundrise 投资有限公司对某一系列的项目支付票据收到足额的认购，则其可以用相应的项目投资出资。如果其没有收到足额认购，Fundrise 可以自行决定，或者可以终止该次发行，或者可以为剩余未认购部分寻找过桥融资。

我们来看 Fundrise 的利益结构：

项目支付票据是 Fundrise 投资有限公司向投资人出售的一种特殊的有限责任，其收入用于资助相应的项目投资。Fundrise 投资有限公司从相应的项目投资中获得收益分配后，其会支付项目票据。

投资者投资的管理项目的地产公司负责为投资人定期更新项目信息。报告包括对于项目进展、主要事件以及财务状态的更新。股东根据自己的状况进行投资，有单笔最少投资为 100 美元的。即便在总统签署《JOBS 法案》之前，Fundrise 已经向 SEC 以及州的监管者提交了本土的公开发行，允许所有的当地居民不仅仅是认证投资者可以作出少至 100 美元的投资。Fndrise 让股东可以直接投资，减少了房地产开发过程中的中间商，降低了费用，增加了投资人的潜在回报。Fundrise 打造了第一个线上的房地产产业的股票发行平台。

第六章

众筹监管

第一节　概　　述

众筹产生于金融创新和市场巨大的需求，有着广阔的发展空间。但是众筹毕竟是一项新生事物，存在着诸多风险。如果没有相应的监管，众筹创新业务的不确定性、信息不对称和投资者经验不足及网络大众性等问题就会产生。因此，随着众筹业在全球蓬勃发展，加快对众筹监管步伐是国际新趋势。

第二节　我国众筹发展现状

自 2011 年开始，我国陆续出现了类似“Kickstarter”的众筹平台。截至 2014 年 2 月底，我国共有包括“点名时间”“追梦网”等侧重不同方向和特色的 20 多家众筹平台，并成功为一些优质项目获得了筹款。与此同时，股权众筹也开始起步，包括“天使汇”“大家投”等6 家众筹网站正在尝试探索股权众筹模式。其中，最具代表性的是 2011 年 7 月成立的“点名时间”，自上线截至 2013 年 7 月，共发布了 7000 多个项目，总筹集资金近 1000 万元。然而较之美国，我国众筹的发展无论是从规模上还是从盈利能力上均存在较大的差距，面临不少挑战。

第一，政策监管不明。我国还没有将众筹纳入监管体系，投资性众筹尤其是股权众筹更是面临着来自证券法和公司法的法律障碍①。目前，我国众筹网站上的项目大部分是产品或服务众筹，也即只能以实物、服务或者媒体内容等作为回报，不能以股权或资金作为回报，否则有非法集资之嫌。另外，

---

① 参见袁康：《互联网时代公众小额集资的构造与监管——以美国 JOBS 法案为借鉴》，载《证券市场导报》2013 年第 6 期。

如果众筹融资出现交易纠纷，消费者的维权渠道和法律依据也缺乏。因此，受限于政策监管界限不明，以及回报模式的局限，我国众筹发展一直显得不温不火，众筹资金募集渠道更多地被扭曲为产品的另类在线营销手段。

第二，创新环境弱。除了法律方面的限制，创新环境弱也是影响我国众筹发展的一个重大问题。美国众筹以原生创意项目、革命性产品、电子元件为主，还包括教育、艺术、文学、科研、房地产，乃至为众筹公司打造第三方支付平台等创新模式。而我国除了单独面向微电影、垂直类音乐作品、个人梦想类众筹网站，众筹平台上种类最多的当属硬件类科技创新产品，项目质量不高，雷同性大，缺乏好的原生创意项目，高级设计从业人员也较少。另外，国内对于知识产权相关的法律保护也较为薄弱。互联网的开放性和即时性特征使项目信息迅速传播，一旦项目受到热捧，就会被迅速模仿并大量生产，这使项目发起人的知识产权无法得到有效保护，导致很多具有核心优势的项目出于募资规模和知识产权保护等考虑，不会选择通过众筹平台募集资金，结果是多数众筹平台只能吸引处于初级阶段的创业者或是一些门槛低的项目。

第三，投资者保护难度大。作为互联网金融的一种新模式，众筹融资形式、风险点与传统融资方式有很大差异。大部分投资者对风险没有充分的认识，而且，由于信息不对称，投资者难以对众筹平台或拟投资项目进行了解，大大增加了欺诈的风险。在我国众筹的发展当中就伴随着欺诈事件的发生，比如，2011 年“贝尔创投”网络借贷平台就因其法人代表涉嫌在其他多个网络投融资平台恶意拖欠多笔债务成为国内首家被公安机关调查的网贷平台；又比如，2013 年上线仅一个月的“众贷网”宣布倒闭。

第四，社会公众对众筹认识不足。众筹旨在为创业者进行资金资助，国内用户不太容易能接受这种模式，更多习惯于为实体产品付费，为概念中的产品付费意愿不强，总体来说，我国的用户接受程度还处于待教育阶段。在美国，Kickstarter 上线至今就已经有超过 100 万名投资者，而我国全部众筹网站加起来的投资参与者人数不到 10 万名。

第三节　国外众筹规制措施

由于众筹这一领域发展迅猛，在发展过程中存在的风险也愈演愈烈，国内呼唤监管法规的呼声也越来越高。在我国相关监管法规出台之前，我们可以通过美国和英国的监管措施获得一些监管及风险防范的启发。

一、美国的监管措施

美国众筹融资发展虽然相对较早，但由于股权性众筹涉嫌违反 1933 年证券法向公众非法发行证券，因此，各众筹平台基本上从事的都是预购性质的众筹，而并非完全融资意义上的众筹。为解除法律限制，2012 年美国国会通过了《工商初创企业推动法》（简称《JOBS 法案》），正式将众筹融资合法化。美国时任总统奥巴马高度评价法案的意义，他认为："80 年前通过的法律（指美国 1933 年证券法）使得很多人无法投资。但是 80 年来发生了很多的变化，法律却依旧未变。法案的通过，将使得初创企业和小企业获得大量的、新的潜在投资者，即美国民众，史无前例地，普通美国人将能在线投资他们所信任的企业。"具体而言，该法案围绕众筹融资的便捷性和投资者保护的有效性问题，主要包括以下 5 个方面内容。

（一）豁免众筹融资注册发行及其相关数额等限制

法案的核心是对符合条件的众筹融资的注册发行豁免。证券注册发行是美国证券发行的基本原则，同时也存在例外，如私募发行、针对发行人亲戚朋友的发行。与此前豁免注册发行最大的不同是，众筹豁免面向的不是某一特定投资者群体（俱乐部性质），而是面向不特定大众，并且参与众筹的大众个体基本上都是小额投资。法案在放开众筹融资的同时，从发行人和投资者两个角度也对众筹融资进行了以下 4 项限制：

（1）发行人每年通过网络平台发行证券不得超过 100 万美元。（2）年收入或资产净值不足 10 万美元的，每年所投金额不得超过 2000 美元或其年收入或资产净值的 5%，取二者中较高值；投资者年收入或资产净值超过 10 万美元的，每年所投金额不得超过其年收入或净资产值的 10%，但上限为 10 万美元。上述这些金额并不是一直固定的，法案授权 SEC 根据美国劳工统计局公布的消费者价格指数变化情况至少每 5 年调整 1 次。（3）众筹必须通过经纪人或融资平台（Funding Portal）进行，且这些中介机构需要符合该法案规定的相关资质。（4）发行人必须遵循法案规定的有关条款（主要涉及信息披露）。鉴于众筹融资的投资者单笔投资额度较小，法案没有对众筹的参与人员数量进行限制，即众筹企业的股东没有数量限制。

（二）明确发行人基本信息披露义务

普通证券发行信息披露规则存在程序烦琐、操作成本较高等问题，增加了发行人的融资成本，并不适宜于众筹这样的小规模融资。为降低筹资融资成本，增加其便捷性和经济性，法案减轻了发行人的信息披露负担。与此同时，为保护小额投资者权益，按照法案要求发行人仍然需要向 SEC、中介机构、潜在的投资者提供基本的信息披露。需要披露的信息主要包括：（1）发行人的姓名、法律性质、地址、网址。（2）发行人董事和高级管理人员的姓名以及持有发行人股份超过 20% 的股东。（3）发行人经营现状和预期经营计划的描述。（4）发行人财务状况的描述。（5）发行人目标融资的目的和预期用途描述。（6）发行人的目标融资额、实现目标融资额的最后期限，定期更新实现目标融资额的进度。（7）证券价格或决定证券价格的方法，发行人所有权和资本结构的描述。为保障上述披露的严格执行，法案明确规定针对发行人及其董事和管理人员的民事诉讼，上述任何一方没有按照规定对于主要事实如实陈述或疏忽披露，都将依法承担损害赔偿责任。

（三）建立小额投资者保护机制

传统证券监管主要是通过发行人信息披露要求来保护投资者权益。法案为确保众筹融资的便捷性和经济性，改进了众筹方式发行证券的信息披露规则，简化后的信息披露规则在减轻发行人监管负担的同时，也增加了证券投资欺诈的可能性，因而众筹融资中投资者保护问题可能更加突出。为此，法案除借助有限的信息披露规则外，还采用其他多种方式保护投资者利益：（1）限制投资者每年的投资额度，降低投资者可能承担的投资风险总额。（2）不允许采用广告来促进发行，但允许发行人通过中介机构的网络平台向投资者发出通知。（3）对发行人如何补偿促销者作出限制。（4）授予 SEC 针对融资平台的监管权、执行权及其他规则制定权，授权其制定针对发行人和融资中介的相关规则。

（四）明确众筹融资中介角色与职能

众筹融资必须借助在 SEC 注册的中介机构，而不能由发行人与投资者之间直接完成。这些中介机构必须在 SEC 登记为经纪人或融资平台。中介机构应遵守一系列义务：（1）必须在被认可的一家自律性协会进行登记，接受协会组织的约束。（2）必须对潜在的投资者揭示众筹融资蕴藏的风险和进行投资者教育。（3）确保每个投资者阅读了投资者教育信息，明确断定投资者理解其承担整个投资损失的风险，并且这个投资者有能力承担此损失。（4）确保每个投资者回答了有关调查问卷表。（5）至少在众筹证券发行前 21 天，必须向 SEC 和潜在的投资者提供发行人依据法案所要求披露的信息。（6）必须采取措施减少众筹融资交易中的欺诈现象，中介机构要对发行人董事、高管、主要股东背景进行调查。(7) 当没有达到融资预定目标时，中介机构不得将所筹资金转移给发行人。(8) 保证投资者没有超过年度投资额度的限制。中介机构有义务使投资者按法案所规定的年度额度限制进行投资。(9) 必须采取措施保护投资者的隐私权，严格保护从投资者处获得的相关信息。(10) 限制对促销给予补偿，禁止任何人通过将潜在投资者的个人信息提供给众筹融资的经纪人或融资平台而获得补偿；限制中介机构与发行人有利益关系。此外，法案还进行了兜底性规定，要求中介机构遵守 SEC 为满足投资者保护和公共利益规定的其他条款。

（五）允许特定条件下转售众筹

证券法案的上述规定都是针对众筹融资一级市场，而对二级市场几乎没有提及。法案针对二级市场仅规定投资者在购买证券后 1 年内不得转售通过众筹所购买的证券，但是以下 3 种情形除外：(1) 向发行人转让；(2) 向出售者的家庭成员转让；(3) 向合格投资者转让。

二、英国的监管措施

2014 年，英国金融行为监管局（FCA）发布了《关于网络众筹和通过其他方式发行不易变现证券的监管规则》（以下简称《监管规则》），并于 2014 年 4 月 1 日起正式施行。据英国 P2P 金融协会的统计，2013 年 1 月至 11 月，英国替代性金融市场（包括 P2P 网络借贷、股权众筹、产品众筹、票据融资等业务）规模已超过 6 亿英镑，其中 P2P 网络借贷所占比例高达 79%。2013 年 10 月 24 日，英国金融行为监管局首先发布了《关于众筹平台和其他相似活动的规范行为征求意见报告》，详细介绍了拟对"网络众筹"的监管办法。截至 2013 年 12 月 19 日，这份征求意见报告共收到 98 条反馈意见，受访者普遍认可这份报告推行的方案。FCA 结合反馈意见，正式出台了《监管规则》。FCA 表示，制定这套监管办法的目的，一是适度地进行消费者保护；二是从消费者利益出发，促进有效竞争。FCA 将纳入监管的众筹分为两类：借贷型众筹（Crowdfunding based on loan，即 P2P 借贷）与股权投资型众筹（Crowdfunding based on investment），并制定了不同的监管标准，从事以上两类业务的公司需要取得 FCA 的授权，捐赠类众筹（Donation-based crowdfunding）、预付或产品类众筹（Pre-payment or rewards-based crowdfunding）则不在监管范围内，无须 FCA 授权。FCA 对于借贷型众筹的相关规则要点如下。

（一）最低资本要求及审慎标准

《监管规则》规定以阶梯型计算标准来要求资本金，具体标准如下：5000万英镑以内的资本金比例为0.2%；超过5000万英镑但小于2.5亿英镑的部分为0.15%；超过2.5亿英镑但小于5亿英镑的部分为0.1%；超过5亿英镑贷款的部分为0.05%。FCA考虑到借贷型众筹几乎没有审慎性要求的经验，所以为公司安排过渡期来适应。FCA决定，在过渡期实行初期2万英镑、最终5万英镑的固定最低资本要求。其中，被FCA完全授权的公司在2017年3月31日前都可以实行过渡安排，同时提醒在公平交易局（OFT）监管下的借贷型众筹平台不必实行审慎标准直到被FCA完全授权。

（二）客户资金规则

若网络借贷平台破产，应对现存贷款合同作出合理安排。如果公司资金短缺，将会由破产执行人计算这部分短缺并按照比例分摊到每个客户身上。而执行破产程序所涉及的费用也将由公司持有的客户资金承担。这意味着无论公司从事什么业务，一旦失败，客户资金将受到损失。公司必须隔离资金并且在客户资产规范（Client Assets Sourcebook）条款下安排资金。

（三）争端解决和金融监督服务机构的准入

FCA将制定规则以便投资者进行投诉。投资者首先应向公司投诉，如果有必要可以上诉至金融监督服务机构。争端解决没有特定的程序，只要保证投诉得到公平和及时的处理即可。FCA主张公司自主开发适合他们业务流程的投诉程序，尽量避免产生过高的成本。投资者在向公司投诉却无法解决的情况下，可以通过向金融监督服务机构投诉解决纠纷。如果网络借贷平台没有二级转让市场，投资者可以有14天的冷静期，14天内可以取消投资而不受到任何限制或承担任何违约责任。特别注意的是，虽然从事P2P网络贷款的公司取得FCA授权，但投资者并不被纳入金融服务补偿计划（FSCS）范围，不能享受类似存款保险的保障。

（四）P2P网络借贷公司破产后的保护条款

为了建立适当的监管框架以平衡监管成本和收益，目前FCA不对P2P网贷公司制定破产执行标准。因为即使制定严格标准要求，也不能避免所有的风险。如果这些标准没有按照预期运行，消费者依然可能受到损失。FCA希望投资者清楚，制定严格标准不仅代价极大而且也不能够移除所有风险。同时，FCA希望可以由公司自己制定适合其商业模式及消费者的制度和方法。

（五）信息披露

P2P 网络借贷平台必须明确告知消费者其商业模式以及延期或违约贷款评估方式的信息。与存款利率作对比进行金融销售推广时，必须要公平、清晰、无误导。另外，网站和贷款的细节将被归为金融推广而纳入监管中。

（六）FCA 报告规范

网络借贷平台要定期向 FCA 报告相关审慎和财务状况、客户资金、客户投诉情况、上一季度贷款信息。这些报告的规范要求于2014 年10 月1 日开始实施，其中，审慎和财务报告只有公司被完全授权的一个季度后才开始提交。另外，平台的收费结构不在报告规则要求里。

三、美国《JOBS 法案》介绍

（一）《JOBS 法案》出台的背景[①]

自全球范围内的经济危机爆发以来，美国经济持续低迷，奥巴马政府曾出台多项经济刺激计划，但均未达到理想的效果。《JOBS 法案》是美国政府又一新的刺激经济措施，旨在通过放宽对中小企业的融资限制促进就业，降低居高不下的失业率，并加速推进新型网络融资模式的发展。具体来说，《JOBS 法案》的出台有以下 3 个背景。

其一，高失业率的社会问题。2008 年，美国爆发次贷危机。之后，美国经济未能走出低谷，长期处于低迷状态，且伴随着经济衰退的阴影，失业率始终居高不下。2008 年以来，美国的社会失业率一度接近 10%，此后一直在 8% 以上的高位徘徊；社会登记失业人口一度超过 1500 万人，并始终保持在 1000 万人以上，形成了巨大的社会压力，成为美国社会亟待解决的问题。

长期以来，大型企业，特别是跨国公司，一直是美国经济的领头羊，是解决就业问题的主力军。然而，这一情况在进入 21 世纪后出现了根本性的逆转。由于劳动成本上升和信息技术在生产领域的应用，美国大企业就业人数呈现递减的趋势；而与此同时，数量众多的小企业，尤其是处于初创期的创新型企业，因其劳动密集性等特点，逐渐成为提供就业岗位的主要力量。因此，在全球经

① 参见黄健青、刘雪霏、辛乔利、张琦：《美国〈JOBS 法案〉出台的背景分析、实施进展及其创新启示》，载《国际金融》2015 年第 5 期。

济低迷、美国国内失业率居高不下的背景下，小企业的发展可以加速经济复苏和促进就业。《JOBS 法案》的出台，正是要通过降低中小企业融资门槛，促进新兴成长型企业的发展，从而达到复苏经济、促进就业的目的。

其二，造成小型企业融资难的监管问题。中小企业融资难是一个影响面广泛、利益错综复杂的问题。对中小企业而言，创业成长期是其最需要资金支持的阶段，然而也是最难获取资金的阶段。从融资的角度看，中小企业的成长需要经历“自筹资金创业——实现资金自我积累——上市融资”这样一个渐进的过程，但相当多的企业在依靠自身力量实现资金自我积累的过程中就被淘汰了。从金融监管的角度看，虽然美国现有法律没有对上市融资的企业规模具有严格的规定，然而，烦琐的申报手续、高昂的上市成本，决定了融资标的只有达到一定的规模，才会带来收益。这意味着相当多处于创业阶段的中小企业无法满足上市融资的条件，只能另觅他途。此外，处于创业成长期的企业，由于规模小、资金容量有限，对资本市场的政策变化相当敏感。尤其是加强金融监管政策的出台，往往会对中小企业的生存造成意想不到的冲击。2002 年颁布的《联邦萨班斯-奥克雷法案》（Sarbanes-Oxley Act）以及 2010 年出台的《多德-弗兰克华尔街改革与消费者保护法》（Dodd-Frank W all Street Reform and Consum er Protection Act）均对中小企业的上市融资带来了很大影响。数量巨大的中小企业无法获得融资，提出上市申请的公司（IPO）数量大幅下降，导致了美国资本市场新鲜血液补充不足，资本市场投资机会减少，使得包括美国股市在内的资本市场无法走出低谷。绝大多数处于创业成长期的企业无缘资本市场是一个世界性难题，即使有风险投资和天使资金，其高门槛也让众多小企业望而却步。中小企业融资难问题对美国经济造成的巨大影响，给美国政府带来了很大的压力。这也成为美国政府着手为处于创业成长期的企业融资“松绑”的一个最直接原因。

其三，新型融资模式兴起的现实问题。随着现代信息技术的发展，尤其是互联网技术的突飞猛进，越来越多的商业模式开始借助信息技术的优势进行创新，金融融资也不例外。众筹这种新型网络融资模式就是在这样的背景下产生的。据统计，近年来，美国已经有 60 多万个中小企业通过众筹的方式获取了资金，总融资额达到了 22. 5 亿美元。众筹已经成为美国社会不可忽视的一种新型经济现象。

然而，在《JOBS 法案》出台以前，网络融资没有法律规范和保障。筹资发起人往往想方设法地回避风险。此外，处于创业成长期的企业，由于规模小、资金容量有限，对资本市场的政策变化相当敏感。尤其是加强金融监管政策的出台，往往会对中小企业的生存造成意想不到的冲击。

《JOBS 法案》颁布后，受到了美国投资创业者的广泛欢迎，很大程度上促进了众筹融资模式在美国的发展，也切实为美国中小型企业发展创造了相对宽松的制度环境。更为重要的是，法案提出了公众小额集资的合法化，豁免了网上小额众筹融资的注册程序，降低了中介机构参与交易的门槛，减少了发行公司的交易成本和融资成本。通过上述措施，《JOBS 法案》在追求小额众筹融资的发展、中介机构的规范化运行以及投资者权益保护三者的平衡上作出了良好的尝试。

（二）《JOBS 法案》的基本内容

从整体上看，《JOBS 法案》主要包括两大方面的内容。其一是为 EGC（新兴成长型）企业通过证券市场融资提供便利。法案出台了大量新条款，主要从简化 IPO 流程、减轻信息公开披露负担和增加公众认知度等方面，为企业 IPO“减负”。其二是为私人企业进行民间融资或小额融资“松绑”。《JOBS 法案》包含了一系列改革措施，旨在降低私人企业融资的规则限制，主要是通过改革注册豁免机制，增加融资便利性，以及提出众筹这一新型网络融资解决方案，拓展了融资渠道。

法案全文分为七个部分。第一部分：向 EGC 企业重新开放资本市场。其中一是界定了何为“新兴成长型”（Emerging Growth Companies，简称 EGC）企业，即在最近的会计年度中总收入低于 10 亿美元的公司；二是明确了《JOBS 法案》适用的对象是 EGC 企业，并提出了对 EGC 企业放松上市监管的具体内容。第二部分：让创造就业的企业获得资本。美国证监会出台的 RegD 第 506 条款规定，私募发行中不得出现任何公开劝诱或者公开广告的行为，而《JOBS 法案》的第二部分则对该规定进行了调整，解除了公开劝诱和公开广告的限制。第三部分：众筹。这是《JOBS 法案》中相对独立的部分，占据了约 40% 的篇幅。其核心是将众筹这种新型网络融资形式合法化，并对众筹活动的融资额、参与方、中介平台等方面作出了具体要求。为保证发行人的正常经营，法案还规定，众筹证券 1 年内不得买卖。第四部分：小企业的资本形成。其中的有关规定免除了小企业在发行证券过程中某些流程的限制，简化了部分行政手续，以促进小企业资本的快速形成。具体来说，降低了 RegD关于小额公开发行注册豁免的门槛，将最高发行限额从 500 万美元提升至 5000 万美元，扩大了可免除注册登记企业的范围。第五部分：私人企业的灵活性与增长性。相关规定从登记门槛、雇员人数、证监会规则制定等方面照顾了私人企业的灵活性与增长性。第六部分：再融资。其内容主要是对1934年的《证券交易法》及1956年的《银行控股企业法案》中关于要求银行和银行持股企业向SEC注册并承担信息披露义务的规定进行了修订。第七部分：SEC的告知义务。法案在最后一部分对美国证券交易委员会SEC的告知义务作出了规定，要求SEC应将法案的修改情况及时通过在线公告等方式告知中小规模企业及其他弱势群体企业等，扩大服务范围。

（三）《JOBS法案》的众筹融资规定

《JOBS法案》共有七个部分，关于众筹的规制，主要集中在法案的第三部分。故以上文内在逻辑贯之，笔者以法案第三部分对注册豁免、投资者资格及一般劝诱三方面的修改为视角，逐一分析。

第一，法案为发行人在12个月内融资不超过100万美元的众筹提供豁免。① 该条规定与A条例和规则505相比，融资金额在限定时间内确有减少，但是免于A条例下的“微型注册”；与规则504在金额方面则相同。基于美国证券法的传统思路——充分、准确、及时的信息披露最能预防证券欺诈的发生。既然众筹获得如此实惠，法案即规定筹资者必须向SEC披露众多相关信息。② 除要求发行人披露名称、地址、网址外，法案还要求发行人披露董事、高管的基本情况及持股比例超过20%的股东；企业目前的主要业务、预期的商业计划、发行的总额；发行人的财务状况，包括所得税申报情况和经审计的财务报表；另外，发行人必须披露证券的发行价格及定价方式。还需要说明的是，即便股权众筹不受证券法定期披露要求的规制，法案同样要求发行人应于每年向SEC及投资者披露公司的财务状况。③

第二，法案打破传统的合格投资者分类体系，降低了投资者投资初创企业的门槛。按照规定，投资者年收入低于10万美元的，每年投资金额不得超过2000美元或其年收入的5%；投资者年收入超过10万美元的，每年投资金额不得超过10万美元或其年收入的10%。④ 在法案通过以前，初创企业的融资被戏称为“3F”模式——即资金的来源主要是家人、朋友以及天使投资和风险投资。一般

---

① JOBS Act, pub. L. No. 112 – 106, sec. 302 (a).

② Thomas G. James, Far From The Maddening Crowd: Does The JOBS Act Provide Meaningful Redress To Small Investors For Securities Fraud in Connection With Crowdfunding Offerings?, Boston College Law review, Vol. 54, 2013, p. 1775.

③ JOBS Act, pub. L. No. 112 – 106, sec. 302 (b).

④ JOBS Act, pub. L. No. 112 – 106, sec. 302 (a).

而言，从家人、朋友处筹资，渠道狭小，数额不大；而天使投资和风险投资，门槛较高，如规则504、规则505、规则506对投资者的身份均有不同程度的要求。因此，从某种意义上说，法案确实打破了合格投资者和非合格投资者、个人投资者的区隔，让个人投资者有机会参与未在SEC注册的初创企业的投资[①]

第三，法案在一定程度上缓和了对一般性劝诱的禁止。此种缓和的表征是：其一，法案的第二部分允许发行人对合格投资者施予劝诱。其二，法案虽禁止发行人通过融资平台发布广告，但允许其通过融资平台向投资者发出通知。规则502确立的一般劝诱禁止，由法案的文本观之，发现其并未从根本上配合众筹的特点而有所扭转，但从"通知"一词也可看出立法者对股权众筹在某种程度上的妥协。此种妥协，既有理论上的渊源，也有现实的意义。第一，规则502对"一般劝诱"的定义不清，只是以列举的方式表达何为一般劝诱。通常情况下，通过邮件、标语及基于发行人网站的宣传，自然属一般劝诱。但是，随着技术的发展，筹资者的宣传及通告出现在诸如"Facebook"等类似的社交网络上，就不太好定论了。即便在《JOBS法案》出台前的讨论中，就有学者认为此类社交网络，并非传统意义上的一般劝诱。第二，股权众筹最大的创新点即在于利用融资平台，企业家和初创企业可以通过广告与劝诱，发掘意向投资者而向其筹资。而且，撇开股权众筹"广而告之"的特点不说，在股权众筹中完全禁止一般劝诱，也是不合时宜的做法。20世纪八九十年代，华尔街证券交易之所以欺诈盛行，在很大程度上是因为投资者当时的信息来源只能是券商或经纪人。如今，随着技术进步和互联网的普及，投资者获取信息的自主性越来越强；且相关论坛的出现，更加强了信息渠道的流畅性。当然，信息并非总是有效的，问题是如何保证信息具有较高的质量和充足的数量。随着众筹的发展，也出现了较为专业的分析网站可资利用。有学者认为，网络确有降低投资者与发行人之间信息不对称的功用，随之降低股权众筹因一般劝诱而发生欺诈的可能。

《JOBS法案》对于众筹融资的内容规定主要体现在以下几个方面。

1. 提出集资门户

《JOBS法案》通过对1934年证券交易法的修改，提出并明确了集资门户的概念，即"仅依据1933年证券法Section4（6）条款，任何涉及为他人账户发行或交易证券过程中扮演交易中介角色的人"，并规定了集资门户的禁止性行为：

---

① Andrew A. Schwartz, Crowdfunding Securities, Notre Dame Law Review, Vol. 88, 2012, p. 1475.

(1) 不能向投资者提供投资建议或推荐证券；(2) 不能为其网站或门户上发行或展示的证券进行推广促销；(3) 不能给雇员、代理商或其他人在该网站上促销证券给予补偿；(4) 不能持有、管理、拥有或以其他方式操纵投资者的资金或证券；(5) 不能从事其他 SEC 禁止的行为。同时，该法案还规定了集资门户的注册豁免条款，规定集资门户如果已经满足受到 SEC 下属的检查部门、合规部门或其他执行部门的监管，成为某个在 SEC 注册的全国性证券组织成员，符合 SEC 认为需要符合的其他条件等，则可不需要再在 SEC 注册为经纪商或自营商。

2. 保护投资者利益

针对众筹融资投资者权益保护问题，《JOBS 法案》专门对筹资者和中介机构提出了相应要求。一方面是对中介机构的要求。《JOBS 法案》对为他人账户开展证券发行或销售交易的中介机构提出下列要求：一是必须在 SEC 登记为经纪人或集资门户；二是必须在被认可的自律性协会进行登记，接受协会组织的约束；三是必须向 SEC 提供披露材料，包括 SEC 认可的风险描述材料和其他投资者教育材料；四是开展投资者教育，确保投资者阅读了相关教育信息，认识到其有可能面临失去所有投资资金的风险且能够承担该风险，了解一般初创公司、新兴企业和小发行人的投资风险以及流动性风险，并根据 SEC 规定对投资者进行其他相关知识的教育；五是根据 SEC 要求采取措施降低筹资的欺诈风险，包括获得筹资者的每个管理人员、董事，以及持有筹资者超过 20% 股权的投资者的背景资料及被监管执法的情况；六是要求最少在众筹证券卖出前 21 天向 SEC 和潜在投资者提供筹资者依据法案所要求的信息；七是确保所有募集资金仅在所有投资者募集的资金总量等于或大于目标发行量时提供给发行人，并允许所有投资者在 SEC 认可的范围内取消他们的投资承诺；八是保证投资者在 12 个月内购买的证券总量没有超过 1933 年证券法第四部分（6）（B）规定的投资额度限制；九是必须采取措施保护投资者的隐私权，严格保护从投资者处获得的相关信息；十是禁止任何人通过将潜在投资者的个人信息提供给众筹融资的经纪商或门户网站而获得补偿；十一是限制中介机构与筹资者有利益关系，禁止中介机构的经理人、合伙人或同等地位的人与筹资者有利益关系；十二是满足 SEC 为保护投资者的利益和公众利益提出的其他要求。

另一方面是对筹资者的要求。一是要求其在 SEC 完成备案，并向投资人及中介机构披露财务、业务、募集资金计划、发行计划等相关信息。《JOBS 法案》根据发行人目标融资金额将其划分为三类——目标融资不超过 10 万美元、高于 10 万美元但不超过 50 万美元以及高于 50 万美元，给予不同的财务信息披露要求。二是不允许采用做广告来促进发行。三是对筹资者如何补偿促销者作出限制。《JOBS 法案》规定，如果促销者通过经纪商或投资门户提供的沟通平台进行促销活动，且没有保证按照 SEC 的要求详细披露其过往的和未来预期的每一次促销行为的收入情况，则中介机构不能为其提供直接或间接的补偿或补偿承诺。四是筹资者必须向 SEC 和投资者提交关于企业运行和财务情况的年度报告。五是遵守 SEC 对于保护投资者的其他规定。

3. 免除小额众筹股权融资注册要求

《JOBS 法案》明确满足以下条件的众筹融资不必到 SEC 注册即可以进行股权融资：

（1）筹资者在 12 个月内募集不超过 100 万美元的资金；

（2）前 12 个月内收入不足 10 万美元的投资人所投金额不得超过 2000 美元或其年收入/净资产的 5%；前 12 个月内收入/净资产超过 10 万美元的投资人可以用其收入的 10% 用于此类投资，但上限为 10 万美元；（3）众筹融资通过满足 1933 年证券法相关要求的经纪商或集资门户开展；（4）筹资者符合 1933 年证券法 section4A（b）的相关要求。

（四）《JOBS 法案》的启示

《JOBS 法案》诞生于创新模式转变与市场结构变化的大环境之下，旨在通过适当放松资本管制，改善美国小型公司的融资渠道、降低融资成本，鼓励和支持小型公司发展。然而，小型公司的融资难是个系统性问题，需要法律、制度与意识的多方面安排和协调。其主要思路是在融资端放松小型公司的股权转让、股票发行门槛，降低小型公司的信息披露要求；在投资端引入范围更为广泛的投资人，允许普通人参与小型公司的股权投资。前者降低融资成本，后者拓宽融资渠道，二者若能顺畅对接，确实可达到理想效果。把《JOBS 法案》在投融资两端的改革拆开来看，均不存在明显漏洞，但是二者的对接，确实提高了系统风险。例如，降低小型公司的信息披露要求，实质上增加了小型公司的不透明性和不确定性，扩大了投资者风险。

具体来讲，如果在信息化较充分的区域，能够利用标准化财务系统和企业管理系统对企业经营信息进行日常化、自动化和程序化审核，结合企业的税务申报数据，利用众包算法等多样化手段对企业的财务报表进行审阅乃至审计，有可能在不放松信息披露要求的情况下降低信息披露成本。同时，利用各种信息搜索手段、大数据分析技术、智能信息展现技术，实时辅助普通人进行决策、提示投资风险，乃至及时发现潜在诈骗事件，亦可能在不增加成本的情况下更好地保护中小投资者的利益。①

言及众筹风险，并不限于金融欺诈等行业内风险，发端于系统整体和外部的系统性风险防范同样是对众筹的监管重点。众筹是互联网技术应用于金融创新的新模式，具备互联网金融高风险传递的特征。特别是如果劝诱广告大行其市，加之潜在投资者本身金融业务水平及经济能力的参差不齐和投资者的盲从心理，一旦发生众筹行业危机事件，诸如某影响力较大的众筹平台企业破产等，极易因投资者对众筹的不信任而诱发行业系统性风险，甚至蔓延至其他金融领域。毕竟大量非正规金融的薄弱信用所带来的风险是市场难以承受的。所以，必须建立众筹二级交易市场转让限制约束，有效防控风险在不同投资者、中介机构和发行人间的传递与蔓延。诸如在美国，众筹证券是典型的受限证券，具备一年的锁定期，其间不得自由转让，以避免风险扩散和市场操纵行为，确保市场的安全与稳定，维护投资者的利益。

此外，信息是现在金融市场框架体系的核心，而金融就是以信用评估实现风险定价的方式来完成资源的跨时空的合理配置。就众筹而言，信息披露是各国监管当局强化对其监管除投资限额之外的又一主要手段，而披露内容的质量攸关监管实效，譬如美国 SEC 就要求众筹中介机构在发布募资说明书的同时，必须向投资者提供众筹行业风险警示通知，并要求投资者以电子确认的方式承诺自身明白众筹的风险度和承担能力。我国金融监管机构在制定众筹披露规则的时候，必须充分考虑企业的承担能力和融资需求的匹配度，信息披露的内容与方式要适当。②

《JOBS 法案》折射出立法、执法与行业之间的博弈关系，我们应当充分利用互联网带来的技术变革促进创新，然而，革新思想超越执法实践的情况下，如何理顺行业发展与风险控制的关系，需要深入思考。

四、美国股权众筹新规定

（一）美国 SEC 众筹新规背景及其内容③

1. 美国众筹发展问题

近年来，众筹在全球范围内发展迅速。作为一种金融新模式与资金募集

---

① 参见《众筹服务行业白皮书（2014）》。

② 参见龚鹏程、臧公庆：《美国众筹监管立法研究及其对我国的启示》，载《金融监管研究》2014 年第 11 期。

③ 参见龚映清、蓝海平：《美国 SEC 众筹新规及其监管启示》，载《证券市场导报》2014 年第 9 期。

新途径，美国众筹的发展也存在一些问题。第一，股权众筹受限。以股权形式让参与众筹的投资者分享项目收益是吸引更多投资者的一种重要方式。从全球范围来看，这也是近年来增长最快的一种众筹模式。而受限于现有法律，美国当前众筹融资基本着眼于给投资者一次性的短期回报，一般不包括以任何财务回报或盈利形式提供的股权。第二，投资者保护难。由于信息不对称，投资者很难判断、跟踪项目情况以保护自己的权益。比如，2011 年 Kickstarter 平台上推出的电影项目《同步》在成功融资 1726 美元并且所拍电影在校园电影节上获奖后，被发现该电影抄袭了法国一部动画短片《重播》。另外，众筹资金滥用或项目不能如期兑现问题也显著。Mollick（2012）[①] Kickstarter 上成功融资的项目进行研究发现，471 个项目中 381 个项目明确要给资助者某种形式的回报，但这其中有 3 个项目已经退款，且有 11 个项目的筹资者没有给投资者任何反馈，总体失败率 3.6%。尽管失败比例不高，但在剩下的大部分项目中，均不能如期向投资者提供所约定的产品或服务。

2. 众筹新规内容

针对众筹蓬勃发展的态势以及发展中存在的问题，2012 年美国国会通过了《JOBS 法案》，正式将众筹融资合法化。然而《JOBS 法案》只有第一部分关于“新兴成长型”企业（Em erging Growth Com panies，简称 EGC）的相关规定在签署时正式生效，其余部分仍需要 SEC 进一步完善细则后才正式生效。因此，2013 年 10 月，美国证券交易委员会（SEC）根据《JOBS 法案》第三章正式发布了针对众筹的新规提案。SEC 众筹新规提案的出台旨在用新的规则和形式来进一步完善证券法和证券交易法的相关条款，在允许投资创新与保护投资者之间达到一个平衡。[②]

第一，允许股权众筹。《JOBS 法案》第三章明确了创业公司和创业家未来只要满足一定豁免注册的条件，就可以通过互联网向公众进行股权融资。SEC 众筹新规提案则进一步提出了这些条件的修正建议，以便为发行人融资和投资者投资提供更为适用的限制条件。具体内容为：（1）发行人在 12 个月内募集资金总额不超过 100 万美元的限制条件专指在 4（a）（6）豁免条款下获得的股权融资总额，不包括发行人通过其他途径获得的融资，但需要包括

① Mollick，Ethan. The Dynam ics of Crow dfunding：An Exploratory Studyb［J］. Journal of Business Venturing，2014，29（1）：1-16.

② Securities and Exchange Com m ission：Proposed rules，2013，http：//www. sec. gov/rules/proposed/2013/33-9470. pdf.

发行人前12个月内根据4（a）（6）条款获得的股权融资金额；另外，发行人不能同时使用其他豁免条款；（2）前12个月内收入和净资产都不足10万美元的投资人所投金额不得超过2000美元或其年收入的5%（取其大值），前12个月内收入或净资产超过10万美元的投资人可以用其收入的10%用于此类投资，上限10万美元，该投资限制适用所有投资者；（3）交易由在SEC注册的经纪人或资金门户充当中介，中介数量限于一个，交易通过互联网和类似的对公众开放的电子媒体进行。

第二，对发行人的要求。对于发行人的监管，提案要求发行人：一是需要在SEC备案，并向SEC、投资者和中介机构披露包括发行人、管理人员和董事一般性信息、商业情况描述、所得款用途、发行目标总额和期限、发行价格、所有权和资本结构、证券发行数量、证券投票权以及证券转让限制等信息。发行人还须披露额外的财务信息，提案对不同融资总额给予了不同的披露要求，对于融资额超过在10万美元至50万美元之间的发行人的财务报表还需要交由一个第三方的会计师审查，而那些融资超过50万美元的必须交由一个独立审计审查。此外，完成一轮众筹融资的发行人至少一年必须向SEC和投资者、中介机构提交关于企业运行和财务情况的年度报告。二是不允许通过广告来宣传发行。与在《JOBS法案》通过后经修订的D条款506规则（Regulation D Rule 506）对于向认可投资者（AccreditedInvestor）私募资金制定的规定不同，众筹融资不允许做广告，除非只对合适的经纪交易商或者资金门户的直接投资者做广告。不过，提案II. B. 4条款提议发行人可以公开宣传符合4（a）（6）条款的发行条件，只要公告有能够找到发行人和发行证券信息的中介平台的地址信息。三是不能补偿促销者。提案规定，发行人不能直接或间接补偿任何通过经纪商或资金门户提供的交流渠道进行促销的人员，除非发行人确保了促销者在与投资者沟通时都披露了从发行人处获得的补偿收据。提案还提议即使是中介机构之外的交流渠道，发行人也不能直接或间接地补偿促销者，除非是在提案II. B. 4条限制要求下进行促销。

第三，对中介机构的要求。为保护投资者，新规提案要求众筹交易必须通过中介机构进行，但中介机构必须遵守如下要求：

（1）注册要求。参与众筹的中介机构必须在SEC注册为经纪人或资金门户，并加入美国金融业监管局（Financial Industry Regulatory Authority，FINRA）或其他全国性证券组织会员。FINRA与自律性协会（Self-regulatoryO rganization，SRO）一样需要会员提交并公开披露交易法要求的所有信息，这样能有助于更好地监管中介机构。禁止中介机构及其董事、高管或合伙人与发行者有财务利益关系。

（2）减少欺诈风险要求。必须采取措施减少交易相关的欺诈风险，包括根据 SEC 条例获得发行者管理人员、董事以及持股超过 20% 的大股东的背景信息和证券监管历史信息。

（3）开户与投资者教育要求。必须给参与众筹的投资者开设账户，并提供包括证券和相关交易信息在内的投资者教育材料。

（4）与交易相关的要求。提案要求中介机构在交易过程中要公开披露发行人信息、确定投资者资格、为投资者和发行人提供交流渠道、遵守众筹基金维持和转让规定，并为给出投资承诺的投资者确认交易信息。

（5）发行完成、取消和确认的要求。提案提议投资者或发行人在最后期限之前可无条件取消出资承诺或结束发行。一旦与发行相关的材料或信息发生变动，中介机构必须给投资者发送变动通知，通知其重新确认投资。若发行人取消发行，则要告知投资者相关信息和资金退款方式，并劝阻投资者对这个发行项目的投资。

（6）第三方支付的要求。禁止中介机构对任何为其提供投资者或潜在投资者个人身份信息的人给予补偿。

第四，对资金门户的额外要求。除对中介机构的一般规定，众筹新规还增加了对资金门户的额外要求：

（1）注册要求。《JOBS 法案》规定，参与众筹的资金门户必须在 SEC 注册为经纪人或交易商。提案对于具体的注册形式和内容作了进一步说明，提议为资金门户建立一个简化的注册程序。提案还提议作为注册的条件，资金门户在注册期间需要留备一定保证金以防止投资者遭受来自资金门户可能带来的损失。

（2）特定活动的安全港。提案提议，对资金门户从事交易法 3（a）（80）特定限制条款相关活动提供非排他性的、有条件的安全港，并分别对资金门户可以获得从事这些限制活动的安全港条件进行了阐述。

（3）合规要求。提案对资金门户还提出了合规监管条例，要求资金门户需要就其相关业务实施书面政策和程序、遵守联邦法规第 10 章第 31 条确定的反洗钱规定、采取措施保护投资者信息隐私、接受 SEC 及其入会的行业组织的检查，并进行信息记录。

此外，众筹新规还重点对其他特定情况进行了规定，包括偏离与众筹监管、转售限制、向联邦政府提供信息、12（g）条款豁免、法定责任范围和资格取消条款。

（二）新规定的特点

1. “宽松”股权融资额度。根据新规，允许企业在12个月内通过股权众筹的融资额度最高达到100万美金。在某种程度上可以满足初创企业的启动需求和初期发展需求。

2. 普通百姓可投资股权，但有限额。若投资者年收入或个人资产净值不超过10万美元，则在12个月内的最高股权众筹投资额为2000美元，即不超过其年收入或资产净值的5%；若投资者年收入和资产净值超过10万美元，则12个月内的最高股权众筹投资额为10万美元。

3. 豁免部分企业可以直接向社会融资。从法律原则上来讲，不允许企业直接向社会大众融资是常态，也是为防止金融风险传导和保护金融消费者权益。但由于社会发展和科技进步，对某些中小企业而言，股权融资可以帮助其迅速成长，因此，美国证券交易委员会SEC设计此次新规，给予更多企业法律豁免。

4. 信息披露充分。股权众筹的销售企业，必须向民众投资者和撮合交易商披露更多信息：股权定价方法、财务状况、资金用途、公司管理层、审计报告等。

5. 降低股权融资成本。体现在融资材料的要求不再过分严苛，基本上可豁免企业只聘请律师和会计即可提供相应书面材料，不须承担更多财务负担。

（三）美国SEC众筹新规的影响

整体来看，SEC众筹新规提案积极跟进了互联网金融的发展，为美国初创企业和小企业通过互联网众筹发行证券募集资金构建了监管基础，将会在很大程度上改变目前美国未上市小企业在私募证券市场中的融资方式，对美国乃至全球资本市场都将产生重大影响。

1. 放宽投资者门槛。之前的众筹项目都是面向经认可的合格投资者，也就是符合SEC规定的年收入20万美金（家庭收入30万美金）或资产大于100万美金等要求的人。现在新规提案放开了限制，允许未经认可的投资者参与投资，使得传统投资概念之外的“普通人”能够参与进来，让投资变成一种大众行为，也使得融资的来源不再局限于风投等机构，而可以来源于大众。

2. 化解中小企业融资难。中小企业尤其是初创期中小企业融资难是各国政府面临的问题。众筹模式在搭建了民间资本投资便利平台的同时，消除了传统投资者和机构融资无法解决的小额、快速、无抵押物的投资障碍，大大简化了小型企业的融资程序，减少了发行公司的交易成本和融资成本，是解决中小企业尤其是初创期中小企业融资难的一种重要金融创新①。尤其是，允许通过众筹进行股权投资，不再局限于实物回报，这意味着股权众筹权益得到了合法化保护，有助于吸引更多投资。

3. 加速众筹中介机构发展。作为《JOBS 法案》重点内容的一部分，现有以众筹方式筹资的企业仍然需要通过规定的交易中间商或资金门户中介进行融资，这会大大增加这些中介机构参与众筹的机会。据美国 SEC 估计，在众筹监管法案正式推出之后，有 50 家至 100 家经纪商和资金门户会进入这一领域。尤其是众筹领域将诞生更多面向发行人和非认可投资人相关需求的互联网投融资平台，这是互联网金融领域里一个新的突破方向②。

第四节　众筹国际监管经验对我国众筹监管的启发③

根据世界银行发布的众筹报告称，我国将是全球最大的众筹市场。目前，我国众筹业尚处于起步阶段，还无正式的监管规则规范众筹的发展。总结美、英等国对于众筹监管的规则，其共性的理念、规则对我国众筹监管的启发主要体现在以下几个方面。

一、在监管理念上：确立投资者保护为主，防范系统性风险为辅

众筹所具有的互联网金融特性，以互联网技术和金融功能的融合，正实现着普惠金融和民主金融，促进资源配置和经济增长。但同时它也带来了一定的创新风险和金融风险，普通的消费者很难真正地理解。美国、英国、法国等国的众筹监管理念与规则，无不体现出以对投资者的保护为中心的理念。无论是美国监管法规对投资的限额、集资门户的规则及拟实行强制购买忠诚保险、对发行人的要求；还是英国的监管规则对投资者及投资额度限制、投资者的适当性测试、借贷众筹中投资者 14 天的反悔期和争端处理方式；抑或

---

① 参见黄健青、辛乔利：《“众筹”——新型网络融资模式的概念、特点及启示》，载《国际金融》2013 年第 9 期。

② 参见钱丽萍、杨翩翩、伍星耀：《互联网渠道类型与管理机制研究》，载《商业经济与管理》2012 年第 1 期。

③ 参见何剑锋：《论众筹监管国际前沿及对我国的启示》，载《理论月刊》2015 年第 10 期。

是法国规定的每个项目最大限度可以集资100万欧元，每个项目最多允许1000个人参与等；都从投资者的认定、投资额限制、平台的监管和发行人的要求等多方面体现投资者保护的理念。自从美国《JOBS法案》之后，各国对众筹的监管自始至终都贯穿着投资者保护的理念。2014年12月18日中国证券业协会发布了《私募股权众筹融资管理办法（试行）（征求意见稿）》，用私募投资基金的监管思维来解决众筹监管问题，对投资者的保护缺乏有效的可行机制，还有待于从公开发行的角度进行完善。但是最终必须从投资者保护的中心理念出发，设计我国众筹监管规则，这无疑可以抵消投资者经验不足、降低投资风险、降低众筹业务创新的不确定性；同时对一些会形成区域性或者系统性风险的重点公司，按照审慎监管要求，设计最低资本金要求、信息披露和报告制度等规则进行监管。如此，以基于保护投资者的中心理念为主，防范系统性或区域性风险为辅，设计融合互联网技术、市场机制和信用机制的我国众筹监管规则，就可以更好地促进众筹业发展。

二、在监管设计思路上：平衡成本与效率，适度监管，鼓励众筹的创新与竞争

我国众筹监管规则的设计，应借鉴美、英、法等国在平衡监管成本与众筹效率的思路。一方面，对新兴的具有互联网精神和金融融资功能的众筹，进行适度的监管，鼓励其创新，发挥融资功能，提升融资效率，实现普惠金融、民主金融的本质；另一方面，在保障网络上大量散户投资者的利益基础上，设计众筹平台和发行人信息披露、报告、合规等制度，但不能过多地加重其成本负担，影响众筹业的发展。成本与效率谁优先，就会体现不同的监管制度设计。我国众筹监管规则在制定时，应该衡量成本与效率的问题，处理好创新与适度监管问题。

三、在监管制度设计上：以信息披露制度为核心，实行众筹平台登记注册制度

以信息披露制度为核心，明确众筹的内涵与类型，确立合格投资者和投资者教育制度，实行众筹平台登记注册制度，规范众筹平台与发行人的业务行为，设计投资者纠纷解决和赔偿规则。

从美国、英国、法国等国众筹监管前沿来看，信息披露是众筹监管规则

的最为核心的制度。虽然众筹融资相对于传统融资相对避免了信息的不对称、提高了融资的效率，但是众筹融资是把互联网技术和金融融资融合的金融创新，具有创新的不确定性以及投资者经验欠缺等多方面的问题，众筹监管的法规就是要促进相关信息的披露要求，从而尽量避免大量散户投资者的风险，最大限度地去保护投资者。因此，在我国监管制度设计上，围绕着信息披露应设计一系列相关的制度：第一，根据我国的实际，对监管的众筹的内涵、种类、监管的范围，予以明确；第二，确立合格投资者制度，确定投资限额，避免投资者因投资不当而造成的巨大损失；第三，建立投资者教育制度，对投资者进行金融知识的教育，避免盲目跟风投资；第四，众筹平台开展相关业务，必须经过监管部门的批准，实行行业准入的注册登记制度；第五，规范众筹中介与发行人的业务，明确其权利、义务及责任，众筹平台本质上就是信息中介，因此规范众筹平台的项目资金运作，应该由第三方进行项目资金的托管并进行资金的监管；第六，应设计投资者纠纷解决机制和赔偿规则。在金融危机之后，美国成立了消费者保护局，集中处理纠纷问题。在 SEC Ⅲ 监管建议规则中规定：集资门户必须强制购买忠诚保险，每位客户可以获得赔偿额上限至少为 10 万美金。英国有专门的申诉制度以处理解决纠纷。为此，我国众筹监管也应该设计纠纷解决机制，采取强制保险方式，有效解决赔偿问题。

附录：

中华人民共和国网络安全法

（2016年11月7日第十二届全国人民代表大会
常务委员会第二十四次会议通过）

目　录

第一章　总　则
第二章　网络安全支持与促进
第三章　网络运行安全
　第一节　一般规定
　第二节　关键信息基础设施的运行安全
第四章　网络信息安全
第五章　监测预警与应急处置
第六章　法律责任
第七章　附　则

第一章　总　则

第一条　为了保障网络安全，维护网络空间主权和国家安全、社会公共利益，保护公民、法人和其他组织的合法权益，促进经济社会信息化健康发展，制定本法。

第二条　在中华人民共和国境内建设、运营、维护和使用网络，以及网络安全的监督管理，适用本法。

第三条　国家坚持网络安全与信息化发展并重，遵循积极利用、科学发展、依法管理、确保安全的方针，推进网络基础设施建设和互联互通，鼓励网络技术创新和应用，支持培养网络安全人才，建立健全网络安全保障体系，提高网络安全保护能力。

第四条　国家制定并不断完善网络安全战略，明确保障网络安全的基本要求和主要目标，提出重点领域的网络安全政策、工作任务和措施。

第五条　国家采取措施，监测、防御、处置来源于中华人民共和国境内外的网络安全风险和威胁，保护关键信息基础设施免受攻击、侵入、干扰和破坏，依法惩治网络违法犯罪活动，维护网络空间安全和秩序。

第六条　国家倡导诚实守信、健康文明的网络行为，推动传播社会主义核心价值观，采取措施提高全社会的网络安全意识和水平，形成全社会共同参与促进网络安全的良好环境。

第七条　国家积极开展网络空间治理、网络技术研发和标准制定、打击网络违法犯罪等方面的国际交流与合作，推动构建和平、安全、开放、合作的网络空间，建立多边、民主、透明的网络治理体系。

第八条　国家网信部门负责统筹协调网络安全工作和相关监督管理工作。国务院电信主管部门、公安部门和其他有关机关依照本法和有关法律、行政法规的规定，在各自职责范围内负责网络安全保护和监督管理工作。

县级以上地方人民政府有关部门的网络安全保护和监督管理职责，按照国家有关规定确定。

第九条　网络运营者开展经营和服务活动，必须遵守法律、行政法规，尊重社会公德，遵守商业道德，诚实信用，履行网络安全保护义务，接受政府和社会的监督，承担社会责任。

第十条　建设、运营网络或者通过网络提供服务，应当依照法律、行政法规的规定和国家标准的强制性要求，采取技术措施和其他必要措施，保障网络安全、稳定运行，有效应对网络安全事件，防范网络违法犯罪活动，维护网络数据的完整性、保密性和可用性。

第十一条　网络相关行业组织按照章程，加强行业自律，制定网络安全行为规范，指导会员加强网络安全保护，提高网络安全保护水平，促进行业健康发展。

第十二条　国家保护公民、法人和其他组织依法使用网络的权利，促进网络接入普及，提升网络服务水平，为社会提供安全、便利的网络服务，保障网络信息依法有序自由流动。

任何个人和组织使用网络应当遵守宪法法律，遵守公共秩序，尊重社会公德，不得危害网络安全，不得利用网络从事危害国家安全、荣誉和利益，煽动颠覆国家政权、推翻社会主义制度，煽动分裂国家、破坏国家统一，宣扬恐怖主义、极端主义，宣扬民族仇恨、民族歧视，传播暴力、淫秽色情信息，编造、传播虚假信息扰乱经济秩序和社会秩序，以及侵害他人名誉、隐私、知识产权和其他合法权益等活动。

第十三条　国家支持研究开发有利于未成年人健康成长的网络产品和服务，依法惩治利用网络从事危害未成年人身心健康的活动，为未成年人提供安全、健康的网络环境。

第十四条　任何个人和组织有权对危害网络安全的行为向网信、电信、公安等部门举报。收到举报的部门应当及时依法作出处理；不属于本部门职责的，应当及时移送有权处理的部门。

有关部门应当对举报人的相关信息予以保密，保护举报人的合法权益。

第二章 网络安全支持与促进

第十五条 国家建立和完善网络安全标准体系。国务院标准化行政主管部门和国务院其他有关部门根据各自的职责，组织制定并适时修订有关网络安全管理以及网络产品、服务和运行安全的国家标准、行业标准。

国家支持企业、研究机构、高等学校、网络相关行业组织参与网络安全国家标准、行业标准的制定。

第十六条 国务院和省、自治区、直辖市人民政府应当统筹规划，加大投入，扶持重点网络安全技术产业和项目，支持网络安全技术的研究开发和应用，推广安全可信的网络产品和服务，保护网络技术知识产权，支持企业、研究机构和高等学校等参与国家网络安全技术创新项目。

第十七条 国家推进网络安全社会化服务体系建设，鼓励有关企业、机构开展网络安全认证、检测和风险评估等安全服务。

第十八条 国家鼓励开发网络数据安全保护和利用技术，促进公共数据资源开放，推动技术创新和经济社会发展。

国家支持创新网络安全管理方式，运用网络新技术，提升网络安全保护水平。

第十九条 各级人民政府及其有关部门应当组织开展经常性的网络安全宣传教育，并指导、督促有关单位做好网络安全宣传教育工作。

大众传播媒介应当有针对性地面向社会进行网络安全宣传教育。

第二十条 国家支持企业和高等学校、职业学校等教育培训机构开展网络安全相关教育与培训，采取多种方式培养网络安全人才，促进网络安全人才交流。

第三章 网络运行安全

第一节 一般规定

第二十一条 国家实行网络安全等级保护制度。网络运营者应当按照网络安全等级保护制度的要求，履行下列安全保护义务，保障网络免受干扰、破坏或者未经授权的访问，防止网络数据泄露或者被窃取、篡改：

（一）制定内部安全管理制度和操作规程，确定网络安全负责人，落实网络安全保护责任；

（二）采取防范计算机病毒和网络攻击、网络侵入等危害网络安全行为的技术措施；

（三）采取监测、记录网络运行状态、网络安全事件的技术措施，并按照规定留存相关的网络日志不少于六个月；

（四）采取数据分类、重要数据备份和加密等措施；

（五）法律、行政法规规定的其他义务。

第二十二条　网络产品、服务应当符合相关国家标准的强制性要求。网络产品、服务的提供者不得设置恶意程序；发现其网络产品、服务存在安全缺陷、漏洞等风险时，应当立即采取补救措施，按照规定及时告知用户并向有关主管部门报告。

网络产品、服务的提供者应当为其产品、服务持续提供安全维护；在规定或者当事人约定的期限内，不得终止提供安全维护。

网络产品、服务具有收集用户信息功能的，其提供者应当向用户明示并取得同意；涉及用户个人信息的，还应当遵守本法和有关法律、行政法规关于个人信息保护的规定。

第二十三条　网络关键设备和网络安全专用产品应当按照相关国家标准的强制性要求，由具备资格的机构安全认证合格或者安全检测符合要求后，方可销售或者提供。国家网信部门会同国务院有关部门制定、公布网络关键设备和网络安全专用产品目录，并推动安全认证和安全检测结果互认，避免重复认证、检测。

第二十四条　网络运营者为用户办理网络接入、域名注册服务，办理固定电话、移动电话等入网手续，或者为用户提供信息发布、即时通讯等服务，在与用户签订协议或者确认提供服务时，应当要求用户提供真实身份信息。用户不提供真实身份信息的，网络运营者不得为其提供相关服务。

国家实施网络可信身份战略，支持研究开发安全、方便的电子身份认证技术，推动不同电子身份认证之间的互认。

第二十五条　网络运营者应当制定网络安全事件应急预案，及时处置系统漏洞、计算机病毒、网络攻击、网络侵入等安全风险；在发生危害网络安全的事件时，立即启动应急预案，采取相应的补救措施，并按照规定向有关主管部门报告。

第二十六条　开展网络安全认证、检测、风险评估等活动，向社会发布系统漏洞、计算机病毒、网络攻击、网络侵入等网络安全信息，应当遵守国家有关规定。

第二十七条　任何个人和组织不得从事非法侵入他人网络、干扰他人网络正常功能、窃取网络数据等危害网络安全的活动；不得提供专门用于从事侵入网络、干扰网络正常功能及防护措施、窃取网络数据等危害网络安全活动的程序、工具；明知他人从事危害网络安全的活动的，不得为其提供技术支持、广告推广、支付结算等帮助。

第二十八条　网络运营者应当为公安机关、国家安全机关依法维护国家安全和侦查犯罪的活动提供技术支持和协助。

第二十九条　国家支持网络运营者之间在网络安全信息收集、分析、通报和应急处置等方面进行合作，提高网络运营者的安全保障能力。

有关行业组织建立健全本行业的网络安全保护规范和协作机制，加强对网络安全风险的分析评估，定期向会员进行风险警示，支持、协助会员应对网络安全风险。

第三十条　网信部门和有关部门在履行网络安全保护职责中获取的信息，只能用于维护网络安全的需要，不得用于其他用途。

第二节 关键信息基础设施的运行安全

第三十一条 国家对公共通信和信息服务、能源、交通、水利、金融、公共服务、电子政务等重要行业和领域，以及其他一旦遭到破坏、丧失功能或者数据泄露，可能严重危害国家安全、国计民生、公共利益的关键信息基础设施，在网络安全等级保护制度的基础上，实行重点保护。关键信息基础设施的具体范围和安全保护办法由国务院制定。

国家鼓励关键信息基础设施以外的网络运营者自愿参与关键信息基础设施保护体系。

第三十二条 按照国务院规定的职责分工，负责关键信息基础设施安全保护工作的部门分别编制并组织实施本行业、本领域的关键信息基础设施安全规划，指导和监督关键信息基础设施运行安全保护工作。

第三十三条 建设关键信息基础设施应当确保其具有支持业务稳定、持续运行的性能，并保证安全技术措施同步规划、同步建设、同步使用。

第三十四条 除本法第二十一条的规定外，关键信息基础设施的运营者还应当履行下列安全保护义务：

（一）设置专门安全管理机构和安全管理负责人，并对该负责人和关键岗位的人员进行安全背景审查；

（二）定期对从业人员进行网络安全教育、技术培训和技能考核；

（三）对重要系统和数据库进行容灾备份；

（四）制定网络安全事件应急预案，并定期进行演练；

（五）法律、行政法规规定的其他义务。

第三十五条 关键信息基础设施的运营者采购网络产品和服务，可能影响国家安全的，应当通过国家网信部门会同国务院有关部门组织的国家安全审查。

第三十六条 关键信息基础设施的运营者采购网络产品和服务，应当按照规定与提供者签订安全保密协议，明确安全和保密义务与责任。

第三十七条 关键信息基础设施的运营者在中华人民共和国境内运营中收集和产生的个人信息和重要数据应当在境内存储。因业务需要，确需向境外提供的，应当按照国家网信部门会同国务院有关部门制定的办法进行安全评估；法律、行政法规另有规定的，依照其规定。

第三十八条 关键信息基础设施的运营者应当自行或者委托网络安全服务机构对其网络的安全性和可能存在的风险每年至少进行一次检测评估，并将检测评估情况和改进措施报送相关负责关键信息基础设施安全保护工作的部门。

第三十九条 国家网信部门应当统筹协调有关部门对关键信息基础设施的安全保护采取下列措施：

（一）对关键信息基础设施的安全风险进行抽查检测，提出改进措施，必要时可以委托网络安全服务机构对网络存在的安全风险进行检测评估；

（二）定期组织关键信息基础设施的运营者进行网络安全应急演练，提高应对网络安全事件的水平和协同配合能力；

（三）促进有关部门、关键信息基础设施的运营者以及有关研究机构、网络安全服务机构等之间的网络安全信息共享；

（四）对网络安全事件的应急处置与网络功能的恢复等，提供技术支持和协助。

第四章　网络信息安全

第四十条　网络运营者应当对其收集的用户信息严格保密，并建立健全用户信息保护制度。

第四十一条　网络运营者收集、使用个人信息，应当遵循合法、正当、必要的原则，公开收集、使用规则，明示收集、使用信息的目的、方式和范围，并经被收集者同意。

网络运营者不得收集与其提供的服务无关的个人信息，不得违反法律、行政法规的规定和双方的约定收集、使用个人信息，并应当依照法律、行政法规的规定和与用户的约定，处理其保存的个人信息。

第四十二条　网络运营者不得泄露、篡改、毁损其收集的个人信息；未经被收集者同意，不得向他人提供个人信息。但是，经过处理无法识别特定个人且不能复原的除外。

网络运营者应当采取技术措施和其他必要措施，确保其收集的个人信息安全，防止信息泄露、毁损、丢失。在发生或者可能发生个人信息泄露、毁损、丢失的情况时，应当立即采取补救措施，按照规定及时告知用户并向有关主管部门报告。

第四十三条　个人发现网络运营者违反法律、行政法规的规定或者双方的约定收集、使用其个人信息的，有权要求网络运营者删除其个人信息；发现网络运营者收集、存储的其个人信息有错误的，有权要求网络运营者予以更正。网络运营者应当采取措施予以删除或者更正。

第四十四条　任何个人和组织不得窃取或者以其他非法方式获取个人信息，不得非法出售或者非法向他人提供个人信息。

第四十五条　依法负有网络安全监督管理职责的部门及其工作人员，必须对在履行职责中知悉的个人信息、隐私和商业秘密严格保密，不得泄露、出售或者非法向他人提供。

第四十六条　任何个人和组织应当对其使用网络的行为负责，不得设立用于实施诈骗，传授犯罪方法，制作或者销售违禁物品、管制物品等违法犯罪活动的网站、通讯群组，不得利用网络发布涉及实施诈骗，制作或者销售违禁物品、管制物品以及其他违法犯罪活动的信息。

第四十七条　网络运营者应当加强对其用户发布的信息的管理，发现法律、行政法规禁止发布或者传输的信息的，应当立即停止传输该信息，采取消除等处置措施，防止信息扩散，保存有关记录，并向有关主管部门报告。

第四十八条 任何个人和组织发送的电子信息、提供的应用软件，不得设置恶意程序，不得含有法律、行政法规禁止发布或者传输的信息。

电子信息发送服务提供者和应用软件下载服务提供者，应当履行安全管理义务，知道其用户有前款规定行为的，应当停止提供服务，采取消除等处置措施，保存有关记录，并向有关主管部门报告。

第四十九条 网络运营者应当建立网络信息安全投诉、举报制度，公布投诉、举报方式等信息，及时受理并处理有关网络信息安全的投诉和举报。

网络运营者对网信部门和有关部门依法实施的监督检查，应当予以配合。

第五十条 国家网信部门和有关部门依法履行网络信息安全监督管理职责，发现法律、行政法规禁止发布或者传输的信息的，应当要求网络运营者停止传输，采取消除等处置措施，保存有关记录；对来源于中华人民共和国境外的上述信息，应当通知有关机构采取技术措施和其他必要措施阻断传播。

第五章 监测预警与应急处置

第五十一条 国家建立网络安全监测预警和信息通报制度。国家网信部门应当统筹协调有关部门加强网络安全信息收集、分析和通报工作，按照规定统一发布网络安全监测预警信息。

第五十二条 负责关键信息基础设施安全保护工作的部门，应当建立健全本行业、本领域的网络安全监测预警和信息通报制度，并按照规定报送网络安全监测预警信息。

第五十三条 国家网信部门协调有关部门建立健全网络安全风险评估和应急工作机制，制定网络安全事件应急预案，并定期组织演练。

负责关键信息基础设施安全保护工作的部门应当制定本行业、本领域的网络安全事件应急预案，并定期组织演练。

网络安全事件应急预案应当按照事件发生后的危害程度、影响范围等因素对网络安全事件进行分级，并规定相应的应急处置措施。

第五十四条 网络安全事件发生的风险增大时，省级以上人民政府有关部门应当按照规定的权限和程序，并根据网络安全风险的特点和可能造成的危害，采取下列措施：

（一）要求有关部门、机构和人员及时收集、报告有关信息，加强对网络安全风险的监测；

（二）组织有关部门、机构和专业人员，对网络安全风险信息进行分析评估，预测事件发生的可能性、影响范围和危害程度；

（三）向社会发布网络安全风险预警，发布避免、减轻危害的措施。

第五十五条 发生网络安全事件，应当立即启动网络安全事件应急预案，对网络安全事件进行调查和评估，要求网络运营者采取技术措施和其他必要措施，消除安全隐患，防止危害扩大，并及时向社会发布与公众有关的警示信息。

第五十六条　省级以上人民政府有关部门在履行网络安全监督管理职责中，发现网络存在较大安全风险或者发生安全事件的，可以按照规定的权限和程序对该网络的运营者的法定代表人或者主要负责人进行约谈。网络运营者应当按照要求采取措施，进行整改，消除隐患。

第五十七条　因网络安全事件，发生突发事件或者生产安全事故的，应当依照《中华人民共和国突发事件应对法》、《中华人民共和国安全生产法》等有关法律、行政法规的规定处置。

第五十八条　因维护国家安全和社会公共秩序，处置重大突发社会安全事件的需要，经国务院决定或者批准，可以在特定区域对网络通信采取限制等临时措施。

第六章　法律责任

第五十九条　网络运营者不履行本法第二十一条、第二十五条规定的网络安全保护义务的，由有关主管部门责令改正，给予警告；拒不改正或者导致危害网络安全等后果的，处一万元以上十万元以下罚款，对直接负责的主管人员处五千元以上五万元以下罚款。

关键信息基础设施的运营者不履行本法第三十三条、第三十四条、第三十六条、第三十八条规定的网络安全保护义务的，由有关主管部门责令改正，给予警告；拒不改正或者导致危害网络安全等后果的，处十万元以上一百万元以下罚款，对直接负责的主管人员处一万元以上十万元以下罚款。

第六十条　违反本法第二十二条第一款、第二款和第四十八条第一款规定，有下列行为之一的，由有关主管部门责令改正，给予警告；拒不改正或者导致危害网络安全等后果的，处五万元以上五十万元以下罚款，对直接负责的主管人员处一万元以上十万元以下罚款：

（一）设置恶意程序的；

（二）对其产品、服务存在的安全缺陷、漏洞等风险未立即采取补救措施，或者未按照规定及时告知用户并向有关主管部门报告的；

（三）擅自终止为其产品、服务提供安全维护的。

第六十一条　网络运营者违反本法第二十四条第一款规定，未要求用户提供真实身份信息，或者对不提供真实身份信息的用户提供相关服务的，由有关主管部门责令改正；拒不改正或者情节严重的，处五万元以上五十万元以下罚款，并可以由有关主管部门责令暂停相关业务、停业整顿、关闭网站、吊销相关业务许可证或者吊销营业执照，对直接负责的主管人员和其他直接责任人员处一万元以上十万元以下罚款。

第六十二条　违反本法第二十六条规定，开展网络安全认证、检测、风险评估等活动，或者向社会发布系统漏洞、计算机病毒、网络攻击、网络侵入等网络安全信息的，由有关主管部门责令改正，给予警告；拒不改正或者情节严重的，处一万元以上十万元以下罚款，并可以由有关主管部门责令暂停相关业务、停业整顿、关闭网站、吊销相关业务许可证或者吊销营业执照，对直接负责的主管人员和其他直接责任人员处五千元以上五万元以下罚款。

第六十三条 违反本法第二十七条规定，从事危害网络安全的活动，或者提供专门用于从事危害网络安全活动的程序、工具，或者为他人从事危害网络安全的活动提供技术支持、广告推广、支付结算等帮助，尚不构成犯罪的，由公安机关没收违法所得，处五日以下拘留，可以并处五万元以上五十万元以下罚款；情节较重的，处五日以上十五日以下拘留，可以并处十万元以上一百万元以下罚款。

单位有前款行为的，由公安机关没收违法所得，处十万元以上一百万元以下罚款，并对直接负责的主管人员和其他直接责任人员依照前款规定处罚。

违反本法第二十七条规定，受到治安管理处罚的人员，五年内不得从事网络安全管理和网络运营关键岗位的工作；受到刑事处罚的人员，终身不得从事网络安全管理和网络运营关键岗位的工作。

第六十四条 网络运营者、网络产品或者服务的提供者违反本法第二十二条第三款、第四十一条至第四十三条规定，侵害个人信息依法得到保护的权利的，由有关主管部门责令改正，可以根据情节单处或者并处警告、没收违法所得、处违法所得一倍以上十倍以下罚款，没有违法所得的，处一百万元以下罚款，对直接负责的主管人员和其他直接责任人员处一万元以上十万元以下罚款；情节严重的，并可以责令暂停相关业务、停业整顿、关闭网站、吊销相关业务许可证或者吊销营业执照。

违反本法第四十四条规定，窃取或者以其他非法方式获取、非法出售或者非法向他人提供个人信息，尚不构成犯罪的，由公安机关没收违法所得，并处违法所得一倍以上十倍以下罚款，没有违法所得的，处一百万元以下罚款。

第六十五条 关键信息基础设施的运营者违反本法第三十五条规定，使用未经安全审查或者安全审查未通过的网络产品或者服务的，由有关主管部门责令停止使用，处采购金额一倍以上十倍以下罚款；对直接负责的主管人员和其他直接责任人员处一万元以上十万元以下罚款。

第六十六条 关键信息基础设施的运营者违反本法第三十七条规定，在境外存储网络数据，或者向境外提供网络数据的，由有关主管部门责令改正，给予警告，没收违法所得，处五万元以上五十万元以下罚款，并可以责令暂停相关业务、停业整顿、关闭网站、吊销相关业务许可证或者吊销营业执照；对直接负责的主管人员和其他直接责任人员处一万元以上十万元以下罚款。

第六十七条 违反本法第四十六条规定，设立用于实施违法犯罪活动的网站、通讯群组，或者利用网络发布涉及实施违法犯罪活动的信息，尚不构成犯罪的，由公安机关处五日以下拘留，可以并处一万元以上十万元以下罚款；情节较重的，处五日以上十五日以下拘留，可以并处五万元以上五十万元以下罚款。关闭用于实施违法犯罪活动的网站、通讯群组。

单位有前款行为的，由公安机关处十万元以上五十万元以下罚款，并对直接负责的主管人员和其他直接责任人员依照前款规定处罚。

第六十八条　网络运营者违反本法第四十七条规定，对法律、行政法规禁止发布或者传输的信息未停止传输、采取消除等处置措施、保存有关记录的，由有关主管部门责令改正，给予警告，没收违法所得；拒不改正或者情节严重的，处十万元以上五十万元以下罚款，并可以责令暂停相关业务、停业整顿、关闭网站、吊销相关业务许可证或者吊销营业执照，对直接负责的主管人员和其他直接责任人员处一万元以上十万元以下罚款。

电子信息发送服务提供者、应用软件下载服务提供者，不履行本法第四十八条第二款规定的安全管理义务的，依照前款规定处罚。

第六十九条　网络运营者违反本法规定，有下列行为之一的，由有关主管部门责令改正；拒不改正或者情节严重的，处五万元以上五十万元以下罚款，对直接负责的主管人员和其他直接责任人员，处一万元以上十万元以下罚款：

（一）不按照有关部门的要求对法律、行政法规禁止发布或者传输的信息，采取停止传输、消除等处置措施的；

（二）拒绝、阻碍有关部门依法实施的监督检查的；

（三）拒不向公安机关、国家安全机关提供技术支持和协助的。

第七十条　发布或者传输本法第十二条第二款和其他法律、行政法规禁止发布或者传输的信息的，依照有关法律、行政法规的规定处罚。

第七十一条　有本法规定的违法行为的，依照有关法律、行政法规的规定记入信用档案，并予以公示。

第七十二条　国家机关政务网络的运营者不履行本法规定的网络安全保护义务的，由其上级机关或者有关机关责令改正；对直接负责的主管人员和其他直接责任人员依法给予处分。

第七十三条　网信部门和有关部门违反本法第三十条规定，将在履行网络安全保护职责中获取的信息用于其他用途的，对直接负责的主管人员和其他直接责任人员依法给予处分。

网信部门和有关部门的工作人员玩忽职守、滥用职权、徇私舞弊，尚不构成犯罪的，依法给予处分。

第七十四条　违反本法规定，给他人造成损害的，依法承担民事责任。

违反本法规定，构成违反治安管理行为的，依法给予治安管理处罚；构成犯罪的，依法追究刑事责任。

第七十五条　境外的机构、组织、个人从事攻击、侵入、干扰、破坏等危害中华人民共和国的关键信息基础设施的活动，造成严重后果的，依法追究法律责任；国务院公安部门和有关部门并可以决定对该机构、组织、个人采取冻结财产或者其他必要的制裁措施。

第七章 附 则

第七十六条 本法下列用语的含义：

（一）网络，是指由计算机或者其他信息终端及相关设备组成的按照一定的规则和程序对信息进行收集、存储、传输、交换、处理的系统。

（二）网络安全，是指通过采取必要措施，防范对网络的攻击、侵入、干扰、破坏和非法使用以及意外事故，使网络处于稳定可靠运行的状态，以及保障网络数据的完整性、保密性、可用性的能力。

（三）网络运营者，是指网络的所有者、管理者和网络服务提供者。

（四）网络数据，是指通过网络收集、存储、传输、处理和产生的各种电子数据。

（五）个人信息，是指以电子或者其他方式记录的能够单独或者与其他信息结合识别自然人个人身份的各种信息，包括但不限于自然人的姓名、出生日期、身份证件号码、个人生物识别信息、住址、电话号码等。

第七十七条 存储、处理涉及国家秘密信息的网络的运行安全保护，除应当遵守本法外，还应当遵守保密法律、行政法规的规定。

第七十八条 军事网络的安全保护，由中央军事委员会另行规定。

第七十九条 本法自 2017 年 6 月 1 日起施行。

中华人民共和国电子商务法

（2018 年 8 月 31 日第十三届全国人民代表大会常务委员会第五次会议通过）

目　录

第一章　总　　则
第二章　电子商务经营者
　第一节　一般规定
　第二节　电子商务平台经营者
第三章　电子商务合同的订立与履行
第四章　电子商务争议解决
第五章　电子商务促进
第六章　法律责任
第七章　附　　则

第一章　总　　则

第一条　为了保障电子商务各方主体的合法权益，规范电子商务行为，维护市场秩序，促进电子商务持续健康发展，制定本法。

第二条　中华人民共和国境内的电子商务活动，适用本法。

本法所称电子商务，是指通过互联网等信息网络销售商品或者提供服务的经营活动。

法律、行政法规对销售商品或者提供服务有规定的，适用其规定。金融类产品和服务，利用信息网络提供新闻信息、音视频节目、出版以及文化产品等内容方面的服务，不适用本法。

第三条　国家鼓励发展电子商务新业态，创新商业模式，促进电子商务技术研发和推广应用，推进电子商务诚信体系建设，营造有利于电子商务创新发展的市场环境，充分发挥电子商务在推动高质量发展、满足人民日益增长的美好生活需要、构建开放型经济方面的重要作用。

第四条 国家平等对待线上线下商务活动，促进线上线下融合发展，各级人民政府和有关部门不得采取歧视性的政策措施，不得滥用行政权力排除、限制市场竞争。

第五条 电子商务经营者从事经营活动，应当遵循自愿、平等、公平、诚信的原则，遵守法律和商业道德，公平参与市场竞争，履行消费者权益保护、环境保护、知识产权保护、网络安全与个人信息保护等方面的义务，承担产品和服务质量责任，接受政府和社会的监督。

第六条 国务院有关部门按照职责分工负责电子商务发展促进、监督管理等工作。县级以上地方各级人民政府可以根据本行政区域的实际情况，确定本行政区域内电子商务的部门职责划分。

第七条 国家建立符合电子商务特点的协同管理体系，推动形成有关部门、电子商务行业组织、电子商务经营者、消费者等共同参与的电子商务市场治理体系。

第八条 电子商务行业组织按照本组织章程开展行业自律，建立健全行业规范，推动行业诚信建设，监督、引导本行业经营者公平参与市场竞争。

第二章　电子商务经营者

第一节　一般规定

第九条 本法所称电子商务经营者，是指通过互联网等信息网络从事销售商品或者提供服务的经营活动的自然人、法人和非法人组织，包括电子商务平台经营者、平台内经营者以及通过自建网站、其他网络服务销售商品或者提供服务的电子商务经营者。

本法所称电子商务平台经营者，是指在电子商务中为交易双方或者多方提供网络经营场所、交易撮合、信息发布等服务，供交易双方或者多方独立开展交易活动的法人或者非法人组织。

本法所称平台内经营者，是指通过电子商务平台销售商品或者提供服务的电子商务经营者。

第十条 电子商务经营者应当依法办理市场主体登记。但是，个人销售自产农副产品、家庭手工业产品，个人利用自己的技能从事依法无须取得许可的便民劳务活动和零星小额交易活动，以及依照法律、行政法规不需要进行登记的除外。

第十一条 电子商务经营者应当依法履行纳税义务，并依法享受税收优惠。

依照前条规定不需要办理市场主体登记的电子商务经营者在首次纳税义务发生后，应当依照税收征收管理法律、行政法规的规定申请办理税务登记，并如实申报纳税。

第十二条 电子商务经营者从事经营活动，依法需要取得相关行政许可的，应当依法取得行政许可。

第十三条　电子商务经营者销售的商品或者提供的服务应当符合保障人身、财产安全的要求和环境保护要求，不得销售或者提供法律、行政法规禁止交易的商品或者服务。

第十四条　电子商务经营者销售商品或者提供服务应当依法出具纸质发票或者电子发票等购货凭证或者服务单据。电子发票与纸质发票具有同等法律效力。

第十五条　电子商务经营者应当在其首页显著位置，持续公示营业执照信息、与其经营业务有关的行政许可信息、属于依照本法第十条规定的不需要办理市场主体登记情形等信息，或者上述信息的链接标识。

前款规定的信息发生变更的，电子商务经营者应当及时更新公示信息。

第十六条　电子商务经营者自行终止从事电子商务的，应当提前三十日在首页显著位置持续公示有关信息。

第十七条　电子商务经营者应当全面、真实、准确、及时地披露商品或者服务信息，保障消费者的知情权和选择权。电子商务经营者不得以虚构交易、编造用户评价等方式进行虚假或者引人误解的商业宣传，欺骗、误导消费者。

第十八条　电子商务经营者根据消费者的兴趣爱好、消费习惯等特征向其提供商品或者服务的搜索结果的，应当同时向该消费者提供不针对其个人特征的选项，尊重和平等保护消费者合法权益。

电子商务经营者向消费者发送广告的，应当遵守《中华人民共和国广告法》的有关规定。

第十九条　电子商务经营者搭售商品或者服务，应当以显著方式提请消费者注意，不得将搭售商品或者服务作为默认同意的选项。

第二十条　电子商务经营者应当按照承诺或者与消费者约定的方式、时限向消费者交付商品或者服务，并承担商品运输中的风险和责任。但是，消费者另行选择快递物流服务提供者的除外。

第二十一条　电子商务经营者按照约定向消费者收取押金的，应当明示押金退还的方式、程序，不得对押金退还设置不合理条件。消费者申请退还押金，符合押金退还条件的，电子商务经营者应当及时退还。

第二十二条　电子商务经营者因其技术优势、用户数量、对相关行业的控制能力以及其他经营者对该电子商务经营者在交易上的依赖程度等因素而具有市场支配地位的，不得滥用市场支配地位，排除、限制竞争。

第二十三条　电子商务经营者收集、使用其用户的个人信息，应当遵守法律、行政法规有关个人信息保护的规定。

第二十四条　电子商务经营者应当明示用户信息查询、更正、删除以及用户注销的方式、程序，不得对用户信息查询、更正、删除以及用户注销设置不合理条件。

电子商务经营者收到用户信息查询或者更正、删除的申请的，应当在核实身份后及时提供查询或者更正、删除用户信息。用户注销的，电子商务经营者应当立即删除该用户的信息；依照法律、行政法规的规定或者双方约定保存的，依照其规定。

第二十五条 有关主管部门依照法律、行政法规的规定要求电子商务经营者提供有关电子商务数据信息的，电子商务经营者应当提供。有关主管部门应当采取必要措施保护电子商务经营者提供的数据信息的安全，并对其中的个人信息、隐私和商业秘密严格保密，不得泄露、出售或者非法向他人提供。

第二十六条 电子商务经营者从事跨境电子商务，应当遵守进出口监督管理的法律、行政法规和国家有关规定。

第二节 电子商务平台经营者

第二十七条 电子商务平台经营者应当要求申请进入平台销售商品或者提供服务的经营者提交其身份、地址、联系方式、行政许可等真实信息，进行核验、登记，建立登记档案，并定期核验更新。

电子商务平台经营者为进入平台销售商品或者提供服务的非经营用户提供服务，应当遵守本节有关规定。

第二十八条 电子商务平台经营者应当按照规定向市场监督管理部门报送平台内经营者的身份信息，提示未办理市场主体登记的经营者依法办理登记，并配合市场监督管理部门，针对电子商务的特点，为应当办理市场主体登记的经营者办理登记提供便利。

电子商务平台经营者应当依照税收征收管理法律、行政法规的规定，向税务部门报送平台内经营者的身份信息和与纳税有关的信息，并应当提示依照本法第十条规定不需要办理市场主体登记的电子商务经营者依照本法第十一条第二款的规定办理税务登记。

第二十九条 电子商务平台经营者发现平台内的商品或者服务信息存在违反本法第十二条、第十三条规定情形的，应当依法采取必要的处置措施，并向有关主管部门报告。

第三十条 电子商务平台经营者应当采取技术措施和其他必要措施保证其网络安全、稳定运行，防范网络违法犯罪活动，有效应对网络安全事件，保障电子商务交易安全。

电子商务平台经营者应当制定网络安全事件应急预案，发生网络安全事件时，应当立即启动应急预案，采取相应的补救措施，并向有关主管部门报告。

第三十一条 电子商务平台经营者应当记录、保存平台上发布的商品和服务信息、交易信息，并确保信息的完整性、保密性、可用性。商品和服务信息、交易信息保存时间自交易完成之日起不少于三年；法律、行政法规另有规定的，依照其规定。

第三十二条 电子商务平台经营者应当遵循公开、公平、公正的原则，制定平台服务协议和交易规则，明确进入和退出平台、商品和服务质量保障、消费者权益保护、个人信息保护等方面的权利和义务。

第三十三条 电子商务平台经营者应当在其首页显著位置持续公示平台服务协议和交易规则信息或者上述信息的链接标识，并保证经营者和消费者能够便利、完整地阅览和下载。

第三十四条 电子商务平台经营者修改平台服务协议和交易规则，应当在其首页显著位置公开征求意见，采取合理措施确保有关各方能够及时充分表达意见。修改内容应当至少在实施前七日予以公示。

平台内经营者不接受修改内容，要求退出平台的，电子商务平台经营者不得阻止，并按照修改前的服务协议和交易规则承担相关责任。

第三十五条 电子商务平台经营者不得利用服务协议、交易规则以及技术等手段，对平台内经营者在平台内的交易、交易价格以及与其他经营者的交易等进行不合理限制或者附加不合理条件，或者向平台内经营者收取不合理费用。

第三十六条 电子商务平台经营者依据平台服务协议和交易规则对平台内经营者违反法律、法规的行为实施警示、暂停或者终止服务等措施的，应当及时公示。

第三十七条 电子商务平台经营者在其平台上开展自营业务的，应当以显著方式区分标记自营业务和平台内经营者开展的业务，不得误导消费者。

电子商务平台经营者对其标记为自营的业务依法承担商品销售者或者服务提供者的民事责任。

第三十八条 电子商务平台经营者知道或者应当知道平台内经营者销售的商品或者提供的服务不符合保障人身、财产安全的要求，或者有其他侵害消费者合法权益行为，未采取必要措施的，依法与该平台内经营者承担连带责任。

对关系消费者生命健康的商品或者服务，电子商务平台经营者对平台内经营者的资质资格未尽到审核义务，或者对消费者未尽到安全保障义务，造成消费者损害的，依法承担相应的责任。

第三十九条 电子商务平台经营者应当建立健全信用评价制度，公示信用评价规则，为消费者提供对平台内销售的商品或者提供的服务进行评价的途径。

电子商务平台经营者不得删除消费者对其平台内销售的商品或者提供的服务的评价。

第四十条 电子商务平台经营者应当根据商品或者服务的价格、销量、信用等以多种方式向消费者显示商品或者服务的搜索结果；对于竞价排名的商品或者服务，应当显著标明“广告”。

第四十一条 电子商务平台经营者应当建立知识产权保护规则，与知识产权权利人加强合作，依法保护知识产权。

第四十二条 知识产权权利人认为其知识产权受到侵害的，有权通知电子商务平台经营者采取删除、屏蔽、断开链接、终止交易和服务等必要措施。通知应当包括构成侵权的初步证据。

电子商务平台经营者接到通知后，应当及时采取必要措施，并将该通知转送平台内经营者；未及时采取必要措施的，对损害的扩大部分与平台内经营者承担连带责任。

因通知错误造成平台内经营者损害的，依法承担民事责任。恶意发出错误通知，造成平台内经营者损失的，加倍承担赔偿责任。

第四十三条 平台内经营者接到转送的通知后，可以向电子商务平台经营者提交不存在侵权行为的声明。声明应当包括不存在侵权行为的初步证据。

电子商务平台经营者接到声明后，应当将该声明转送发出通知的知识产权权利人，并告知其可以向有关主管部门投诉或者向人民法院起诉。电子商务平台经营者在转送声明到达知识产权权利人后十五日内，未收到权利人已经投诉或者起诉通知的，应当及时终止所采取的措施。

第四十四条 电子商务平台经营者应当及时公示收到的本法第四十二条、第四十三条规定的通知、声明及处理结果。

第四十五条 电子商务平台经营者知道或者应当知道平台内经营者侵犯知识产权的，应当采取删除、屏蔽、断开链接、终止交易和服务等必要措施；未采取必要措施的，与侵权人承担连带责任。

第四十六条 除本法第九条第二款规定的服务外，电子商务平台经营者可以按照平台服务协议和交易规则，为经营者之间的电子商务提供仓储、物流、支付结算、交收等服务。电子商务平台经营者为经营者之间的电子商务提供服务，应当遵守法律、行政法规和国家有关规定，不得采取集中竞价、做市商等集中交易方式进行交易，不得进行标准化合约交易。

第三章 电子商务合同的订立与履行

第四十七条 电子商务当事人订立和履行合同，适用本章和《中华人民共和国民法总则》《中华人民共和国合同法》《中华人民共和国电子签名法》等法律的规定。

第四十八条 电子商务当事人使用自动信息系统订立或者履行合同的行为对使用该系统的当事人具有法律效力。

在电子商务中推定当事人具有相应的民事行为能力。但是，有相反证据足以推翻的除外。

第四十九条 电子商务经营者发布的商品或者服务信息符合要约条件的，用户选择该商品或者服务并提交订单成功，合同成立。当事人另有约定的，从其约定。

电子商务经营者不得以格式条款等方式约定消费者支付价款后合同不成立；格式条款等含有该内容的，其内容无效。

第五十条 电子商务经营者应当清晰、全面、明确地告知用户订立合同的步骤、注意事项、下载方法等事项，并保证用户能够便利、完整地阅览和下载。

电子商务经营者应当保证用户在提交订单前可以更正输入错误。

第五十一条 合同标的为交付商品并采用快递物流方式交付的，收货人签收时间为交付时间。合同标的为提供服务的，生成的电子凭证或者实物凭证中载明的时间为交付时间；前述凭证没有载明时间或者载明时间与实际提供服务时间不一致的，实际提供服务的时间为交付时间。

合同标的为采用在线传输方式交付的，合同标的进入对方当事人指定的特定系统并且能够检索识别的时间为交付时间。

合同当事人对交付方式、交付时间另有约定的，从其约定。

第五十二条　电子商务当事人可以约定采用快递物流方式交付商品。

快递物流服务提供者为电子商务提供快递物流服务，应当遵守法律、行政法规，并应当符合承诺的服务规范和时限。快递物流服务提供者在交付商品时，应当提示收货人当面查验；交由他人代收的，应当经收货人同意。

快递物流服务提供者应当按照规定使用环保包装材料，实现包装材料的减量化和再利用。

快递物流服务提供者在提供快递物流服务的同时，可以接受电子商务经营者的委托提供代收货款服务。

第五十三条　电子商务当事人可以约定采用电子支付方式支付价款。

电子支付服务提供者为电子商务提供电子支付服务，应当遵守国家规定，告知用户电子支付服务的功能、使用方法、注意事项、相关风险和收费标准等事项，不得附加不合理交易条件。电子支付服务提供者应当确保电子支付指令的完整性、一致性、可跟踪稽核和不可篡改。

电子支付服务提供者应当向用户免费提供对账服务以及最近三年的交易记录。

第五十四条　电子支付服务提供者提供电子支付服务不符合国家有关支付安全管理要求，造成用户损失的，应当承担赔偿责任。

第五十五条　用户在发出支付指令前，应当核对支付指令所包含的金额、收款人等完整信息。

支付指令发生错误的，电子支付服务提供者应当及时查找原因，并采取相关措施予以纠正。造成用户损失的，电子支付服务提供者应当承担赔偿责任，但能够证明支付错误非自身原因造成的除外。

第五十六条　电子支付服务提供者完成电子支付后，应当及时准确地向用户提供符合约定方式的确认支付的信息。

第五十七条　用户应当妥善保管交易密码、电子签名数据等安全工具。用户发现安全工具遗失、被盗用或者未经授权的支付的，应当及时通知电子支付服务提供者。

未经授权的支付造成的损失，由电子支付服务提供者承担；电子支付服务提供者能够证明未经授权的支付是因用户的过错造成的，不承担责任。

电子支付服务提供者发现支付指令未经授权，或者收到用户支付指令未经授权的通知时，应当立即采取措施防止损失扩大。电子支付服务提供者未及时采取措施导致损失扩大的，对损失扩大部分承担责任。

第四章 电子商务争议解决

第五十八条 国家鼓励电子商务平台经营者建立有利于电子商务发展和消费者权益保护的商品、服务质量担保机制。

电子商务平台经营者与平台内经营者协议设立消费者权益保证金的，双方应当就消费者权益保证金的提取数额、管理、使用和退还办法等作出明确约定。

消费者要求电子商务平台经营者承担先行赔偿责任以及电子商务平台经营者赔偿后向平台内经营者的追偿，适用《中华人民共和国消费者权益保护法》的有关规定。

第五十九条 电子商务经营者应当建立便捷、有效的投诉、举报机制，公开投诉、举报方式等信息，及时受理并处理投诉、举报。

第六十条 电子商务争议可以通过协商和解，请求消费者组织、行业协会或者其他依法成立的调解组织调解，向有关部门投诉，提请仲裁，或者提起诉讼等方式解决。

第六十一条 消费者在电子商务平台购买商品或者接受服务，与平台内经营者发生争议时，电子商务平台经营者应当积极协助消费者维护合法权益。

第六十二条 在电子商务争议处理中，电子商务经营者应当提供原始合同和交易记录。因电子商务经营者丢失、伪造、篡改、销毁、隐匿或者拒绝提供前述资料，致使人民法院、仲裁机构或者有关机关无法查明事实的，电子商务经营者应当承担相应的法律责任。

第六十三条 电子商务平台经营者可以建立争议在线解决机制，制定并公示争议解决规则，根据自愿原则，公平、公正地解决当事人的争议。

第五章 电子商务促进

第六十四条 国务院和省、自治区、直辖市人民政府应当将电子商务发展纳入国民经济和社会发展规划，制定科学合理的产业政策，促进电子商务创新发展。

第六十五条 国务院和县级以上地方人民政府及其有关部门应当采取措施，支持、推动绿色包装、仓储、运输，促进电子商务绿色发展。

第六十六条 国家推动电子商务基础设施和物流网络建设，完善电子商务统计制度，加强电子商务标准体系建设。

第六十七条 国家推动电子商务在国民经济各个领域的应用，支持电子商务与各产业融合发展。

第六十八条 国家促进农业生产、加工、流通等环节的互联网技术应用，鼓励各类社会资源加强合作，促进农村电子商务发展，发挥电子商务在精准扶贫中的作用。

第六十九条 国家维护电子商务交易安全，保护电子商务用户信息，鼓励电子商务数据开发应用，保障电子商务数据依法有序自由流动。

国家采取措施推动建立公共数据共享机制，促进电子商务经营者依法利用公共数据。

第七十条 国家支持依法设立的信用评价机构开展电子商务信用评价，向社会提供电子商务信用评价服务。

第七十一条 国家促进跨境电子商务发展，建立健全适应跨境电子商务特点的海关、税收、进出境检验检疫、支付结算等管理制度，提高跨境电子商务各环节便利化水平，支持跨境电子商务平台经营者等为跨境电子商务提供仓储物流、报关、报检等服务。

国家支持小型微型企业从事跨境电子商务。

第七十二条 国家进出口管理部门应当推进跨境电子商务海关申报、纳税、检验检疫等环节的综合服务和监管体系建设，优化监管流程，推动实现信息共享、监管互认、执法互助，提高跨境电子商务服务和监管效率。跨境电子商务经营者可以凭电子单证向国家进出口管理部门办理有关手续。

第七十三条 国家推动建立与不同国家、地区之间跨境电子商务的交流合作，参与电子商务国际规则的制定，促进电子签名、电子身份等国际互认。

国家推动建立与不同国家、地区之间的跨境电子商务争议解决机制。

第六章　法律责任

第七十四条 电子商务经营者销售商品或者提供服务，不履行合同义务或者履行合同义务不符合约定，或者造成他人损害的，依法承担民事责任。

第七十五条 电子商务经营者违反本法第十二条、第十三条规定，未取得相关行政许可从事经营活动，或者销售、提供法律、行政法规禁止交易的商品、服务，或者不履行本法第二十五条规定的信息提供义务，电子商务平台经营者违反本法第四十六条规定，采取集中交易方式进行交易，或者进行标准化合约交易的，依照有关法律、行政法规的规定处罚。

第七十六条 电子商务经营者违反本法规定，有下列行为之一的，由市场监督管理部门责令限期改正，可以处一万元以下的罚款，对其中的电子商务平台经营者，依照本法第八十一条第一款的规定处罚：

（一）未在首页显著位置公示营业执照信息、行政许可信息、属于不需要办理市场主体登记情形等信息，或者上述信息的链接标识的；

（二）未在首页显著位置持续公示终止电子商务的有关信息的；

（三）未明示用户信息查询、更正、删除以及用户注销的方式、程序，或者对用户信息查询、更正、删除以及用户注销设置不合理条件的。

电子商务平台经营者对违反前款规定的平台内经营者未采取必要措施的，由市场监督管理部门责令限期改正，可以处二万元以上十万元以下的罚款。

第七十七条 电子商务经营者违反本法第十八条第一款规定提供搜索结果，或者违反本法第十九条规定搭售商品、服务的，由市场监督管理部门责令限期改正，没收违法所得，可以并处五万元以上二十万元以下的罚款；情节严重的，并处二十万元以上五十万元以下的罚款。

第七十八条 电子商务经营者违反本法第二十一条规定，未向消费者明示押金退还的方式、程序，对押金退还设置不合理条件，或者不及时退还押金的，由有关主管部门责令限期改正，可以处五万元以上二十万元以下的罚款；情节严重的，处二十万元以上五十万元以下的罚款。

第七十九条 电子商务经营者违反法律、行政法规有关个人信息保护的规定，或者不履行本法第三十条和有关法律、行政法规规定的网络安全保障义务的，依照《中华人民共和国网络安全法》等法律、行政法规的规定处罚。

第八十条 电子商务平台经营者有下列行为之一的，由有关主管部门责令限期改正；逾期不改正的，处二万元以上十万元以下的罚款；情节严重的，责令停业整顿，并处十万元以上五十万元以下的罚款：

（一）不履行本法第二十七条规定的核验、登记义务的；

（二）不按照本法第二十八条规定向市场监督管理部门、税务部门报送有关信息的；

（三）不按照本法第二十九条规定对违法情形采取必要的处置措施，或者未向有关主管部门报告的；

（四）不履行本法第三十一条规定的商品和服务信息、交易信息保存义务的。

法律、行政法规对前款规定的违法行为的处罚另有规定的，依照其规定。

第八十一条 电子商务平台经营者违反本法规定，有下列行为之一的，由市场监督管理部门责令限期改正，可以处二万元以上十万元以下的罚款；情节严重的，处十万元以上五十万元以下的罚款：

（一）未在首页显著位置持续公示平台服务协议、交易规则信息或者上述信息的链接标识的；

（二）修改交易规则未在首页显著位置公开征求意见，未按照规定的时间提前公示修改内容，或者阻止平台内经营者退出的；

（三）未以显著方式区分标记自营业务和平台内经营者开展的业务的；

（四）未为消费者提供对平台内销售的商品或者提供的服务进行评价的途径，或者擅自删除消费者的评价的。

电子商务平台经营者违反本法第四十条规定，对竞价排名的商品或者服务未显著标明“广告”的，依照《中华人民共和国广告法》的规定处罚。

第八十二条 电子商务平台经营者违反本法第三十五条规定，对平台内经营者在平台内的交易、交易价格或者与其他经营者的交易等进行不合理限制或者附加不合理条件，或者向平台内经营者收取不合理费用的，由市场监督管理部门责令限期改正，可以处五万元以上五十万元以下的罚款；情节严重的，处五十万元以上二百万元以下的罚款。

第八十三条　电子商务平台经营者违反本法第三十八条规定，对平台内经营者侵害消费者合法权益行为未采取必要措施，或者对平台内经营者未尽到资质资格审核义务，或者对消费者未尽到安全保障义务的，由市场监督管理部门责令限期改正，可以处五万元以上五十万元以下的罚款；情节严重的，责令停业整顿，并处五十万元以上二百万元以下的罚款。

第八十四条　电子商务平台经营者违反本法第四十二条、第四十五条规定，对平台内经营者实施侵犯知识产权行为未依法采取必要措施的，由有关知识产权行政部门责令限期改正；逾期不改正的，处五万元以上五十万元以下的罚款；情节严重的，处五十万元以上二百万元以下的罚款。

第八十五条　电子商务经营者违反本法规定，销售的商品或者提供的服务不符合保障人身、财产安全的要求，实施虚假或者引人误解的商业宣传等不正当竞争行为，滥用市场支配地位，或者实施侵犯知识产权、侵害消费者权益等行为的，依照有关法律的规定处罚。

第八十六条　电子商务经营者有本法规定的违法行为的，依照有关法律、行政法规的规定记入信用档案，并予以公示。

第八十七条　依法负有电子商务监督管理职责的部门的工作人员，玩忽职守、滥用职权、徇私舞弊，或者泄露、出售或者非法向他人提供在履行职责中所知悉的个人信息、隐私和商业秘密的，依法追究法律责任。

第八十八条　违反本法规定，构成违反治安管理行为的，依法给予治安管理处罚；构成犯罪的，依法追究刑事责任。

第七章　附　　则

第八十九条　本法自 2019 年 1 月 1 日起施行。

最高人民法院关于审理非法集资刑事案件具体应用法律若干问题的解释

（2010年12月13日　法释〔2010〕18号）

为依法惩治非法吸收公众存款、集资诈骗等非法集资犯罪活动，根据刑法有关规定，现就审理此类刑事案件具体应用法律的若干问题解释如下：

第一条　违反国家金融管理法律规定，向社会公众（包括单位和个人）吸收资金的行为，同时具备下列四个条件的，除刑法另有规定的以外，应当认定为刑法第一百七十六条规定的“非法吸收公众存款或者变相吸收公众存款”：（一）未经有关部门依法批准或者借用合法经营的形式吸收资金；（二）通过媒体、推介会、传单、手机短信等途径向社会公开宣传；（三）承诺在一定期限内以货币、实物、股权等方式还本付息或者给付回报；（四）向社会公众即社会不特定对象吸收资金。未向社会公开宣传，在亲友或者单位内部针对特定对象吸收资金的，不属于非法吸收或者变相吸收公众存款。

第二条　实施下列行为之一，符合本解释第一条第一款规定的条件的，应当依照刑法第一百七十六条的规定，以非法吸收公众存款罪定罪处罚：（一）不具有房产销售的真实内容或者不以房产销售为主要目的，以返本销售、售后包租、约定回购、销售房产份额等方式非法吸收资金的；（二）以转让林权并代为管护等方式非法吸收资金的；（三）以代种植（养殖）、租种植（养殖）、联合种植（养殖）等方式非法吸收资金的；（四）不具有销售商品、提供服务的真实内容或者不以销售商品、提供服务为主要目的，以商品回购、寄存代售等方式非法吸收资金的；（五）不具有发行股票、债券的真实内容，以虚假转让股权、发售虚构债券等方式非法吸收资金的；（六）不具有募集基金的真实内容，以假借境外基金、发售虚构基金等方式非法吸收资金的；（七）不具有销售保险的真实内容，以假冒保险公司、伪造保险单据等方式非法吸收资金的；（八）以投资入股的方式非法吸收资金的；（九）以委托理财的方式非法吸收资金的；（十）利用民间“会”、“社”等组织非法吸收资金的；（十一）其他非法吸收资金的行为。

第三条　非法吸收或者变相吸收公众存款，具有下列情形之一的，应当依法追究刑事责任：（一）个人非法吸收或者变相吸收公众存款，数额在20万元以上的，单位非法吸收或者变相吸收公众存款，数额在100万元以上的；（二）个人非法吸收或者变相吸收公众存款对象30人以上的，单位非法吸收或者变相吸收公众存款对象150人以上的；（三）个人非法吸收或者变相吸收公众存款，给存款人造成直接经济损失数额在10万元以上的，单位非法吸收或者变相吸收公众存款，给存款人造成直接经济损失数额在50万元以上的；（四）造成恶劣社会影响或者其他严重后果的。具有下列情形之一的，属于刑法第一百七十六条规定的“数额巨大或者有其他严重情节”：（一）个人非法吸收或者变相吸收公众存款，数额在100万元以上的，单位非法吸收或者变相吸收公众存款，数额在500万元以上的；（二）个人非法吸收或者变相吸收公众存款对象100人以上的，单位非法吸收或者变相吸收公众存款对象500人以上的；（三）个人非法吸收或者变相吸收公众存款，给存款人造成直接经济损失数额在50万元以上的，单位非法吸收或者变相吸收公众存款，给存款人造成直接经济损失数额在250万元以上的；（四）造成特别恶劣社会影响或者其他特别严重后果的。非法吸收或者变相吸收公众存款的数额，以行为人所吸收的资金全额计算。案发前后已归还的数额，可以作为量刑情节酌情考虑。非法吸收或者变相吸收公众存款，主要用于正常的生产经营活动，能够及时清退所吸收资金，可以免予刑事处罚；情节显著轻微的，不作为犯罪处理。

第四条 以非法占有为目的，使用诈骗方法实施本解释第二条规定所列行为的，应当依照刑法第一百九十二条的规定，以集资诈骗罪定罪处罚。使用诈骗方法非法集资，具有下列情形之一的，可以认定为“以非法占有为目的”：（一）集资后不用于生产经营活动或者用于生产经营活动与筹集资金规模明显不成比例，致使集资款不能返还的；（二）肆意挥霍集资款，致使集资款不能返还的；（三）携带集资款逃匿的；（四）将集资款用于违法犯罪活动的；（五）抽逃、转移资金、隐匿财产，逃避返还资金的；（六）隐匿、销毁账目，或者搞假破产、假倒闭，逃避返还资金的；（七）拒不交代资金去向，逃避返还资金的；（八）其他可以认定非法占有目的的情形。集资诈骗罪中的非法占有目的，应当区分情形进行具体认定。行为人部分非法集资行为具有非法占有目的的，对该部分非法集资行为所涉集资款以集资诈骗罪定罪处罚；非法集资共同犯罪中部分行为人具有非法占有目的，其他行为人没有非法占有集资款的共同故意和行为的，对具有非法占有目的的行为人以集资诈骗罪定罪处罚。

第五条 个人进行集资诈骗，数额在10万元以上的，应当认定为“数额较大”；数额在30万元以上的，应当认定为“数额巨大”；数额在100万元以上的，应当认定为“数额特别巨大”。单位进行集资诈骗，数额在50万元以上的，应当认定为“数额较大”；数额在150万元以上的，应当认定为“数额巨大”；数额在500万元以上的，应当认定为“数额特别巨大”。集资诈骗的数额以行为人实际骗取的数额计算，案发前已归还的数额应予扣除。行为人为实施集资诈骗活动而支付的广告费、中介费、手续费、回扣，或者用于行贿、赠与等费用，不予扣除。行为人为实施集资诈骗活动而支付的利息，除本金未归还可予折抵本金以外，应当计入诈骗数额。

第六条 未经国家有关主管部门批准，向社会不特定对象发行、以转让股权等方式变相发行股票或者公司、企业债券，或者向特定对象发行、变相发行股票或者公司、企业债券累计超过 200 人的，应当认定为刑法第一百七十九条规定的“擅自发行股票、公司、企业债券”。构成犯罪的，以擅自发行股票、公司、企业债券罪定罪处罚。

第七条 违反国家规定，未经依法核准擅自发行基金份额募集基金，情节严重的，依照刑法第二百二十五条的规定，以非法经营罪定罪处罚。

第八条 广告经营者、广告发布者违反国家规定，利用广告为非法集资活动相关的商品或者服务作虚假宣传，具有下列情形之一的，依照刑法第二百二十二条的规定，以虚假广告罪定罪处罚：（一）违法所得数额在 10 万元以上的；（二）造成严重危害后果或者恶劣社会影响的；（三）二年内利用广告作虚假宣传，受过行政处罚二次以上的；（四）其他情节严重的情形。明知他人从事欺诈发行股票、债券，非法吸收公众存款，擅自发行股票、债券，集资诈骗或者组织、领导传销活动等集资犯罪活动，为其提供广告等宣传的，以相关犯罪的共犯论处。

第九条 此前发布的司法解释与本解释不一致的，以本解释为准。

最高人民法院、最高人民检察院、公安部关于办理非法集资刑事案件适用法律若干问题的意见

（公通字〔2014〕16号）

各省、自治区、直辖市高级人民法院，人民检察院，公安厅、局，解放军军事法院、军事检察院，新疆维吾尔自治区高级人民法院生产建设兵团分院，新疆生产建设兵团人民检察院、公安局：

为解决近年来公安机关、人民检察院、人民法院在办理非法集资刑事案件中遇到的问题，依法惩治非法吸收公众存款、集资诈骗等犯罪，根据刑法、刑事诉讼法的规定，结合司法实践，现就办理非法集资刑事案件适用法律问题提出以下意见：

一、关于行政认定的问题

行政部门对于非法集资的性质认定，不是非法集资刑事案件进入刑事诉讼程序的必经程序。行政部门未对非法集资作出性质认定的，不影响非法集资刑事案件的侦查、起诉和审判。

公安机关、人民检察院、人民法院应当依法认定案件事实的性质，对于案情复杂、性质认定疑难的案件，可参考有关部门的认定意见，根据案件事实和法律规定作出性质认定。

二、关于“向社会公开宣传”的认定问题

《最高人民法院关于审理非法集资刑事案件具体应用法律若干问题的解释》第一条第一款第二项中的“向社会公开宣传”，包括以各种途径向社会公众传播吸收资金的信息，以及明知吸收资金的信息向社会公众扩散而予以放任等情形。

三、关于“社会公众”的认定问题

下列情形不属于《最高人民法院关于审理非法集资刑事案件具体应用法律若干问题的解释》第一条第二款规定的“针对特定对象吸收资金”的行为，应当认定为向社会公众吸收资金：

（一）在向亲友或者单位内部人员吸收资金的过程中，明知亲友或者单位内部人员向不特定对象吸收资金而予以放任的；

（二）以吸收资金为目的，将社会人员吸收为单位内部人员，并向其吸收资金的。

四、关于共同犯罪的处理问题

为他人向社会公众非法吸收资金提供帮助，从中收取代理费、好处费、返点费、佣金、提成等费用，构成非法集资共同犯罪的，应当依法追究刑事责任。能够及时退缴上述费用的，可依法从轻处罚；其中情节轻微的，可以免除处罚；情节显著轻微、危害不大的，不作为犯罪处理。

五、关于涉案财物的追缴和处置问题

向社会公众非法吸收的资金属于违法所得。以吸收的资金向集资参与人支付的利息、分红等回报，以及向帮助吸收资金人员支付的代理费、好处费、返点费、佣金、提成等费用，应当依法追缴。集资参与人本金尚未归还的，所支付的回报可予折抵本金。

将非法吸收的资金及其转换财物用于清偿债务或者转让给他人，有下列情形之一的，应当依法追缴：

（一）他人明知是上述资金及财物而收取的；

（二）他人无偿取得上述资金及财物的；

（三）他人以明显低于市场的价格取得上述资金及财物的；

（四）他人取得上述资金及财物系源于非法债务或者违法犯罪活动的；

（五）其他依法应当追缴的情形。

查封、扣押、冻结的易贬值及保管、养护成本较高的涉案财物，可以在诉讼终结前依照有关规定变卖、拍卖。所得价款由查封、扣押、冻结机关予以保管，待诉讼终结后一并处置。

查封、扣押、冻结的涉案财物，一般应在诉讼终结后，返还集资参与人。涉案财物不足全部返还的，按照集资参与人的集资额比例返还。

六、关于证据的收集问题

办理非法集资刑事案件中，确因客观条件的限制无法逐一收集集资参与人的言词证据的，可结合已收集的集资参与人的言词证据和依法收集并查证属实的书面合同、银行账户交易记录、会计凭证及会计账簿、资金收付凭证、审计报告、互联网电子数据等证据，综合认定非法集资对象人数和吸收资金数额等犯罪事实。

七、关于涉及民事案件的处理问题

对于公安机关、人民检察院、人民法院正在侦查、起诉、审理的非法集资刑事案件，有关单位或者个人就同一事实向人民法院提起民事诉讼或者申请执行涉案财物的，人民法院应当不予受理，并将有关材料移送公安机关或者检察机关。

人民法院在审理民事案件或者执行过程中，发现有非法集资犯罪嫌疑的，应当裁定驳回起诉或者中止执行，并及时将有关材料移送公安机关或者检察机关。

公安机关、人民检察院、人民法院在侦查、起诉、审理非法集资刑事案件中，发现与人民法院正在审理的民事案件属同一事实，或者被申请执行的财物属于涉案财物的，应当及时通报相关人民法院。人民法院经审查认为确属涉嫌犯罪的，依照前款规定处理。

八、关于跨区域案件的处理问题

跨区域非法集资刑事案件，在查清犯罪事实的基础上，可以由不同地区的公安机关、人民检察院、人民法院分别处理。

对于分别处理的跨区域非法集资刑事案件，应当按照统一制定的方案处置涉案财物。

国家机关工作人员违反规定处置涉案财物，构成渎职等犯罪的，应当依法追究刑事责任。

最高人民法院

最高人民检察院

公安部

2014 年 3 月 25 日

互联网信息服务管理办法

（国务院令第292号　2000年9月25日）

第一条

为了规范互联网信息服务活动，促进互联网信息服务健康有序发展，制定本办法。

第二条

在中华人民共和国境内从事互联网信息服务活动，必须遵守本办法。

本办法所称互联网信息服务，是指通过互联网向上网用户提供信息的服务活动。

第三条

互联网信息服务分为经营性和非经营性两类。

经营性互联网信息服务，是指通过互联网向上网用户有偿提供信息或者网页制作等服务活动。

非经营性互联网信息服务，是指通过互联网向上网用户无偿提供具有公开性、共享性信息的服务活动。

第四条

国家对经营性互联网信息服务实行许可制度；对非经营性互联网信息服务实行备案制度。

未取得许可或者未履行备案手续的，不得从事互联网信息服务。

第五条

从事新闻、出版、教育、医疗保健、药品和医疗器械等互联网信息服务，依照法律、行政法规以及国家有关规定须经有关主管部门审核同意的，在申请经营许可或者履行备案手续前，应当依法经有关主管部门审核同意。

第六条

从事经营性互联网信息服务，除应当符合《中华人民共和国电信条例》规定的要求外，还应当具备下列条件：

（一）有业务发展计划及相关技术方案；

（二）有健全的网络与信息安全保障措施，包括网站安全保障措施、信息安全保密管理制度、用户信息安全管理制度；

（三）服务项目属于本办法第五条规定范围的，已取得有关主管部门同意的文件。

第七条

从事经营性互联网信息服务，应当向省、自治区、直辖市电信管理机构或者国务院信息产业主管部门申请办理互联网信息服务增值电信业务经营许可证（以下简称经营许可证）。

省、自治区、直辖市电信管理机构或者国务院信息产业主管部门应当自收到申请之日起60日内审查完毕，作出批准或者不予批准的决定。予以批准的，颁发经营许可证；不予批准的，应当书面通知申请人并说明理由。

申请人取得经营许可证后，应当持经营许可证向企业登记机关办理登记手续。

第八条

从事非经营性互联网信息服务，应当向省、自治区、直辖市电信管理机构或者国务院信息产业主管部门办理备案手续。办理备案时，应当提交下列材料：

（一）主办单位和网站负责人的基本情况；

（二）网站网址和服务项目；

（三）服务项目属于本办法第五条规定范围的，已取得有关主管部门的同意文件。

省、自治区、直辖市电信管理机构对备案材料齐全的，应当予以备案并编号。

第九条

从事互联网信息服务，拟开办电子公告服务的，应当在申请经营性互联网信息服务许可或者办理非经营性互联网信息服务备案时，按照国家有关规定提出专项申请或者专项备案。

第十条

省、自治区、直辖市电信管理机构和国务院信息产业主管部门应当公布取得经营许可证或者已履行备案手续的互联网信息服务提供者名单。

第十一条

互联网信息服务提供者应当按照经许可或者备案的项目提供服务，不得超出经许可或者备案的项目提供服务。

非经营性互联网信息服务提供者不得从事有偿服务。

互联网信息服务提供者变更服务项目、网站网址等事项的，应当提前30日向原审核、发证或者备案机关办理变更手续。

第十二条

互联网信息服务提供者应当在其网站主页的显著位置标明其经营许可证编号或者备案编号。

第十三条

互联网信息服务提供者应当向上网用户提供良好的服务，并保证所提供的信息内容合法。

第十四条

从事新闻、出版以及电子公告等服务项目的互联网信息服务提供者，应当记录提供的信息内容及其发布时间、互联网地址或者域名；互联网接入服务提供者应当记录上网用户的上网时间、用户账号、互联网地址或者域名、主叫电话号码等信息。

互联网信息服务提供者和互联网接入服务提供者的记录备份应当保存60日，并在国家有关机关依法查询时，予以提供。

第十五条

互联网信息服务提供者不得制作、复制、发布、传播含有下列内容的信息：

（一）反对宪法所确定的基本原则的；

（二）危害国家安全，泄露国家秘密，颠覆国家政权，破坏国家统一的；

（三）损害国家荣誉和利益的；

（四）煽动民族仇恨、民族歧视，破坏民族团结的；

（五）破坏国家宗教政策，宣扬邪教和封建迷信的；

（六）散布谣言，扰乱社会秩序，破坏社会稳定的；

（七）散布淫秽、色情、赌博、暴力、凶杀、恐怖或者教唆犯罪的；

（八）侮辱或者诽谤他人，侵害他人合法权益的；

（九）含有法律、行政法规禁止的其他内容的。

第十六条

互联网信息服务提供者发现其网站传输的信息明显属于本办法第十五条所列内容之一的，应当立即停止传输，保存有关记录，并向国家有关机关报告。

第十七条

经营性互联网信息服务提供者申请在境内境外上市或者同外商合资、合作，应当事先经国务院信息产业主管部门审查同意；其中，外商投资的比例应当符合有关法律、行政法规的规定。

第十八条

国务院信息产业主管部门和省、自治区、直辖市电信管理机构，依法对互联网信息服务实施监督管理。

新闻、出版、教育、卫生、药品监督管理、工商行政管理和公安、国家安全等有关主管部门，在各自职责范围内依法对互联网信息内容实施监督管理。

第十九条

违反本办法的规定，未取得经营许可证，擅自从事经营性互联网信息服务，或者超出许可的项目提供服务的，由省、自治区、直辖市电信管理机构责令限期改正，有违法所得的，没收违法所得，处违法所得3倍以上5倍以下的罚款；没有违法所得或者违法所得不足5万元的，处10万元以上100万元以下的罚款；情节严重的，责令关闭网站。

违反本办法的规定，未履行备案手续，擅自从事非经营性互联网信息服务，或者超出备案的项目提供服务的，由省、自治区、直辖市电信管理机构责令限期改正；拒不改正的，责令关闭网站。

第二十条

制作、复制、发布、传播本办法第十五条所列内容之一的信息，构成犯罪的，依法追究刑事责任；尚不构成犯罪的，由公安机关、国家安全机关依照《中华人民共和国治安管理处罚条例》、《计算机信息网络国际联网安全保护管理办法》等有关法律、行政法规的规定予以处罚；对经营性互联网信息服务提供者，并由发证机关责令停业整顿直至吊销经营许可证，通知企业登记机关；对非经营性互联网信息服务提供者，并由备案机关责令暂时关闭网站直至关闭网站。

第二十一条

未履行本办法第十四条规定的义务的，由省、自治区、直辖市电信管理机构责令改正；情节严重的，责令停业整顿或者暂时关闭网站。

第二十二条

违反本办法的规定，未在其网站主页上标明其经营许可证编号或者备案编号的，由省、自治区、直辖市电信管理机构责令改正，处5000元以上5万元以下的罚款。

第二十三条

违反本办法第十六条规定的义务的，由省、自治区、直辖市电信管理机构责令改正；情节严重的，对经营性互联网信息服务提供者，并由发证机关吊销经营许可证，对非经营性互联网信息服务提供者，并由备案机关责令关闭网站。

第二十四条

互联网信息服务提供者在其业务活动中，违反其他法律、法规的，由新闻、出版、教育、卫生、药品监督管理和工商行政管理等有关主管部门依照有关法律、法规的规定处罚。

第二十五条

电信管理机构和其他有关主管部门及其工作人员，玩忽职守、滥用职权、徇私舞弊，疏于对互联网信息服务的监督管理，造成严重后果，构成犯罪的，依法追究刑事责任；尚不构成犯罪的，对直接负责的主管人员和其他直接责任人员依法给予降级、撤职直至开除的行政处分。

第二十六条

在本办法公布前从事互联网信息服务的，应当自本办法公布之日起60日内依照本办法的有关规定补办有关手续。

第二十七条

本办法自公布之日起施行。

非金融机构支付服务管理办法

（中国人民银行令〔2010〕第2号　2010年6月14日）

第一章　总　　则

第一条　为促进支付服务市场健康发展，规范非金融机构支付服务行为，防范支付风险，保护当事人的合法权益，根据《中华人民共和国中国人民银行法》等法律法规，制定本办法。

第二条　本办法所称非金融机构支付服务，是指非金融机构在收付款人之间作为中介机构提供下列部分或全部货币资金转移服务：

（一）网络支付；

（二）预付卡的发行与受理；

（三）银行卡收单；

（四）中国人民银行确定的其他支付服务。

本办法所称网络支付，是指依托公共网络或专用网络在收付款人之间转移货币资金的行为，包括货币汇兑、互联网支付、移动电话支付、固定电话支付、数字电视支付等。

本办法所称预付卡，是指以营利为目的发行的、在发行机构之外购买商品或服务的预付价值，包括采取磁条、芯片等技术以卡片、密码等形式发行的预付卡。

本办法所称银行卡收单，是指通过销售点（POS）终端等为银行卡特约商户代收货币资金的行为。

第三条　非金融机构提供支付服务，应当依据本办法规定取得《支付业务许可证》，成为支付机构。

支付机构依法接受中国人民银行的监督管理。

未经中国人民银行批准，任何非金融机构和个人不得从事或变相从事支付业务。

第四条　支付机构之间的货币资金转移应当委托银行业金融机构办理，不得通过支付机构相互存放货币资金或委托其他支付机构等形式办理。

支付机构不得办理银行业金融机构之间的货币资金转移，经特别许可的除外。

第五条　支付机构应当遵循安全、效率、诚信和公平竞争的原则，不得损害国家利益、社会公共利益和客户合法权益。

第六条 支付机构应当遵守反洗钱的有关规定，履行反洗钱义务。

第二章 申请与许可

第七条 中国人民银行负责《支付业务许可证》的颁发和管理。

申请《支付业务许可证》的，需经所在地中国人民银行分支机构审查后，报中国人民银行批准。

本办法所称中国人民银行分支机构，是指中国人民银行副省级城市中心支行以上的分支机构。

第八条 《支付业务许可证》的申请人应当具备下列条件：

（一）在中华人民共和国境内依法设立的有限责任公司或股份有限公司，且为非金融机构法人；

（二）有符合本办法规定的注册资本最低限额；

（三）有符合本办法规定的出资人；

（四）有 5 名以上熟悉支付业务的高级管理人员；

（五）有符合要求的反洗钱措施；

（六）有符合要求的支付业务设施；

（七）有健全的组织机构、内部控制制度和风险管理措施；

（八）有符合要求的营业场所和安全保障措施；

（九）申请人及其高级管理人员最近 3 年内未因利用支付业务实施违法犯罪活动或为违法犯罪活动办理支付业务等受过处罚。

第九条 申请人拟在全国范围内从事支付业务的，其注册资本最低限额为 1 亿元人民币；拟在省（自治区、直辖市）范围内从事支付业务的，其注册资本最低限额为 3 千万元人民币。注册资本最低限额为实缴货币资本。

本办法所称在全国范围内从事支付业务，包括申请人跨省（自治区、直辖市）设立分支机构从事支付业务，或客户可跨省（自治区、直辖市）办理支付业务的情形。

中国人民银行根据国家有关法律法规和政策规定，调整申请人的注册资本最低限额。

外商投资支付机构的业务范围、境外出资人的资格条件和出资比例等，由中国人民银行另行规定，报国务院批准。

第十条 申请人的主要出资人应当符合以下条件：

（一）为依法设立的有限责任公司或股份有限公司；

（二）截至申请日，连续为金融机构提供信息处理支持服务 2 年以上，或连续为电子商务活动提供信息处理支持服务 2 年以上；

（三）截至申请日，连续盈利 2 年以上；

（四）最近3年内未因利用支付业务实施违法犯罪活动或为违法犯罪活动办理支付业务等受过处罚。

本办法所称主要出资人，包括拥有申请人实际控制权的出资人和持有申请人10%以上股权的出资人。

第十一条 申请人应当向所在地中国人民银行分支机构提交下列文件、资料：

（一）书面申请，载明申请人的名称、住所、注册资本、组织机构设置、拟申请支付业务等；

（二）公司营业执照（副本）复印件；

（三）公司章程；

（四）验资证明；

（五）经会计师事务所审计的财务会计报告；

（六）支付业务可行性研究报告；

（七）反洗钱措施验收材料；

（八）技术安全检测认证证明；

（九）高级管理人员的履历材料；

（十）申请人及其高级管理人员的无犯罪记录证明材料；

（十一）主要出资人的相关材料；

（十二）申请资料真实性声明。

第十二条 申请人应当在收到受理通知后按规定公告下列事项：

（一）申请人的注册资本及股权结构；

（二）主要出资人的名单、持股比例及其财务状况；

（三）拟申请的支付业务；

（四）申请人的营业场所；

（五）支付业务设施的技术安全检测认证证明。

第十三条 中国人民银行分支机构依法受理符合要求的各项申请，并将初审意见和申请资料报送中国人民银行。中国人民银行审查批准的，依法颁发《支付业务许可证》，并予以公告。

《支付业务许可证》自颁发之日起，有效期5年。支付机构拟于《支付业务许可证》期满后继续从事支付业务的，应当在期满前6个月内向所在地中国人民银行分支机构提出续展申请。中国人民银行准予续展的，每次续展的有效期为5年。

第十四条 支付机构变更下列事项之一的，应当在向公司登记机关申请变更登记前报中国人民银行同意：

（一）变更公司名称、注册资本或组织形式；

（二）变更主要出资人；

（三）合并或分立；

（四）调整业务类型或改变业务覆盖范围。

第十五条　支付机构申请终止支付业务的，应当向所在地中国人民银行分支机构提交下列文件、资料：

（一）公司法定代表人签署的书面申请，载明公司名称、支付业务开展情况、拟终止支付业务及终止原因等；

（二）公司营业执照（副本）复印件；

（三）《支付业务许可证》复印件；

（四）客户合法权益保障方案；

（五）支付业务信息处理方案。

准予终止的，支付机构应当按照中国人民银行的批复完成终止工作，交回《支付业务许可证》。

第十六条　本章对许可程序未作规定的事项，适用《中国人民银行行政许可实施办法》（中国人民银行令〔2004〕第3号）。

第三章　监督与管理

第十七条　支付机构应当按照《支付业务许可证》核准的业务范围从事经营活动，不得从事核准范围之外的业务，不得将业务外包。

支付机构不得转让、出租、出借《支付业务许可证》。

第十八条　支付机构应当按照审慎经营的要求，制订支付业务办法及客户权益保障措施，建立健全风险管理和内部控制制度，并报所在地中国人民银行分支机构备案。

第十九条　支付机构应当确定支付业务的收费项目和收费标准，并报所在地中国人民银行分支机构备案。

支付机构应当公开披露其支付业务的收费项目和收费标准。

第二十条　支付机构应当按规定向所在地中国人民银行分支机构报送支付业务统计报表和财务会计报告等资料。

第二十一条　支付机构应当制定支付服务协议，明确其与客户的权利和义务、纠纷处理原则、违约责任等事项。

支付机构应当公开披露支付服务协议的格式条款，并报所在地中国人民银行分支机构备案。

第二十二条　支付机构的分公司从事支付业务的，支付机构及其分公司应当分别到所在地中国人民银行分支机构备案。

支付机构的分公司终止支付业务的，比照前款办理。

第二十三条　支付机构接受客户备付金时，只能按收取的支付服务费向客户开具发票，不得按接受的客户备付金金额开具发票。

第二十四条 支付机构接受的客户备付金不属于支付机构的自有财产。

支付机构只能根据客户发起的支付指令转移备付金。禁止支付机构以任何形式挪用客户备付金。

第二十五条 支付机构应当在客户发起的支付指令中记载下列事项：

（一）付款人名称；

（二）确定的金额；

（三）收款人名称；

（四）付款人的开户银行名称或支付机构名称；

（五）收款人的开户银行名称或支付机构名称；

（六）支付指令的发起日期。

客户通过银行结算账户进行支付的，支付机构还应当记载相应的银行结算账号。客户通过非银行结算账户进行支付的，支付机构还应当记载客户有效身份证件上的名称和号码。

第二十六条 支付机构接受客户备付金的，应当在商业银行开立备付金专用存款账户存放备付金。中国人民银行另有规定的除外。

支付机构只能选择一家商业银行作为备付金存管银行，且在该商业银行的一个分支机构只能开立一个备付金专用存款账户。

支付机构应当与商业银行的法人机构或授权的分支机构签订备付金存管协议，明确双方的权利、义务和责任。

支付机构应当向所在地中国人民银行分支机构报送备付金存管协议和备付金专用存款账户的信息资料。

第二十七条 支付机构的分公司不得以自己的名义开立备付金专用存款账户，只能将接受的备付金存放在支付机构开立的备付金专用存款账户。

第二十八条 支付机构调整不同备付金专用存款账户头寸的，由备付金存管银行的法人机构对支付机构拟调整的备付金专用存款账户的余额情况进行复核，并将复核意见告知支付机构及有关备付金存管银行。

支付机构应当持备付金存管银行的法人机构出具的复核意见办理有关备付金专用存款账户的头寸调拨。

第二十九条 备付金存管银行应当对存放在本机构的客户备付金的使用情况进行监督，并按规定向备付金存管银行所在地中国人民银行分支机构及备付金存管银行的法人机构报送客户备付金的存管或使用情况等信息资料。

对支付机构违反第二十五条至第二十八条相关规定使用客户备付金的申请或指令，备付金存管银行应当予以拒绝；发现客户备付金被违法使用或有其他异常情况的，应当立即向备付金存管银行所在地中国人民银行分支机构及备付金存管银行的法人机构报告。

第三十条 支付机构的实缴货币资本与客户备付金日均余额的比例，不得低于10%。

本办法所称客户备付金日均余额，是指备付金存管银行的法人机构根据最近90日内支付机构每日日终的客户备付金总量计算的平均值。

第三十一条 支付机构应当按规定核对客户的有效身份证件或其他有效身份证明文件，并登记客户身份基本信息。

支付机构明知或应知客户利用其支付业务实施违法犯罪活动的，应当停止为其办理支付业务。

第三十二条 支付机构应当具备必要的技术手段，确保支付指令的完整性、一致性和不可抵赖性，支付业务处理的及时性、准确性和支付业务的安全性；具备灾难恢复处理能力和应急处理能力，确保支付业务的连续性。

第三十三条 支付机构应当依法保守客户的商业秘密，不得对外泄露。法律法规另有规定的除外。

第三十四条 支付机构应当按规定妥善保管客户身份基本信息、支付业务信息、会计档案等资料。

第三十五条 支付机构应当接受中国人民银行及其分支机构定期或不定期的现场检查和非现场检查，如实提供有关资料，不得拒绝、阻挠、逃避检查，不得谎报、隐匿、销毁相关证据材料。

第三十六条 中国人民银行及其分支机构依据法律、行政法规、中国人民银行的有关规定对支付机构的公司治理、业务活动、内部控制、风险状况、反洗钱工作等进行定期或不定期现场检查和非现场检查。

中国人民银行及其分支机构依法对支付机构进行现场检查，适用《中国人民银行执法检查程序规定》（中国人民银行令〔2010〕第1号发布）。

第三十七条 中国人民银行及其分支机构可以采取下列措施对支付机构进行现场检查：

（一）询问支付机构的工作人员，要求其对被检查事项作出解释、说明；

（二）查阅、复制与被检查事项有关的文件、资料，对可能被转移、藏匿或毁损的文件、资料予以封存；

（三）检查支付机构的客户备付金专用存款账户及相关账户；

（四）检查支付业务设施及相关设施。

第三十八条 支付机构有下列情形之一的，中国人民银行及其分支机构有权责令其停止办理部分或全部支付业务：

（一）累计亏损超过其实缴货币资本的50%；

（二）有重大经营风险；

（三）有重大违法违规行为。

第三十九条 支付机构因解散、依法被撤销或被宣告破产而终止的，其清算事宜按照国家有关法律规定办理。

第四章　罚　则

第四十条　中国人民银行及其分支机构的工作人员有下列情形之一的，依法给予行政处分；构成犯罪的，依法追究刑事责任：

（一）违反规定审查批准《支付业务许可证》的申请、变更、终止等事项的；

（二）违反规定对支付机构进行检查的；

（三）泄露知悉的国家秘密或商业秘密的；

（四）滥用职权、玩忽职守的其他行为。

第四十一条　商业银行有下列情形之一的，中国人民银行及其分支机构责令其限期改正，并给予警告或处1万元以上3万元以下罚款；情节严重的，中国人民银行责令其暂停或终止客户备付金存管业务：

（一）未按规定报送客户备付金的存管或使用情况等信息资料的；

（二）未按规定对支付机构调整备付金专用存款账户头寸的行为进行复核的；

（三）未对支付机构违反规定使用客户备付金的申请或指令予以拒绝的。

第四十二条　支付机构有下列情形之一的，中国人民银行分支机构责令其限期改正，并给予警告或处1万元以上3万元以下罚款：

（一）未按规定建立有关制度办法或风险管理措施的；

（二）未按规定办理相关备案手续的；

（三）未按规定公开披露相关事项的；

（四）未按规定报送或保管相关资料的；

（五）未按规定办理相关变更事项的；

（六）未按规定向客户开具发票的；

（七）未按规定保守客户商业秘密的。

第四十三条　支付机构有下列情形之一的，中国人民银行分支机构责令其限期改正，并处3万元罚款；情节严重的，中国人民银行注销其《支付业务许可证》；涉嫌犯罪的，依法移送公安机关立案侦查；构成犯罪的，依法追究刑事责任：

（一）转让、出租、出借《支付业务许可证》的；

（二）超出核准业务范围或将业务外包的；

（三）未按规定存放或使用客户备付金的；

（四）未遵守实缴货币资本与客户备付金比例管理规定的；

（五）无正当理由中断或终止支付业务的；

（六）拒绝或阻碍相关检查监督的；

（七）其他危及支付机构稳健运行、损害客户合法权益或危害支付服务市场的违法违规行为。

第四十四条　支付机构未按规定履行反洗钱义务的，中国人民银行及其分支机构依据国家有关反洗钱法律法规等进行处罚；情节严重的，中国人民银行注销其《支付业务许可证》。

第四十五条　支付机构超出《支付业务许可证》有效期限继续从事支付业务的，中国人民银行及其分支机构责令其终止支付业务；涉嫌犯罪的，依法移送公安机关立案侦查；构成犯罪的，依法追究刑事责任。

第四十六条　以欺骗等不正当手段申请《支付业务许可证》但未获批准的，申请人及持有其5%以上股权的出资人3年内不得再次申请或参与申请《支付业务许可证》。

以欺骗等不正当手段申请《支付业务许可证》且已获批准的，由中国人民银行及其分支机构责令其终止支付业务，注销其《支付业务许可证》；涉嫌犯罪的，依法移送公安机关立案侦查；构成犯罪的，依法追究刑事责任；申请人及持有其5%以上股权的出资人不得再次申请或参与申请《支付业务许可证》。

第四十七条　任何非金融机构和个人未经中国人民银行批准擅自从事或变相从事支付业务的，中国人民银行及其分支机构责令其终止支付业务；涉嫌犯罪的，依法移送公安机关立案侦查；构成犯罪的，依法追究刑事责任。

第五章　附　　则

第四十八条　本办法实施前已经从事支付业务的非金融机构，应当在本办法实施之日起1年内申请取得《支付业务许可证》。逾期未取得的，不得继续从事支付业务。

第四十九条　本办法由中国人民银行负责解释。

第五十条　本办法自2010年9月1日起施行。

非金融机构支付服务管理办法实施细则

（中国人民银行公告〔2010〕第17号　2010年12月1日）

第一条　根据《非金融机构支付服务管理办法》（中国人民银行令〔2010〕第2号发布，以下简称《办法》）及有关法律法规，制定本细则。

第二条　《办法》所称预付卡不包括：

（一）仅限于发放社会保障金的预付卡；

（二）仅限于乘坐公共交通工具的预付卡；

（三）仅限于缴纳电话费等通信费用的预付卡；

（四）发行机构与特约商户为同一法人的预付卡。

第三条　《办法》第八条第（四）项所称有5名以上熟悉支付业务的高级管理人员，是指申请人的高级管理人员中至少有5名人员具备下列条件：

（一）具有大学本科以上学历或具有会计、经济、金融、计算机、电子通信、信息安全等专业的中级技术职称；

（二）从事支付结算业务或金融信息处理业务2年以上或从事会计、经济、金融、计算机、电子通信、信息安全工作3年以上。

前款所称高级管理人员，包括总经理、副总经理、财务负责人、技术负责人或实际履行上述职责的人员。

第四条　《办法》第八条第（五）项所称反洗钱措施，包括反洗钱内部控制、客户身份识别、可疑交易报告、客户身份资料和交易记录保存等预防洗钱、恐怖融资等金融犯罪活动的措施。

第五条　《办法》第八条第（六）项所称支付业务设施，包括支付业务处理系统、网络通信系统以及容纳上述系统的专用机房。

第六条　《办法》第八条第（七）项所称组织机构，包括具有合规管理、风险管理、资金管理和系统运行维护职能的部门。

第七条　《办法》第十条第（二）项所称信息处理支持服务，包括信息处理服务和为信息处理提供支持服务。

第八条　《办法》第十条所称拥有申请人实际控制权的出资人，包括：

（一）直接持有申请人的股权超过 50% 的出资人；

（二）直接持有申请人股权且与其间接持有的申请人股权累计超过 50% 的出资人；

（三）直接持有申请人股权且与其间接持有的申请人股权累计不足 50%，但依其所享有的表决权足以对股东会、股东大会的决议产生重大影响的出资人。

第九条　《办法》第十条所称持有申请人 10% 以上股权的出资人，包括：

（一）直接持有申请人的股权超过 10% 的出资人；

（二）直接持有申请人股权且与其间接持有的申请人股权累计超过 10% 的出资人。

第十条　《办法》第十一条第（一）项所称书面申请应当明确拟申请支付业务的具体类型。

第十一条　《办法》第十一条第（二）项所称营业执照（副本）复印件应当加盖申请人的公章。

第十二条　《办法》第十一条第（五）项所称财务会计报告，是指截至申请日最近 1 年内的财务会计报告。

申请人设立时间不足 1 年的，应当提交存续期间的财务会计报告。

第十三条　《办法》第十一条第（六）项所称支付业务可行性研究报告，应当包括下列内容：

（一）拟从事支付业务的市场前景分析；

（二）拟从事支付业务的处理流程，载明从客户发起支付业务到完成客户委托支付业务各环节的业务内容以及相关资金流转情况；

（三）拟从事支付业务的技术实现手段；

（四）拟从事支付业务的风险分析及其管理措施，并区分支付业务各环节分别进行说明；

（五）拟从事支付业务的经济效益分析。

申请人拟申请不同类型支付业务的，应当按照支付业务类型分别提供前款规定内容。

第十四条　《办法》第十一条第（七）项所称反洗钱措施验收材料，是指包括下列内容的报告：

（一）反洗钱内部控制制度文件，载明反洗钱合规管理框架、客户身份识别和资料保存措施、可疑交易报告措施、交易记录保存措施、反洗钱审计和培训措施、协助反洗钱调查的内部程序、反洗钱工作保密措施；

（二）反洗钱岗位设置及职责说明，载明负责反洗钱工作的内设机构、反洗钱高级管理人员和专职反洗钱工作人员及其联系方式；

（三）开展可疑交易监测的技术条件说明。

第十五条　《办法》第十一条第（八）项所称技术安全检测认证证明，是指据以表明支付业务设施符合中国人民银行规定的业务规范、技术标准和安全要求的文件、资料，应当包括检测机构出具的检测报告和认证机构出具的认证证书。

前款所称检测机构和认证机构均应当获得中国合格评定国家认可委员会（CNAS）的认可，并符合中国人民银行关于技术安全检测认证能力的要求。

未按照中国人民银行规定的业务规范、技术标准和安全要求进行技术安全检测认证，或技术安全检测认证的程序、方法存在重大缺陷的，中国人民银行及其分支机构可以要求申请人重新进行检测认证。

第十六条 《办法》第十一条第（九）项所称履历材料，包括高级管理人员的履历说明以及学历、技术职称相关证明材料。

第十七条 《办法》第十一条第（十一）项所称主要出资人的相关材料，应当包括下列文件、资料：

（一）申请人关于出资人之间关联关系的说明材料；

（二）主要出资人的公司营业执照（副本）复印件；

（三）主要出资人的信息处理支持服务合作机构出具的业务合作证明，载明服务内容、服务时间，并加盖合作机构的公章；

（四）主要出资人最近 2 年经会计师事务所审计的财务会计报告；

（五）主要出资人最近 3 年内未因利用支付业务实施违法犯罪活动或为违法犯罪活动办理支付业务等受过处罚的证明材料。

主要出资人为金融机构的，还应当提交相关金融业务许可证复印件以及准予其投资支付机构的证明文件。

第十八条 《办法》第十一条第（十二）项所称申请资料真实性声明，是指由申请人出具的、据以表明申请人对所提交的文件、资料的真实性、准确性和完整性承担相应责任的书面文件。

申请资料真实性声明应当由申请人的法定代表人签署并加盖公章。

第十九条 《办法》第十一条、第十三条、第十四条、第十五条所需申请文件、资料均以中文书写为准，并应当提供纸质文档和电子文档（数据光盘）一式三份。

第二十条 申请人应当自收到受理通知之日起 10 日内在所在地中国人民银行分支机构的网站上连续公告《办法》第十二条所列事项 3 日。

第二十一条 《支付业务许可证》分为正本和副本，正本和副本具有同等法律效力。

支付机构应当将《支付业务许可证》（正本）放置其住所显著位置。支付机构有互联网网站的，还应当在网站主页显著位置公示其《支付业务许可证》（正本）的影像信息。

第二十二条 支付机构申请续展《支付业务许可证》有效期的，应当提交下列文件、资料：

（一）公司法定代表人签署的书面申请，载明公司名称、支付业务开展情况、申请续展的理由；

（二）公司营业执照（副本）复印件；

（三）《支付业务许可证》（副本）复印件。

支付机构申请续展《支付业务许可证》有效期的，不得同时申请变更其他事项。

第二十三条　中国人民银行对支付机构的经营情况进行全面审查和综合评价后作出是否准予续展《支付业务许可证》有效期的决定。

中国人民银行准予续展《支付业务许可证》有效期的，支付机构应当交回原许可证，领取新许可证。

第二十四条　《支付业务许可证》在有效期内非因不可抗力灭失、损毁的，支付机构应当自其确认许可证灭失、损毁之日起 10 日内，在中国人民银行指定的全国性报纸和所在地中国人民银行分支机构指定的地方性报纸上连续公告 3 日，声明原许可证作废。

第二十五条　支付机构应当自公告《支付业务许可证》灭失、损毁结束之日起 10 日内持登载声明向所在地中国人民银行分支机构重新申领许可证。

中国人民银行审核后向支付机构补发《支付业务许可证》。

第二十六条　《支付业务许可证》（副本）在有效期内灭失、损毁的，比照本细则第二十四条、第二十五条办理。

第二十七条　支付机构拟变更《办法》第十四条所列事项的，应当向所在地中国人民银行分支机构提交公司法定代表人签署的书面申请，载明公司名称、拟变更事项及变更原因。

第二十八条　《办法》第十五条第（四）项所称客户合法权益保障方案，应当包括下列内容：

（一）对客户知情权的保护措施，明确告知客户终止支付业务的原因、停止受理客户委托支付业务的时间、拟终止支付业务的后续安排；

（二）对客户隐私权的保护措施，明确客户身份信息的接收机构及其移交安排、销毁方式及其监督安排；

（三）对客户选择权的保护措施，明确可供客户选择的、两个以上客户备付金退还方案。

客户合法权益保障方案涉及其他支付机构的，还应当提交与所涉支付机构签订的客户身份信息移交协议、客户备付金退还安排相关证明文件。

第二十九条　《办法》第十五条第（五）项所称支付业务信息处理方案，应当明确支付业务信息的接收机构及其移交安排、销毁方式及其监督安排。

涉及其他支付机构的，还应当提交与所涉支付机构签订的支付业务信息移交协议相关证明文件。

第三十条　支付机构应当根据法律法规、部门规章的有关规定确定其支付业务的收费项目和收费标准。法律法规、部门规章未明确支付业务的收费项目和收费标准的，支付机构可以按照市场原则合理确定其支付业务的收费项目和收费标准。

支付机构应当在营业场所显著位置披露其支付业务的收费项目和收费标准。支付机构有互联网网站的，还应当在网站主页显著位置进行披露。

支付机构调整支付业务的收费项目或收费标准的，应当在实施新的支付业务收费项目或收费标准之前按照前款规定连续公示 30 日。

第三十一条 支付机构应当在每个会计年度结束之日起 4 个月内向所在地中国人民银行分支机构报送上一会计年度经会计师事务所审计的财务会计报告。

第三十二条 《办法》第二十一条所称支付服务协议，包括符合法律法规要求、可供调取查用的纸质形式或数据电文形式的合同。

支付机构应当在营业场所显著位置披露其支付服务协议的格式条款内容。支付机构有互联网网站的，还应当在网站主页显著位置进行披露。

第三十三条 支付机构的支付服务协议格式条款应当遵循公平原则，全面、准确界定支付机构与客户之间的权利、义务和责任。

支付机构应当提请客户注意支付服务协议格式条款中免除或者限制其责任的内容，并予以说明。

支付机构拟调整支付服务协议格式条款的，应当在调整前 30 日告知客户，并提示拟调整的内容。未向客户履行告知义务的，调整后的条款对该客户不具有约束力。

第三十四条 《办法》第二十二条所称支付机构的分公司从事支付业务办理备案手续时，应当提交下列文件、资料：

（一）公司法定代表人签署的书面报告；

（二）《支付业务许可证》（副本）复印件；

（三）分公司营业执照（副本）复印件。

上述文件、资料需提供纸质文档一式两份，由支付机构及其分公司分别报送所在地中国人民银行分支机构。

支付机构可以根据业务需要为备案的分公司申请《支付业务许可证》（副本）。分公司应当将《支付业务许可证》（副本）放置分公司住所显著位置。

第三十五条 《办法》第二十二条所称支付机构的分公司终止支付业务办理备案手续时，应当提交下列文件、资料：

（一）公司法定代表人签署的书面报告；

（二）《支付业务许可证》（副本）复印件；

（三）分公司营业执照（副本）复印件；

（四）客户合法权益保障方案；

（五）中国人民银行要求的其他资料。

前款第（四）项所称客户合法权益保障方案比照本细则第二十八条办理。

上述文件、资料需提供纸质文档一式两份，由支付机构及其分公司分别报送所在地中国人民银行分支机构。

支付机构分公司应当于备案时交回其持有的《支付业务许可证》（副本）。

第三十六条　《办法》第三十二条所称灾难恢复处理能力，是指支付机构应当在支付业务中断后24小时之内恢复支付业务，并至少符合以下要求：

（一）具有应急处理和灾难恢复的制度规定；

（二）具有稳妥的应急处理预案及演练计划；

（三）具有必要的灾难恢复处理人员和应急营业场所；

（四）具有同机房数据备份设施和同城应用级备份设施。

第三十七条　支付机构因突发事件导致支付业务中止超过2小时的，应当立即将有关情况报告所在地中国人民银行分支机构，并在3个工作日内以书面形式报告事故的原因、影响及补救措施。

支付机构的分公司出现上述情形的，支付机构及其分公司应当比照前款分别报告所在地中国人民银行分支机构。

第三十八条　支付机构应当采取必要的管理措施和技术措施，防止客户身份信息和支付业务信息等资料灭失、损毁、泄露。

支付机构不得以任何形式对外提供客户身份信息和支付业务信息等资料。法律法规另有规定的除外。

第三十九条　支付机构对客户身份信息和支付业务信息的保管期限自业务关系结束当年起至少保存5年。

司法部门正在调查的可疑交易或违法犯罪活动涉及客户身份信息和支付业务信息，且相关调查工作在前款规定的最低保存期届满时仍未结束的，支付机构应当将其保存至相关调查工作结束。

第四十条　支付机构对会计档案的保管期限适用《会计档案管理办法》（财会字〔1998〕32号文印发）相关规定。

第四十一条　《办法》第三十八条所称重大违法违规行为，包括：

（一）支付机构的高级管理人员明知他人实施违法犯罪活动仍为其办理支付业务的；

（二）支付机构多次发生工作人员明知他人实施违法犯罪活动仍为其办理支付业务的。

第四十二条　本细则自发布之日起实施。

支付机构预付卡业务管理办法

（中国人民银行公告〔2012〕第12号　2012年9月27日）

第一章　总　　则

第一条　为规范支付机构预付卡业务管理，防范支付风险，维护持卡人合法权益，根据《中华人民共和国中国人民银行法》、《非金融机构支付服务管理办法》（中国人民银行令〔2010〕第2号公布），制定本办法。

第二条　支付机构在中华人民共和国境内从事预付卡业务，适用本办法。

本办法所称支付机构，是指取得《支付业务许可证》，获准办理“预付卡发行与受理”业务的发卡机构和获准办理“预付卡受理”业务的受理机构。

本办法所称预付卡，是指发卡机构以特定载体和形式发行的、可在发卡机构之外购买商品或服务的预付价值。

第三条　支付机构应当依法维护相关当事人的合法权益，保障信息安全和交易安全。

第四条　支付机构应当严格按照《支付业务许可证》核准的业务类型和业务覆盖范围从事预付卡业务，不得在未设立省级分支机构的省（自治区、直辖市、计划单列市）从事预付卡业务。

第五条　支付机构应当严格执行中国人民银行关于支付机构客户备付金管理等规定，履行反洗钱和反恐怖融资义务。

第二章　发　　行

第六条　预付卡分为记名预付卡和不记名预付卡。

记名预付卡是指预付卡业务处理系统中记载持卡人身份信息的预付卡。

不记名预付卡是指预付卡业务处理系统中不记载持卡人身份信息的预付卡。

第七条　发卡机构发行的预付卡应当以人民币计价，单张记名预付卡资金限额不超过5000元，单张不记名预付卡资金限额不超过1000元。

中国人民银行可视情况调整预付卡资金限额。

第八条 记名预付卡应当可挂失，可赎回，不得设置有效期。

不记名预付卡不挂失，不赎回，本办法另有规定的除外。不记名预付卡有效期不得低于3年。预付卡不得具有透支功能。

发卡机构发行销售预付卡时，应向持卡人告知预付卡的有效期及计算方法。超过有效期尚有资金余额的预付卡，发卡机构应当提供延期、激活、换卡等服务，保障持卡人继续使用。

第九条 预付卡卡面应当记载预付卡名称、发卡机构名称、是否记名、卡号、有效期限或有效期截止日、持卡人注意事项、客户服务电话等要素。

第十条 个人或单位购买记名预付卡或一次性购买不记名预付卡1万元以上的，应当使用实名并提供有效身份证件。

发卡机构应当识别购卡人、单位经办人的身份，核对有效身份证件，登记身份基本信息，并留存有效身份证件的复印件或影印件。代理他人购买预付卡的，发卡机构应当采取合理方式确认代理关系，核对代理人和被代理人的有效身份证件，登记代理人和被代理人的身份基本信息，并留存代理人和被代理人的有效身份证件的复印件或影印件。

第十一条 使用实名购买预付卡的，发卡机构应当登记购卡人姓名或单位名称、单位经办人姓名、有效身份证件名称和号码、联系方式、购卡数量、购卡日期、购卡总金额、预付卡卡号及金额等信息。

对于记名预付卡，发卡机构还应当在预付卡核心业务处理系统中记载持卡人的有效身份证件信息、预付卡卡号、金额等信息。

第十二条 单位一次性购买预付卡5000元以上，个人一次性购买预付卡5万元以上的，应当通过银行转账等非现金结算方式购买，不得使用现金。

购卡人不得使用信用卡购买预付卡。

第十三条 采用银行转账等非现金结算方式购买预付卡的，付款人银行账户名称和购卡人名称应当一致。

发卡机构应当核对账户信息和身份信息的一致性，在预付卡核心业务处理系统中记载付款人银行账户名称和账号、收款人银行账户名称和账号、转账金额等信息。

第十四条 发卡机构应当向购卡人公示、提供预付卡章程或签订协议。

预付卡章程或协议应当包括但不限于以下内容：

（一）预付卡的名称、种类和功能；

（二）预付卡的有效期及计算方法；

（三）预付卡购买、使用、赎回、挂失的条件和方法；

（四）为持卡人提供的消费便利或优惠内容；

（五）预付卡发行、延期、激活、换发、赎回、挂失等服务的收费项目和收费标准；

（六）有关当事人的权利、义务和违约责任；

（七）交易、账务纠纷处理程序。

发卡机构变更预付卡章程或协议文本的，应当提前30日在其网点、网站显著位置进行公告。新章程或协议文本中涉及新增收费项目、提高收费标准、降低优惠条件等内容的，发卡机构在新章程或协议文本生效之日起180日内，对原有客户应当按照原章程或协议执行。

第十五条 发卡机构应当采取有效措施加强对购卡人和持卡人信息的保护，确保信息安全，防止信息泄露和滥用。未经购卡人和持卡人同意，不得用于与购卡人和持卡人的预付卡业务无关的目的。法律法规另有规定的除外。

第十六条 发卡机构应当按照实收人民币资金等值发行预付卡，严格按照《中华人民共和国发票管理办法》等有关规定开具发票。

第十七条 发卡机构应当通过实体网点发行销售预付卡。除单张资金限额200元以下的预付卡外，不得采取代理销售方式。

发卡机构委托销售合作机构代理销售的，应当建立代销风险控制机制。销售资金应当直接存入发卡机构备付金银行账户。发卡机构应当要求销售合作机构在购卡人达到本办法实名购卡要求时，参照相关规定销售预付卡。

发卡机构作为预付卡发行主体的所有责任和义务不因代理销售而转移。

第十八条 发卡机构应当在中华人民共和国境内拥有并自主运行独立、安全的预付卡核心业务处理系统，建立突发事件应急处置机制，确保预付卡业务处理的及时性、准确性和安全性。

预付卡核心业务处理系统包含但不限于发卡系统、账务主机系统、卡片管理系统及客户信息管理系统。

预付卡核心业务处理系统不得外包或变相外包。

第十九条 发卡机构不得发行或代理销售采用或变相采用银行卡清算机构分配的发卡机构标识代码的预付卡，卡面上不得使用银行卡清算机构品牌标识；不得与其他支付机构合作发行预付卡；不同的发卡机构不得采用具有统一识别性的品牌标识。

第三章 受 理

第二十条 发卡机构应当为其发行的预付卡提供受理服务，其自行拓展、签约和管理的特约商户数不低于受理该预付卡全部特约商户数的70%。

第二十一条 受理机构只能受理发卡机构按照本办法规定发行的预付卡，受理范围不得超过发卡机构获准办理“预付卡发行与受理”的业务覆盖范围。

受理机构应当获得发卡机构的委托，并参照本办法第二十五条的规定，与发卡机构、特约商户签订三方合作协议。受理机构不得将发卡机构委托其开展的预付卡受理业务外包。

预付卡只能在本发卡机构参与签署合作协议的特约商户使用，卡面上不得使用发卡机构委托的受理机构的品牌标识。发卡机构对特约商户应承担的资金结算与风险管理责任不因受理机构参与预付卡受理而转移。

第二十二条 预付卡可与银行卡共用受理终端，但应当使用与银行卡不同的应用程序和受理网络，并采取安全隔离措施，与银行卡交易分别处理和管理。

第二十三条 发卡机构、受理机构不得发展非法设立、非法经营或无实体经营场所的特约商户。

发卡机构、受理机构拓展特约商户时应当严格审核特约商户营业执照、税务登记证、法定代表人或负责人的有效身份证件，留存相关证件的复印件或影印件，并对商户的经营场所进行现场核实、拍照留存。

第二十四条 发卡机构应当通过其客户备付金存管银行直接向特约商户划转结算资金，受理机构不得参与资金结算。

特约商户只能指定其一个单位银行结算账户进行收款。发卡机构应当核验特约商户指定的单位银行结算账户开户许可证或其开户银行出具的开户证明，留存加盖公章的复印件。

第二十五条 发卡机构应当与特约商户签订预付卡受理协议。受理协议应当包括但不限于以下内容：

（一）特约商户基本信息；

（二）收费项目和标准；

（三）持卡人用卡权益的保障要求；

（四）卡片信息、交易数据、受理终端、交易凭证的管理要求；

（五）特约商户收款账户名称、开户行、账号及资金结算周期；

（六）账务核对、差错处理和业务纠纷的处置要求；

（七）相关业务风险承担和违约责任的承担机制；

（八）协议终止条件、终止后的债权债务清偿方式。

第二十六条 发卡机构、受理机构应当在中华人民共和国境内拥有并自主运行独立、安全的预付卡受理系统，建立突发事件应急处置机制，确保预付卡业务处理的及时性、准确性和安全性。

发卡机构、受理机构应当分别建立特约商户信息管理系统及业务风险防控系统。受理机构不得以任何形式存储与受理业务无关的预付卡信息。

第二十七条 特约商户向持卡人办理退货，只能通过发卡机构将资金退回至原预付卡。无法退回的，发卡机构应当将资金退回至持卡人提供的同一发卡机构的同类预付卡。

预付卡接受退货后的卡内资金余额不得超过规定限额。

第二十八条 发卡机构、受理机构应当加强对特约商户的巡检和监控，要求特约商户在营业场所显著位置标明受理的预付卡名称和种类，按照预付卡受理协议的要求受理预付卡，履行相关义务。

特约商户不得以任何形式存储与商户结算、对账无关的预付卡信息。

特约商户出现损害当事人合法权益及其他严重违规违约操作的，发卡机构、受理机构应当立即终止其预付卡受理服务。

特约商户不得协助持卡人进行任何形式的预付卡套现。

第四章　使用、充值和赎回

第二十九条　预付卡不得用于或变相用于提取现金；不得用于购买、交换非本发卡机构发行的预付卡、单一行业卡及其他商业预付卡或向其充值；卡内资金不得向银行账户或向非本发卡机构开立的网络支付账户转移。

第三十条　预付卡不得用于网络支付渠道，下列情形除外：

（一）缴纳公共事业费；

（二）在本发卡机构合法拓展的实体特约商户的网络商店中使用；

（三）同时获准办理“互联网支付”业务的发卡机构，其发行的预付卡可向在本发卡机构开立的实名网络支付账户充值，但同一客户的所有网络支付账户的年累计充值金额合计不超过 5000 元。

以上情形下的预付卡交易，均应当由发卡机构自主受理，不得由受理机构受理。

第三十一条　发卡机构办理记名预付卡或一次性金额 1 万元以上不记名预付卡充值业务的，应当参照本办法第十条、第十一条的规定办理。

第三十二条　预付卡只能通过现金、银行转账方式进行充值。同时获准办理“互联网支付”业务的发卡机构，还可通过持卡人在本发卡机构开立的实名网络支付账户进行充值。

不得使用信用卡为预付卡充值。

办理一次性金额 5000 元以上预付卡充值业务的，不得使用现金。单张预付卡充值后的资金余额不得超过规定限额。

第三十三条　预付卡现金充值应当通过发卡机构网点进行，但单张预付卡同日累计现金充值在 200 元以下的，可通过自助充值终端、销售合作机构代理等方式充值，收取的现金应当直接存入发卡机构备付金银行账户。

第三十四条　发卡机构应当向记名预付卡持卡人提供紧急挂失服务，并提供至少一种 24 小时免费紧急挂失渠道。正式挂失和补卡应当在约定时间内通过网点，以书面形式办理。以书面形式挂失的，发卡机构应当要求持卡人出示有效身份证件，并按协议约定办理挂失手续。

发卡机构应当免费向持卡人提供特约商户名录、卡内资金余额及一年以内的交易明细查询服务，并提供至少一种 24 小时免费查询渠道。

第三十五条　记名预付卡可在购卡 3 个月后办理赎回，赎回时，持卡人应当出示预付卡及持卡人和购卡人的有效身份证件。由他人代理赎回的，应当同时出示代理人和被代理人的有效身份证件。单位购买的记名预付卡，只能由单位办理赎回。发卡机构应当参照本办法第十条、第十一条的规定，识别、核对赎回人及代理人的身份信息，确保与购卡时登记的持卡人和购卡人身份信息一致，并保存赎回记录。

第三十六条 发行可在公共交通领域使用的预付卡发卡机构，其在公共交通领域实现的当年累计预付卡交易总额不得低于同期发卡总金额的70%；其发行的不记名预付卡，单张卡片余额在100元以下的，可按约定赎回。

第三十七条 发卡机构按照规定终止预付卡业务的，应当向持卡人免费赎回所发行的全部记名、不记名预付卡。

赎回不记名预付卡的，发卡机构应当核实和登记持卡人的身份信息，采用密码验证方式的预付卡还应当核验密码，并保存赎回记录。

第三十八条 发卡机构办理赎回业务的网点数应当不低于办理发行销售业务网点数的70%。预付卡赎回业务营业时间应当不短于发行销售业务的营业时间。

第三十九条 预付卡赎回应当使用银行转账方式，由发卡机构将赎回资金退至原购卡银行账户。用现金购买或原购卡银行账户已撤销的，赎回资金应当退至持卡人提供的与购卡人同名的单位或个人银行账户。

单张预付卡赎回金额在100元以下的，可使用现金。

第五章　监督管理

第四十条 中国人民银行及其分支机构依法对支付机构的预付卡业务活动、内部控制及风险状况等进行非现场监管及现场检查。

支付机构应当按照中国人民银行及其分支机构的相关规定履行报告义务。

第四十一条 支付机构应当加入中国支付清算协会。中国支付清算协会应当组织制定预付卡行业自律规范，并按照中国人民银行有关要求，对支付机构执行中国人民银行规定和行业自律规范的情况进行检查。

第四十二条 支付机构不得为任何单位或个人查询、冻结、扣划预付卡内资金，国家法律法规另有规定或得到持卡人授权的除外。

第四十三条 支付机构办理预付卡发行业务活动获得和产生的相关信息，应当保存至该预付卡实收人民币资金全部结算后5年以上；办理预付卡受理、使用、充值和赎回等业务活动获得和产生的相关信息，应当保存至该业务活动终止后5年以上。

第四十四条 支付机构不得以股权合作、业务合作及其他任何形式，出租、出借、转让或变相出租、出借、转让预付卡业务资质。

第四十五条 支付机构及其分支机构违反本办法的，中国人民银行可依据《非金融机构支付服务管理办法》等法律法规规章的规定，给予警告、限期改正、罚款、暂停部分或全部业务等处罚；情节严重的，依法注销其《支付业务许可证》。

支付机构违反本办法规定，涉嫌犯罪的，依法移送公安机关处理。

第四十六条 特约商户有下列情形之一的，中国人民银行及其分支机构责令支付机构取消其特约商户资格，其他支付机构不得再将其发展为特约商户；涉嫌犯罪的，依法移送公安机关处理。

（一）为持卡人进行洗钱、赌博等犯罪活动提供协助的；

（二）使用虚假材料申请受理终端后进行欺诈活动，或转卖、提供机具给他人使用的；

（三）违规存储、泄露、转卖预付卡信息或交易信息的；

（四）以虚构交易、虚开价格、现金退货等方式为持卡人提供预付卡套现的；

（五）在持卡人不知情的情况下，编造虚假交易或重复刷卡盗取资金的；

（六）具有其他危害持卡人权益、市场秩序或社会稳定行为的。

第四十七条 任何单位和个人不得私自设立预付卡交易场所；不得以牟利为目的倒卖预付卡，不得伪造、变造预付卡，不得使用明知是伪造、变造的预付卡。涉嫌犯罪的，依法移送公安机关处理。

第六章　附　　则

第四十八条 本办法所称中国人民银行分支机构，是指中国人民银行上海总部，各分行、营业管理部、省会（首府）城市中心支行、副省级城市中心支行。

第四十九条 本办法所称个人有效身份证件包括居民身份证件、军人身份证件、武警身份证件、港澳台居民通行证、外国公民护照等；单位有效身份证件包括营业执照、有关政府部门的批文、登记证书或其他能证实其合法真实身份的证明等。

第五十条 本办法所称“以上”“以下”“不超过”“不低于”均包含本数。

第五十一条 本办法由中国人民银行负责解释。

第五十二条 本办法自 2012 年 11 月 1 日起施行。